Detlev J. Hoch/Markus Klimmer/Peter Leukert

Erfolgreiches IT-Management im öffentlichen Sektor

Detlev J. Hoch/Markus Klimmer/
Peter Leukert

Erfolgreiches IT-Management im öffentlichen Sektor

Managen statt verwalten

Bibliografische Information Der Deutschen Bibliothek
Die Deutsche Bibliothek verzeichnet diese Publikation in der Deutschen Nationalbibliografie;
detaillierte bibliografische Daten sind im Internet über <http://dnb.ddb.de> abrufbar.

1. Auflage 2005

Alle Rechte vorbehalten
© Betriebswirtschaftlicher Verlag Dr. Th. Gabler/GWV Fachverlage GmbH, Wiesbaden 2005

Lektorat: Jens Kreibaum

Der Gabler Verlag ist ein Unternehmen von Springer Science+Business Media.
www.gabler.de

Das Werk einschließlich aller seiner Teile ist urheberrechtlich geschützt. Jede Verwertung außerhalb der engen Grenzen des Urheberrechtsgesetzes ist ohne Zustimmung des Verlags unzulässig und strafbar. Das gilt insbesondere für Vervielfältigungen, Übersetzungen, Mikroverfilmungen und die Einspeicherung und Verarbeitung in elektronischen Systemen.

Die Wiedergabe von Gebrauchsnamen, Handelsnamen, Warenbezeichnungen usw. in diesem Werk berechtigt auch ohne besondere Kennzeichnung nicht zu der Annahme, dass solche Namen im Sinne der Warenzeichen- und Markenschutz-Gesetzgebung als frei zu betrachten wären und daher von jedermann benutzt werden dürften.

Umschlaggestaltung: Nina Faber de.sign, Wiesbaden
Druck und buchbinderische Verarbeitung: Wilhelm & Adam, Heusenstamm
Gedruckt auf säurefreiem und chlorfrei gebleichtem Papier
Printed in Germany

ISBN 3-8349-0048-6

Inhaltsverzeichnis

Geleitwort von Prof. Dr. Jürgen Kluge	7
Geleitwort von Staatssekretär Harald Lemke	9
Danksagungen	17
Lesehinweise: Für Leser mit wenig Zeit	19
1. Einführung: IT-Management im öffentlichen Sektor	21
2. Erfolgreiches IT-Management: Lernen von der Privatwirtschaft	37
3. Ziel und Nutzen: Klarheit siegt	57
4. Anforderungsmanagement: Weniger wird mehr	75
5. Projekte zum Erfolg führen: Wer macht das und wie geht das?	89
6. Vergaberecht: Mehr Freiheit als erwartet	105
7. Beziehungswandel: Vom Lieferantenmanagement zur partnerschaftlichen Zusammenarbeit	127
8. Das Chaos verhindern: Änderungsmanagement	147
9. Zielgerade: Die Vorteile realisieren	161
10. IT-Management: Mehr als die Summe der Projekte	183
11. Ausblick: Die Rückkehr zum modernen Staat	205
Anhang	
Öffentlicher Sektor: Was ist gemeint?	221
Ergänzende Details zum Vergaberecht	223
Literaturverzeichnis	231
Stichwortverzeichnis	235
Die Autoren	239

Geleitwort von Prof. Dr. Jürgen Kluge

Der Verdruss der Deutschen in Bezug auf ihre Verwaltung nimmt ständig zu, das Vertrauen in die Modernisierungsfähigkeit kontinuierlich ab – so die nicht ganz neue Erkenntnis aus vielen Umfragen. McKinsey hat, zusammen mit stern, ZDF und AOL mit der weltweit größten gesellschaftspolitischen Internetumfrage „Perspektive-Deutschland" ein Instrument für sehr viel aufschlussreichere Analysen geschaffen. Perspektive-Deutschland liefert nicht nur ein aktuelles bundesweites Stimmungsbild der Bürger. Bedingt durch die überwältigend hohe Teilnehmerzahl von zuletzt mehr als einer halben Million werden auch regionale Ergebnisse in bislang unerreichter Tiefenschärfe ermöglicht.

Die Ergebnisse zeigen: Die Bürger in Deutschland haben ein ganz ausgeprägtes Gespür für Veränderungen. Überall dort, wo staatliche Institutionen sich auf einen wahrnehmbaren Modernisierungsweg begeben, schlägt sich dies in den Befragungswerten regional positiv nieder. Das sollte die Entscheider in Politik und Verwaltung ermutigen, sich auf einen sehr viel konsequenteren Modernisierungskurs einzulassen. Wesentliche Modernisierungsansätze entstehen heute durch die Möglichkeiten der Informationstechnik (IT) – kein Verwaltungsablauf bleibt hiervon unberührt.

Die IT hat die Abläufe in der Privatwirtschaft schon seit Jahrzehnten revolutioniert. Die strategische Wichtigkeit von IT spiegelt sich auch in den Organisationen wider: IT ist oft auf Vorstandsebene durch einen Chief Information Officer (CIO) angesiedelt. All dies scheint auf den öffentlichen Sektor in Deutschland noch zuzukommen. Einige westeuropäische Länder, allen voran Großbritannien, haben in den letzten Jahren einen großen Sprung in der IT-Leistungsfähigkeit öffentlicher Verwaltungen gemacht. Deutschland ist hier weniger beherzt vorgegangen, ganz sicher auch bedingt durch die Vielschichtigkeit und relative Kleinteiligkeit unseres föderalen Systems. IT sollte aber nicht auf jeder Ebene und in jeder Einheit neu erfunden werden. Dazu reichen die IT-Management-Kapazitäten bei Weitem nicht aus.

Modernisierungen in Westeuropa sind nur eine Seite der Medaille – "Grüne Wiese"-Modelle modernster Verwaltungen in Osteuropa, im Nahen Osten und in Asien sind die andere. Wo bleiben wir? Deutschland darf hier nicht in einem weiteren wichtigen Zukunftsbereich das Feld anderen überlassen. Wenn wir schon so eine hohe Staatsquote haben, dann muss sie wenigstens innovative Kerne hervorbringen, und unsere Verwaltung sollte Vorbild für die Welt sein.

Die heterogene deutsche Verwaltungslandschaft erklärt auch das nur verhaltene Interesse der großen IT-Anbieter, sich auf strategische Investitionen für den öffentlichen Sektor einzulassen. Zu gering sind derzeit die Aussichten, dass sich dies in absehbarer Zeit rentieren könnte.

Wenig ermutigend für Entscheider sind die immensen Probleme von IT-Großprojekten in den letzten Jahren. Fast scheint es so, dass der sicherste Weg, den Ruf des Unternehmens und die eigene Karriere aufs Spiel zu setzen, das Vorantreiben solcher Großprojekte ist.

Dennoch: IT spielt eine Schlüsselrolle bei der Modernisierung der Verwaltung. Funktionsfähige, bürgerorientierte Verwaltungen wiederum sind Voraussetzung zur Wiedererlangung der Glaubwürdigkeit des öffentlichen Sektors. Es nützt also nichts, nur das Risiko zu sehen und erst einmal lieber nichts zu entscheiden. Im Gegenteil: IT muss auf die obere Entscheiderebenen gebracht werden, um zu Durchbrüchen gelangen zu können. Dafür sind Managementtechniken und IT-Fähigkeiten nötig, die heute eher selten im öffentlichen Sektor vorzufinden sind. Und: Die notwendige Verschlankung der Prozesse und die Standardisierung der Inhalte, die alle Fachleute vor einer IT-Umsetzung verlangen, wären doch geradezu großartige Nebenprodukte eines stärkeren IT-Einsatzes in unserer Verwaltung.

Zielsetzung dieses Buches ist es, genau an dieser Stelle ein Leitfaden zu sein: Ein Leitfaden für die Entscheider an der Spitze von Politik und Verwaltung zum besseren Verständnis der Voraussetzungen erfolgreicher IT; ein Leitfaden für die IT-Anbieter zum besseren Verständnis des öffentlichen Sektors und zur Definition einer neuen, stärker agierenden Rolle; und ein Leitfaden für alle jene interessierten Bürger, die das alles bezahlen und die schon immer einmal wissen wollten, was alles schief geht und wie man das ändern könnte. Ich wünsche Ihnen eine anregende Lektüre.

Prof. Dr. Jürgen Kluge, Deutschland-Chef von McKinsey & Company

Geleitwort von Staatssekretär Harald Lemke

Im Rahmen der Emnid-Studie „Government Online 2003" landete Deutschland auf der Liste der E-Government-Nationen abgeschlagen auf Rang 19. Die aktuelle Untersuchung der EU-Kommission vom März dieses Jahres weist dem Land nur einen Platz im unteren Mittelfeld zu. Hinsichtlich der Erreichbarkeit öffentlicher Dienstleistungen über das Internet liegt Deutschland nach Ansicht der Kommission zwar z. B. vor Griechenland, aber hinter Belgien, Malta und Slowenien.

Eine bedenkliche Position, für die es etliche Gründe gibt. Die deutschen Behörden wollen sich modernisieren, deshalb versuchen Bund, Länder und Gemeinden seit Jahren, mit Hilfe der Informationstechnologie bürgernäher zu werden. Es gibt kaum eine Kommune in Deutschland, die den Sprung ins Internetzeitalter nicht versucht. Das Problem: Bei wenigen geht es über die Veröffentlichung von Informationen auf einer eigenen Website hinaus. Viele Verwaltungschefs haben noch nicht erkannt, dass das größte Potenzial des E-Government darin steckt, Verwaltungsabläufe komplett in virtuelle Prozesse zu transformieren. Die einseitige Information ist nur der Anfang, die interaktive Kommunikation ein Zwischenschritt. Das Ziel ist die komplette Abwicklung von Transaktionen über das Netz. Das erfordert jedoch mehr als das Übersetzen überalterter Verwaltungsvorgänge in die digitale Welt. Etwas zugespitzt: Es macht keinen Sinn, die Glasfaserhighways des Internets mit den Saumpfaden einer aktengebundenen Verwaltung zu verbinden.

Stattdessen muss sich die Verwaltung erst reformieren, ihr System also neuen Erfordernissen anpassen. Durch und mit IT können die Verwaltungsverfahren völlig neu gestaltet werden. Dies ist eine wertvolle Chance. Die Behörde muss sich in einen Dienstleister verwandeln. Dazu gehört es, Arbeitsabläufe zu hinterfragen, Regeln zu vereinfachen, Überflüssiges auszusortieren, Prozesse neu zu definieren, sich zu verändern, zu lernen. Der Mensch und die Verwaltung müssen sich wandeln. Im weltweiten Vergleich hat die deutsche Bürokratie jedoch ein Handicap: Wir haben mehr Verwaltung als andere. Schätzungsweise 70.000 Gesetze, Vorschriften, Verordnungen und Verfahrensregeln müssen Beamte und Angestellte des öffentlichen Dienstes hierzulande beachten – die Regularien der obersten Gerichtsbarkeiten nicht mitgezählt. Das sorgt in der Praxis für komplexe Strukturen, die nur schwer aufzulösen sind, um sie anschließend zu digitalisieren. E-Government muss daher beim Abbau von überflüssigen und unzeitgemäßen Vorschriften und Gesetzen anfangen.

Dass so etwas geht, zeigen Bemühungen im Ausland. Entbürokratisierung gilt in vielen EU-Staaten, vor allem in den dynamischen skandinavischen Republiken, seit langem als wichtigster Schlüssel für eine globale Wettbewerbsfähigkeit: In Dänemark setzt man vor allem auf die Reduzierung von Ballast. Tempo und Klarheit, Tugenden funktionierender Bürokratien, sollen dadurch gesteigert werden. Stolz sind die Dänen etwa darauf, dass sich jeder, der will, in 20 bis 30 Minuten per Internet als Unternehmer anmelden kann – zumindest, wenn es sich um Kleinunternehmen des Handels, Dienstleister wie Pizzaservices, einen Computerhandel oder Botendienste handelt. Der Ausgangspunkt ist eine Website, auf der der Staat seine Dienstleistungen anbietet – klar und für alle Lebenslagen, nicht nur für Unternehmer. Ob Autoanmeldung oder Wohnsitzverlegung, Firmengründung oder Heirat. Die Website ist ein leicht verständlicher Einstiegspunkt für alle. Und immer mehr Teil eines wichtigen Wettbewerbsvorteils: Die Vereinfachung der Kommunikation zwischen Verwaltung und Unternehmen ist inzwischen auch für die Standortwahl entscheidend. Gerade bei Diensten wie der Online-Gewerbeanmeldung ist Deutschland jedoch Europas Schlusslicht. Das ist bedenklich. Denn Gewerbeanmeldungen und Gewerbesteuer sind jene Dienste, die sich Firmen vorrangig online wünschen.

Über die Jahre und im Bestreben, beim technologischen Aufschwung der öffentlichen Verwaltungen dabei zu sein, hat sich in Deutschland eine IT-Landschaft herausgebildet, die heterogener kaum sein könnte. Die Systeme sind als Insellösungen nicht kompatibel. Die Kommunikationsprozesse zwischen Kommunen, Land und Ministerien scheitern häufig schon daran, dass die Systeme sich gegenseitig nicht verstehen. Hohe Reibungsverluste und hohe Kosten sind die Folge.

Hier gilt es zu bündeln, zu harmonisieren und Standards zu setzen. Dazu braucht es einen Verantwortlichen. Das gilt in der Behörde genauso wie in jedem Unternehmen. Nur persönliche Verantwortung und strategische Führung können sicherstellen, dass Prozesse so professionell wie möglich umgesetzt werden. Führen meint in Bewegung setzen, die Richtung bestimmen, leiten. Und dabei nicht nur das Schlimmste verhindern, sondern vor allem das Beste wollen – und die Schritte auf dem Weg dorthin immer wieder überprüfen, um eventuell gegenzusteuern. Genau das erfordert fachlich fundierte Entscheidungen, die ganz am Anfang des Prozesses stehen.

Und Mut. Weitsichtige E-Government-Strategien scheiterten in der Vergangenheit häufig nicht zuletzt an politischen Zwängen. Politiker stecken in einem Dilemma. Die Probleme von heute brauchen eine langfristige Strategie, doch Wähler von heute verlangen kurzfristige Ergebnisse. Strategisches IT-Management, wie wir es aus der Privatwirtschaft kennen, soll die Konsistenz von Unternehmenszielen und IT sicherstellen. Aber an welchen mittel- und langfristigen Verwaltungs- und Politikzielen soll sich eine IT-Strategie orientieren? Das ultimative Ziel von Politik ist natürlich der Erhalt von Verantwortung, also die Wiederwahl. Große IT-Projekte oder die IT an sich scheinen aus dieser Sichtweise riskant. Ein erfolgreiches IT-Projekt interessiert kaum jemanden, nur Probleme führen zu öffentlicher Aufmerksamkeit.

Kein Wunder, dass IT-Projekte vielen Politikern angesichts all dieser Anforderungen mit hohen Risiken verbunden scheinen: angefangen bei den Anschubinvestitionen und einer möglichen negativen Medienberichterstattung, falls diese höher ausfallen als geplant. Bis zu Protesten, die aus der Befürchtung resultieren, dass ein stärkerer IT-Einsatz mit Personalabbau und der Zusammenführung von Dienstleistungen einhergehen könnte.

Diese Ahnung ist nicht unberechtigt. Effizienz, schlankere Strukturen, transparente Prozesse und nicht zuletzt deutliche Einsparungen an Sach- und Personalkosten sind ja gerade das Ziel einer funktionierenden IT-Architektur. Und dennoch birgt die Informationstechnik vor allem Chancen. IT bietet Verknüpfungen, Erleichterungen und Dienstleistungen, zu denen der Mensch allein nicht imstande wäre. Wer bislang mit langweiliger Routine beschäftigt war, hat die Option, sich mit Aufgaben zu befassen, die er als nützlich und Sinn stiftend erlebt. Und der Steuerzahler erhält für sein

Geld einen besseren Service. Wo IT-Projekte sinnvoll vorangetrieben werden, haben die Menschen in Behörden und Verwaltungen derartige Erfahrungen schon gemacht.

Damit es nicht bei vereinzelten Erfahrungen dieser Art bleibt, muss IT als strategisches Handlungsfeld auch für politische Entscheider begriffen werden. In der Privatwirtschaft hat man diese Notwendigkeit schon vor vielen Jahren erkannt und mit der Einführung eines Chief Information Officer (CIO), oft auf Vorstandsebene, die IT aus der Technologieecke herausgeholt.

Hessen hat sich daran ein Beispiel genommen und darum im Rahmen des Regierungsprogramms 2003 bis 2008 vor zwei Jahren die Position des ressortübergreifenden Chief Information Officer (CIO) auf Landesebene geschaffen. Meine Aufgabe als dieser CIO ist es, die politischen Zielsetzungen der Landesregierung mit einer passenden IT-Strategie zu unterstützen und diese Strategie durch entsprechendes Programmmanagement umzusetzen. Transparenz und Effizienz sind die Schlagworte unserer E-Government-Strategie.

Transparenz beginnt bei Kosten und Leistungen unserer Verwaltung. Hessen hat im vergangenen Jahr seine Buchhaltung umgestellt. Die bislang im öffentlichen Dienst verbreitete Buchführungspraxis der Kameralistik betrachtet nur reine Ein- und Auszahlungen, nicht aber Aufwendungen und Erträge. Die Leistungen der Verwaltung blieben vollständig unberücksichtigt. Deshalb wussten Kämmerer bislang zwar immer, ob noch Geld in der Kasse war, nicht aber, ob Investitionen oder Reformen einzelner Verwaltungsschritte sich wirklich rechnen. Hessen hat mit der Umstellung auf die doppelte Buchführung, die um die Betrachtung der Gewinne und Verluste sowie eine Kostenträgerrechnung erweitert ist, inzwischen die haushalterischen Voraussetzungen geschaffen, um eine Verwaltung unternehmerisch zu managen. Die Entscheider haben damit dringend nötige Werkzeuge an der Hand, mit denen sie ihre Aktivitäten künftig am Ergebnis der Verwaltungstätigkeit ausrichten können, statt sie wie bisher nur nach dem Mittelaufwand zu planen.

„Workflow Management" ist der Schlüssel zur Effizienzsteigerung einer öffentlichen Verwaltung. Und die beginnt nicht bei der Technik. Erst wenn die entscheidenden Prozesse analysiert und gestrafft sind, werden die einzelnen Verwaltungen mit einem Dokumentenmanagementsystem vernetzt, das die Dokumente sortiert und dann sowohl für den Mitarbeiter als auch für den Bürger abrufbar macht. Vorgänge sollen dann nicht mehr auf Papier, sondern am Computer in einer elektronischen Akte bearbeitet werden. Statt Laufmappen zwischen unterschiedlichen Amtsstuben zu verschieben, holen Sachbearbeiter Genehmigungen anderer Dienststellen elektronisch ein. Die virtuelle Akte ist zentral über eine Plattform abrufbar, mehrere Kollegen können gleichzeitig auf sie zugreifen. Das ist in manch einer Behörde keine Zukunftsmusik mehr. In der Justizvollzugsanstalt Weiterstadt gehört das Arbeiten auf Papier etwa schon heute der Vergangenheit an. Eingehende Post wird eingescannt und wandert dann in den Reißwolf. Das virtuelle Dokument lässt sich anschließend im System direkt weiterbearbeiten. Das Effizienzpotenzial ist enorm: Für 17 Justizvollzugsanstalten konnten die Verwaltungseinheiten zusammengelegt und auf insgesamt nur noch vier Verwaltungszentren reduziert werden.

Daneben werden wir im zentralen Portal *hessen.de* 80 verschiedene Websites zusammenfassen und externe Systeme, wie E-Mail oder Dokumentenmanagementsysteme, integrieren. Am Ende wird es ein einziges Zugangsfenster für alles geben, sowohl für die interne Nutzung als auch für den externen Zugriff, für Bürger, Selbständige, Freiberufler und Großunternehmen.

Wir wissen inzwischen, was der Weg in die Moderne kostet. Wer nicht länger verwalten, sondern steuern will, muss erst in die nötige Struktur investieren. Die Wirtschaft weiß das schon längst. Sie investiert in einen IT-Arbeitsplatz zwischen 24.000 und 35.000 Euro jährlich. Die öffentliche Verwaltung lässt sich einen IT-Arbeitsplatz dagegen nur zwischen 4.000 und 6.000 Euro pro Jahr kosten. Das hat Konsequenzen. Denn diese Differenz spiegelt sich nicht nur in der operativen Funktionalität, sondern auch und gerade in der strategischen Flexibilität der IT wider. Übergreifende Architektur und Betriebssicherheit einer unternehmensweiten IT sind Qualitätsmerkmale, die zunächst Geld kosten. Geld, das in den öffentlichen Haushalten fehlt oder jedenfalls scheinbar fehlt, weil das strategische Ziel nicht vorhanden ist. Große Unternehmen rechnen hier anders: Sie wissen, dass nur eine flexible Organisation das Überleben am Markt sicherstellt.

Das Land Hessen weiß dies auch – und hat deshalb in der laufenden Legislaturperiode zehn Millionen Euro jährlich für die Digitalisierung der Verwaltungsprozesse bereitgestellt. Außerdem investiert die Landesregierung 300 Millionen Euro in die Computerausstattung.

Das mag für manch einen nach viel Geld in finanziell schwierigen Zeiten klingen. All jene, die E-Government nicht mit dem Aufbau von Internetportalen verwechseln, wissen jedoch, dass es dringend nötige Investitionen in die Zukunft sind. Wer wie ein Unternehmen plant, seine Kernprozesse klar definiert und seine Geschäfte elektronisch abwickelt, stellt nicht nur seine Kunden zufrieden. Er macht die Organisation auch leistungsfähiger und sorgt bei gleicher oder besserer Qualität für sinkende Kosten. Dazu einige Zahlen, die das riesige Einsparpotenzial verdeutlichen: In einem Jahr verbraucht allein die Hessische Landesverwaltung 800 Millionen Blatt Papier. Bis zu 4.000 Vorgänge pro Tag werden bearbeitet. Langfristig will Hessen mit Hilfe der neuen Organisation und der Technologie 30 Prozent seiner Personalkosten im Verwaltungsbereich und 20 Prozent aller Sachkosten einsparen. Geld, das an anderer Stelle sinnvoller genutzt werden kann.

Die Einsparungen sind keine Ausnahme. Internationale Analysen zeigen, dass sich die virtuelle Kooperation generell lohnt. Die EU-Kommission, die europaweit die Anstrengungen der öffentlichen Verwaltungen untersuchte, hat ausgerechnet, dass jeder Offline-Prozess in einer Behörde 1,8-mal so teuer ist wie die komplett digitalisierte Variante. Jeder Tag, an dem die Möglichkeiten des E-Government nicht genutzt werden, kostet darum Geld.

Diese Erkenntnis ist Ausgangslage für die Diskussion in dem vorliegenden Buch. Die Ausführungen zum Thema Erfolgreiches IT-Management im öffentlichen Sektor zeigen, wie das Managen von IT-Projekten auch hier funktioniert. Die Autoren erläutern anschaulich, was der Staat aus den Erfahrungen der Privatwirtschaft lernen kann, die sich bereits vor Jahren auf den Weg ins digitale Zeitalter gemacht hat. Und sie zeigen, wie die spezifischen Herausforderungen der öffentlichen Verwaltung zu meistern sind. Der Weg ins digitale Zeitalter ist nicht über Nacht mit einem Mausklick zu bewältigen. Der Wandel braucht Zeit. Doch er darf nicht länger verschoben werden. Die Einsicht in seine Notwendigkeit ist nur der erste, aber überlebenswichtige Schritt. Denn wie der deutsche Historiker Michael Richter bereits sagte: „Was bleibt, ist die Veränderung, was sich verändert, bleibt."

Mit diesem Buch wird Initiative ergriffen, der Diskurs geführt und gezeigt, wie das Managen von IT-Projekten im öffentlichen Sektor funktionieren kann, weil Informationstechnik eben kein Selbstzweck ist. Die beiden wichtigsten Fragen lauten stattdessen:

1. Wie kann IT meine fachlichen Aufgaben unterstützen?

2. Wie kann sie meine primären politischen Ziele unterstützen?

Anders formuliert: Professionelles IT-Management zeichnet sich dadurch aus, dass es konkreten Nutzen schafft und politische wie unternehmerische Ziele antizipiert – vorausgesetzt, die Führung hat solche Ziele. Das vorliegende Buch kann helfen, sie zu finden. Es war lange fällig.

Staatssekretär Harald Lemke, CIO der Hessischen Landesregierung

Danksagungen

Die Autoren danken in besonderer Weise Herrn Holger Haenecke als „COO" dieses Buchprojekts und unermüdlichem Mitstreiter, Disziplinierer und Kernautor von Kapitel 9 sowie Kerneditor von Kapitel 6. Ohne ihn würde dieses Werk heute nicht vorliegen.

Darüber hinaus möchten die Autoren allen danken, ohne deren Unterstützung an den unterschiedlichsten Stellen dieses Werk nie entstanden wäre:

Dr. Henrik Haenecke – für die hilfreichen Verständnisfragen, Vereinfachungen und seine Unterstützung beim Endspurt des Manuskripts und die „schwach besetzte Matrix" als Strukturierungsraster der ganzen Bucharbeit; Daniel Münch und Rainer Mörike – für die exzellente Unterstützung bei der Suche nach und der Kooperation mit dem Verlag, sowie insbesondere Daniel Münch, der sich in formalen und prozessualen Fragen als echter „Patenonkel" des vorliegenden Buches etabliert hat; Dr. Jürgen Schrader, Frank Mattern und Prof. Dr. Axel Born – für ihre weisen Ratschläge, sowie im Besonderen Dr. Jürgen Schrader für seine unabhängige, ausführliche und enorm hilfreiche Qualitätskontrolle und moralische Unterstützung beim Schreiben des Buches; Ulrich Voß, Dr. Boris Maurer, Dr. Katrin Krömer, Jens Vorsatz und Dr. Daniel Arndt – für ihre Hilfe in den Geburtsstunden des Buches; Hubert Dicks – für das Ergründen des Unergründlichen; Dr. Denis Jdanoff – für unzählige gründliche und erhellende Recherchen; Monika Orthey – für die unermüdlichen Bemühungen um verständliche Formulierungen und korrekte Orthografie; Kerstin Friemel – für ihre journalistische Unterstützung in zeitlichen Engpässen; Gernot Brenzel – für alle erhellenden Abbildungen; Kirsten Laczka und Sascha Goto – für ihre Hilfe bei Layout und Formatierung; Helge Buckow – für seine Unterstützung bei mehreren Interviews; Rechtsanwalt Dr. Wolf Dieter Sondermann und Rechtsanwältin Birgit Hejma (Kanzlei Sondermann Rechtsanwälte) für ihre Kernautorenschaft von Kapitel 6; Rechtsanwalt Uwe-Carsten Völlink, Rechtsanwalt Martin A. Ahlhaus (Kanzlei Nörr Stiefenhofer Lutz) und Rechtsanwalt Dr. Wolfram Krohn – für die konstruktiven, lösungsorientierten juristischen Diskussionen und die erstaunlichen Erkenntnisse über das deutsche Vergaberecht; Birgit Backhausen, Margot

Frey, Ramona Rienitz, Tanja Volland – für Sekretariatsunterstützung jeglicher Art. Unser Dank geht auch an Jens Kreibaum vom Gabler Verlag.

Ein besonderer Dank gilt unseren Klienten aus zahlreichen Projekten im öffentlichen Sektor, die aus gutem Grunde hier anonym bleiben. Ohne die vielen wertvollen Erfahrungen aus diesen Engagements wären wir nie in die Verlegenheit gekommen, ein solches Buch zu schreiben. Weiterer großer Dank geht an unsere Interviewpartner. Sie halfen, Probleme aufzudecken, zu hinterfragen sowie Lösungsansätze zu verstehen und zu entwickeln. Diese Gespräche leisteten einen wichtigen Beitrag zur Konkretisierung unserer Einschätzungen und Lösungsvorschläge und ermöglichten damit erst die Entstehung dieses Buches:

Matthias Bongarth (Landesbetrieb Daten und Information Rheinland-Pfalz); Wolfgang Branoner (Microsoft); Hermann Caffier (EDS); Dr. Ulrich Dietz (Mastek); Bertram Dumsch (IBM); Achim Egetenmeier (Oracle); Gerhard Fercho (Atos Origin); Gabriele Goldthammer (Microsoft); Dr. Thorsten Gorchs (IBM); Siegfried Grabenkamp (Essener Systemhaus); Magdalene Kahlert (Oracle); Burkhard Kehrbusch (sd&m); Andrea Kern (BVA); Johannes Keusekotten (BVA); Andreas Kießling (IBM); Michael Kleinemeier (SAP); Thorsten Koß (SAP); Clemens Krechel (Finanzreferat/Neues Rechnungswesen Stadt Nürnberg); Manfred Langguth (Dortmunder Systemhaus); Alfred Leist (Dortmunder Systemhaus); Harald Lemke (Hessisches Finanzministerium); Karl-Heinz Löper (Senatsinnenverwaltung Berlin); Michael A. Maier (IBM); Dr. Pablo Mentzinis (BITKOM); Jens Mortensen (Oracle); Martin Moser (Personal- und Organisationsreferat Landeshauptstadt München); Ulla Müller (Microsoft); Elias Paraskewopoulos (BVA); Juan F. Rada (Oracle); Dr. Ralph Rembor (SAP); Angelika von Rosenzweig (Cisco Systems); Klaus Schäfer (SAP); Harald Schütz (T-Systems); Rolf Schwirz (Oracle); Tom Shirk (SAP); Werner Simonsmeier (sd&m); Ralf Stoll (Ministerium des Innern und für Sport des Landes Rheinland-Pfalz); Ferdinand Tiggemann (Bau- und Liegenschaftsbetrieb des Landes Nordrhein-Westfalen); Karl-Heinz Vollmer (Essener Systemhaus); Claus Wechselmann (IBM); Dirk Weigel (Siemens Business Services); Ulrich Weinert (Essener Systemhaus); Dr. Stephan Witteler (T-Systems); Bettina Zielke (Microsoft).

Lesehinweise: Für Leser mit wenig Zeit

Dieses Buch versucht, Anstöße zu geben für Entscheider im öffentlichen Sektor und in diesem Bereich tätige Anbieter. „Erfolgreiches IT-Management im öffentlichen Sektor" ist natürlich so geschrieben, dass ein **Lesen von A bis Z** sinnvoll ist, um einen Gesamtüberblick über das Thema zu erhalten. Ein Leser mit wenig Zeit kann das Buch jedoch je nach Bedürfnis mit unterschiedlichen Schwerpunkten lesen:

- **Entscheider** im öffentlichen Sektor sollten sich zunächst auf die Kapitel 1 (Einführung: IT-Management im öffentlichen Sektor), 2 (Erfolgreiches IT-Management: Lernen von der Privatwirtschaft) und 11 (Ausblick: Die Rückkehr zum modernen Staat) konzentrieren. Diese geben einen Überblick über die Problematik und unsere Lösungsansätze für IT-Management im öffentlichen Sektor. Zusätzlich bieten sich die kurzen Zusammenfassungen jeweils am Anfang der Kapitel 3 bis 10 an, um weitere Themen zur Vertiefung zu entdecken.

- **Fachkräfte** mit spezifischem Interesse an den Erfolgsfaktoren eines einzelnen IT-Projekts können sich entlang den Phasen eines Projekts ihre gewünschten Vertiefungskapitel auswählen:

    3. Ziel und Nutzen: Klarheit siegt

    4. Anforderungsmanagement: Weniger wird mehr

    5. Projekte zum Erfolg führen: Wer macht das und wie geht das?

    6. Vergaberecht: Mehr Freiheit als erwartet

    7. Beziehungswandel: Vom Lieferantenmanagement zur partnerschaftlichen Zusammenarbeit

    8. Das Chaos verhindern: Änderungsmanagement

    9. Zielgerade: Die Vorteile realisieren

- Wesentliche Herausforderungen des generellen IT-Managements auf der **Multiprojektebene** finden sich in Kapitel 10, das sich für all diejenigen empfiehlt, die meist projektübergreifend agieren, also Entwickler von und Entscheider über IT-Gesamtstrategien.

- An **Vergaberechtinteressierte** wenden sich Kapitel 6 und der Anhang zu den juristischen Details der vorgeschlagenen Vorgehensweisen und den Einzelheiten der bevorstehenden Vergaberechtnovellierung.

- **IT-Anbieter** sollten sich insbesondere in Kapitel 7 wiederfinden. Darüber hinaus seien auch sie auf die Kernkapitel 1, 2 und 11 sowie bei Interesse auf alle anderen Kapitel verwiesen.

Viele Kapitel enthalten zusätzlich grau unterlegte **Fallstudien**, die zumeist aus umfangreichen Interviews mit den jeweiligen Nutzern und Dienstleistern entstanden sind. Diese können bei Bedarf übersprungen werden, ohne dass der Gesamtüberblick verloren geht. Allerdings geben gerade die Anschauungsbeispiele aus unserer Sicht wichtige Einblicke in die Realisierbarkeit von Erfolgsfaktoren.

1. Einführung: IT-Management im öffentlichen Sektor

Und es geht doch: Warum IT Chefsache ist

Ein ganzes Buch über Informationstechnologie (IT) im öffentlichen Sektor – ist das nötig? Wer will das lesen? Schließlich war die jüngste Geschichte gespickt mit kostspieligen IT-Flops in Behörden und Verwaltungen. Toll Collect, das anfangs desaströse Lkw-Mauterfassungssystem, hat es zeitweise sogar als Synonym des Unvermögens in den deutschen Sprachgebrauch geschafft. Andere gigantische Vorhaben, etwa die Steuerverwaltung Fiscus oder die Bundeswehrinfrastruktur Herkules, gelangen nicht besser. Die Meldungen über Probleme bei öffentlichen IT-Lösungen reißen nicht ab. Und so hat sich in den Köpfen der Bevölkerung der Eindruck festgesetzt, dass „diese Bürokraten" es einfach nicht können.

Auch in den Chefetagen von Politik und Verwaltung wachsen die Zweifel an der Kompetenz der IT-Abteilungen. Wurde uns von diesen nicht immer wieder versichert: Wir kriegen die Technik in den Griff? Rieten uns nicht auch die externen IT-Partner der Privatwirtschaft, die es eigentlich wissen müssten, die Informationstechnologie rasch und umfassend neu zu organisieren, um schneller und effizienter zu werden? Wen wundert es da, dass sich nach all den Misserfolgen kaum mehr jemand traut, umfangreiche IT-Projekte auf den Weg zu bringen.

Die Verunsicherung hat sogar die Manager der privatwirtschaftlichen IT-Anbieter erfasst, die unter einem Imageverlust leiden: Wie sollen sie ihre Glaubwürdigkeit zurückgewinnen? Zumal viele der Probleme, die zu den Debakeln führten, weniger durch sie als durch kaum vorhersehbare politische oder administrative Komplikationen ausgelöst wurden.

In dieser Gemengelage herrscht bei den obersten Entscheidern in Politik und Verwaltung der Glaube vor, dass mit IT-Projekten kein Blumentopf zu gewinnen sei, weil die Risiken nicht zu beherrschen seien. Deshalb rücken sie das Thema immer weiter nach hinten auf ihrer Agenda oder schieben es ab in die IT-Abteilungen – wer will schon gern Prügel kassieren, wenn es dann schief geht?

Erfolgreiches IT-Management im öffentlichen Sektor? „Und es geht doch", meinen wir.

Managen

Managen heißt, dass es einen Manager geben muss. Keinen in Nadelstreifen, sondern einen (oder mehrere) an der Spitze, der Entscheidungen treffen will und kann, sobald er verlässlich über die Sachlage informiert worden ist. Der keine Kommissionen einsetzt, um die Verantwortung zu kollektivieren. Der sich verantwortlich fühlt und zeigt. Der die Fäden in die Hand nimmt, statt nur im Umlaufverfahren mitzuzeichnen. Solche Tugenden entsprechen dem Sinn des Wortes Manager[1]. In Großbritannien, das im Folgenden noch häufiger als Vorbild dienen wird, hat der öffentliche Sektor den allzu bequemen Weg, Verantwortung auf viele Schultern zu verteilen, schlichtweg abgeschafft: Es gibt kein Projekt mehr, bei dem nicht eine Person an der Spitze persönlich für den Erfolg einstehen muss. Verstecken hinter Zuständigkeiten, Delegieren in Unterarbeitsgruppen oder Ähnliches gehört der Vergangenheit an. Die Person an der Spitze kann selbstverständlich nur erfolgreich sein, wenn sie von der politischen Leitungsebene volle Rückendeckung bekommt. Wie man das erreicht, steckt in dem alten deutschen Wort „Chefsache". Und in einem neudeutschen: „Leadership".

---

[1] Management beschäftigt sich als Funktion oder als Institution mit Wirksamkeit, Systematisierung, Professionalisierung, zielgerichteter Steuerung, effizientem und ökonomischem Handeln. Aufgabe eines Managers ist dementsprechend die Planung, Durchführung, Kontrolle und Anpassung von Maßnahmen zum Wohl der Organisation bzw. des Unternehmens und aller daran Beteiligten (Anspruchsgruppen bzw. Stakeholder) unter Einsatz der ihm zur Verfügung stehenden Ressourcen.

Chefsache

Ein Thema zur Chefsache zu erklären, ist nicht so einfach in Behörden, wo es viele Chefs gibt, die in aller Regel keine Weisungsbefugnisse z. B. gegenüber anderen Ressorts haben. Dennoch ist die Forderung „Chefsache" hier fast noch wichtiger als in der Privatwirtschaft, denn ressortübergreifende Abstimmungsgruppen auf der dritten oder vierten Ebene können kaum mehr herbeiführen als einen Formelkompromiss. Und der beruht nicht auf dem kleinsten gemeinsamen Nenner, sondern auf dem größten gemeinsamen Vielfachen – das ist tödlich für die IT.

Leadership

Leadership ist ein angelsächsischer Begriff, den wir hier sehr bewusst benutzen. Deutsche Übersetzungen wären „Führung" und „Steuerung", aber sie treffen den Kern der Sache nicht ausreichend und sind zudem mit nicht immer glücklichen Konnotationen aus dem heutigen Verwaltungsalltag versehen, etwa Führungsakademie, Führungsstab oder Führungskommando. Für uns bedeutet Leadership, Mut zur Führung zu zeigen. Ein Leitungsteam aufzubauen mit Mitarbeitern, die wiederum bereit sind, Verantwortung zu übernehmen, die auch Ermessensentscheidungen treffen können und wollen. Also genau das Gegenteil von Führung durch Anweisung. Leadership ist der wichtigste Kernbegriff für jegliche Veränderung im öffentlichen Sektor.

Wenn IT zur Chefsache werden soll, müssen dann die politischen Chefs auch IT-Experten werden? Wir meinen nein. Sie benötigen allerdings ein gewisses Maß an Einsicht in den Sachverhalt, um sich nicht auf völlig fremdem Terrain zu bewegen.

Dieses Buch soll ihnen dabei helfen. Es richtet sich in erster Linie an Führungskräfte und die Leitungsebene im öffentlichen Sektor, aber auch an die Entscheider und IT-Nutzer. Zudem möchten wir auch interessierte politische Verantwortungsträger sowie Vorstände in öffentlichen Unternehmen und Organisationen erreichen. Wir haben uns bemüht, möglichst jargonfrei zu bleiben. Wir wollen nicht Schadenfreude über gescheiterte Projekte vermitteln oder Schelte für Missmanagement verteilen, und wir wollen schon gar nicht bei der Problembeschreibung aufhören. Wir werden konkret aufzeigen, wie „es eben doch gehen kann": das Managen von IT-Projekten im öffentlichen Sektor.

Geburtshelfer der IT-Industrie: Die Rolle des öffentlichen Sektors in der Vergangenheit

IT und öffentlicher Sektor – das klingt in den Ohren vieler Kritiker wie ein Antagonismus. Der Eindruck täuscht, vor allem, wenn man in den Geschichtsbüchern der Informationstechnologie zurückblättert. Dann stellt sich heraus: Behörden und Verwaltungen können sich sogar zu Recht als Geburtshelfer der IT-Branche feiern lassen.

Das historische Verhältnis zwischen dem öffentlichen Sektor als Kunden und der IT-Industrie als Anbieter von Hardware, Software und Dienstleistungen war von Beginn an durch Herausforderungen besonderer Art gekennzeichnet. Die Ansprüche des öffentlichen Sektors, denen die Technologie der Firmen zu genügen hatte, waren stets hoch, z. B. die ungeheure Zahl von Daten, die verarbeitet werden mussten. Diese Herausforderungen beschleunigten die Branchenentwicklung wie ein Katalysator. Nur so konnten die IT-Unternehmen beginnen, jene Dynamik zu entwickeln, die einem noch heute den Atem rauben kann. Erst später suchte und fand die IT-Industrie zunehmend ihr Wohl und Wachstum bei privaten Auftraggebern. Dadurch ist teilweise in Vergessenheit geraten, was sie den öffentlichen Auftraggebern zu verdanken hat.

Schon die älteste IT-Applikation im öffentlichen Sektor war bahnbrechend: Herman Hollerith, Sohn deutscher Einwanderer nach Amerika, machte im Jahr 1890 mit seiner lochkartenbasierten Tabelliermaschine bei der ersten maschinengestützten Volkszählung Geschichte. Die US-Bevölkerung war von 1880, dem Jahr der letzten manuellen Volkszählung, bis 1890 um gut 13 Millionen auf insgesamt 62 Millionen gewachsen. Trotzdem benötigte Holleriths Maschine für die Erfassung ihrer Daten nur ein Drittel der Zeit der vorangegangenen Erhebung. Ein Meisterwerk – ganz zu schweigen von den zusätzlichen statistischen Auswertungen nach soziodemografischen Merkmalen. Aus der von Hollerith gegründeten Tabulating Machine

Company, die ihre Zähltechnik schnell an weitere Behörden, Eisenbahngesellschaften und sogar ans zaristische Russland für dessen erste moderne Volkszählung verkaufte, wurde nach mehreren Wechseln von Namen und Besitzern 1924 die International Business Machines Corporation (IBM), das bis heute weltgrößte IT-Unternehmen.

Noch mehr Einfluss auf die Marktentwicklung nahm das Großprojekt SAGE (Semi-Automatic Ground Environment, ein militärisches Luftraum-Überwachungssystem), das die amerikanische Regierung bzw. die Air Force 1949 in Auftrag gegeben hatte und das bis 1962 andauerte. Ohne SAGE wäre die US-Softwareindustrie nie in ihre historisch einmalige „Pole Position" gelangt. Noch 1959 beschäftigte SAGE über 700 Programmierer und mehr als 1.400 Unterstützungskräfte – das waren zu diesem Zeitpunkt etwas mehr als die Hälfte aller amerikanischen Softwareentwickler. SAGE diente damit als historisch einmalige Brutstätte eines völlig neuen Industriezweigs: Software und Softwareservices. Schnell lernten die neuen Software- und Softwareserviceanbieter, ihre Kompetenzen geschäftlich zu nutzen, und gewannen Aufträge aus der Privatwirtschaft, die sukzessive zum Wachstumsmotor dieser jungen Industrie wurde.

Heute: Zehn bis zwanzig Jahre hinter der Privatwirtschaft zurück

Die Innovationen in der Geschichte der IT lassen sich in einer Näherung auf der Zeitachse in einzelne Phasen einteilen. Jede dieser Phasen wird wesentlich durch ein Ereignis gestartet, durch inhaltliche und prozessuale Neuerungen getrieben und durch maßgebliche neue Technologien bedingt.

Die zentrale Aussage aus dieser Betrachtung: Der öffentliche Sektor hängt der Privatwirtschaft in der IT etwa zehn bis zwanzig Jahre hinterher. Zu diesem Ergebnis gelangt man, wenn man die IT-Phasen von Privatwirtschaft und öffentlichem Sektor gegenüberstellt und anschließend untersucht, wie sie in der Privatwirtschaft und im öffentlichen Sektor umgesetzt und verbreitet sind. Der Gerechtigkeit halber sei gesagt, dass es natürlich auch im öffentlichen Sektor Modernitätsinseln gibt, so z. B. Innovationsführer, die schon früh ein erstes Faxgerät, einen PDA oder einen E-Procurement-Vorgang eingesetzt haben. Aber der Durchdringungsgrad im öffentlichen Sektor ist nach wie vor zu gering.

Gemeinhin können fünf Ären der IT-Entwicklung unterschieden werden: von der Ära der Automatisierung der frühen fünfziger Jahre, als der öffentliche Sektor noch der Modernitätstreiber war, bis hin zur Ära so genannter „IT-Ökosysteme", wie sie sich heute in der Privatwirtschaft z. B. durch Outsourcing ganzer Geschäftsprozesse zeigt. Der öffentliche Sektor ist über sämtliche fünf Ären verteilt, ist in seinem Kern jedoch oft nicht über eine Automatisierung hinausgekommen.

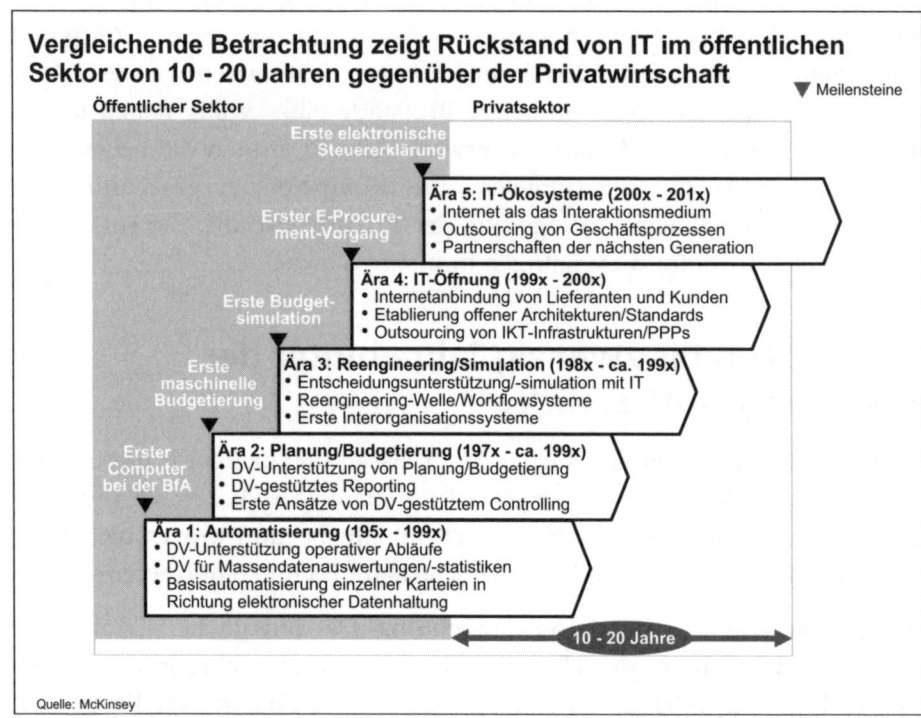

E-Government und die Begriffsverwirrung: Worüber reden wir eigentlich?

Wenn über IT im öffentlichen Sektor gesprochen wird, fällt meist der Begriff E-Government. Das heißt wörtlich übersetzt so viel wie „elektronische Regierung". Über die konkrete Bedeutung des Begriffs herrscht allerdings Verwirrung. Die meisten Bürger assoziieren damit wohl die elektronische Schnittstelle zwischen einer Behörde und ihnen, also etwa den Internetauftritt mit Formular-Download-Center, täglichem Kulturangebot und interaktivem Stadtplan einer Stadtverwaltung. Das für sich genommen greift allerdings deutlich zu kurz.

Richtig verstanden beschreibt E-Government die Vereinfachung und Durchführung von Prozessen zur Information, Kommunikation und Transaktion durch den Einsatz von Informations- und Kommunikationstechnologien. Dies wiederum gilt innerhalb von und zwischen Institutionen der Exekutive (Behörden) und weiteren staatlichen Institutionen (G2G)[2] sowie zwischen diesen Institutionen und Bürgern (G2C)[3] bzw. Unternehmen (G2B)[4]. Anders gesagt: E-Government soll einerseits Bürgern und Unternehmen schnellere und weniger komplizierte Dienstleistungen bequemer anbieten und daneben Kosten sparen. Andererseits dient E-Government auch der Erhöhung der Informationstransparenz innerhalb von und zwischen Behörden.

Der Begriff E-Government ist aber wie gesagt im Sprachgebrauch verwässert und reicht zudem nicht aus, um die IT-Herausforderungen des öffentlichen Sektors umfassend zu umschreiben. Denn E-Government im obigen Sinne ist nur eine Untermenge. „IT im öffentlichen Sektor" wie wir es meinen greift hingegen viel weiter. Zum einen erfasst dies nicht nur Themen und Einrichtungen der Regierung oder Verwaltung im engeren Sinne. Mit abgedeckt sind vielmehr auch alle Arten von öffentlichen Einrichtungen und Unternehmen. Weiterhin erfüllt der öffentliche Sektor

---

[2] Government to Government.
[3] Government to Citizen.
[4] Government to Business.

bei Weitem ja nicht nur hoheitliche Aufgaben, sondern oft genug auch viel profanere Dinge wie Müllentsorgung, ÖPNV oder Ähnliches. All dies gehört jedoch auch zum öffentlichen Sektor und erfordert deshalb nicht minder die Unterstützung durch Informationstechnologie. So dreht es sich in diesem Buch also um das weiter gesteckte Gesamtfeld „IT im öffentlichen Sektor".

Geld spielt eine Rolle: Die IT-Ausgaben des öffentlichen Sektors

Reden wir über Geld. Über viel Geld. Wer recherchiert, wie viele Milliarden der öffentliche Sektor jedes Jahr für Informationstechnologie ausgibt, stößt auf unterschiedlichste Angaben. Der Bundesrechnungshof zählte 2004 rund 11 Milliarden Euro[5], andere Quellen kommen auf 8,5 Milliarden[6] (IDC), 11,1 Milliarden (Gartner)[7], 14,7 Milliarden (TechConsult)[8] bzw. sogar 17,9 Milliarden[9] Euro (Fakt) jährlich. Warum ist es erwähnenswert, dass die Zahlen so stark voneinander abweichen? Und welcher Zahl folgen wir?

Wenn so viele seriöse Quellen zu unterschiedlichen Ergebnissen kommen, dann hat das seinen Grund: Sie arbeiten alle mit unterschiedlichen Prämissen. Jeder definiert den öffentlichen Sektor anders. Im Anhang haben wir mehrere zugrunde gelegte Definitionen dokumentiert. Die Abweichungen bei den Zahlen resultieren zudem aus den Positionen, die beim Zusammenrechnen einbezogen werden. Manche Marktforscher beschränken sich auf die Hard- und Softwareausgaben. Andere beziehen

---

[5] D. Engels, Behörden in der Monopolfalle, in: move (Moderne Verwaltung), Oktober 2004, S. 18 - 20.
[6] IDC, Western Europe Information Technology Vertical Markets Spending, Forecast 2003 - 2008, 2004.
[7] Gartner, Global Industries Worldwide, Fall Forecast, 2004.
[8] TechConsult, E-Government in Deutschland 2003 - 2005, 2003.
[9] FAKT Online, interne Studie: Kombinierte Analyse aus Marktdaten und Interviews mit Ministerien auf Bundes- und Landesebene, Städten und Gemeinden, Kreisen, Universitäten, Institutionen/Behörden aus dem Gesundheitswesen (inkl. Krankenversicherungen), städtischen Energieversorgern und anderen mehr, 2004.

Einführung 29

auch Dienstleistungen mit ein. Oft werden die Personalkosten der zuständigen Beamten und Angestellten mit berücksichtigt, allerdings nicht immer. Schließlich weichen die Methoden, die Ausgaben zu erheben, voneinander ab. Mal werden die tatsächlichen Ausgaben abgerechnet, mal einfach die entsprechenden Behördenbudgets summiert.

Wir glauben, dass die Schätzungen über die IT-Ausgaben des öffentlichen Sektors nicht hoch genug ausfallen können. Würde man nur die Budgets der Behörden einkalkulieren, entstünde ein verzerrtes Bild. Nie wird Informationstechnologie nur aus IT-Budgets bestritten, und nie wird ein IT-Budget vollständig für IT-Anschaffungen verbraucht. Die Dunkelziffer für IT-Ausgaben – also IT-Kosten, die nicht als solche verbucht werden – ist kaum zu unterschätzen. Zum Vergleich: In den achtziger und auch noch in den frühen neunziger Jahren rechneten Privatunternehmen für ihre eigenen Organisationen mit einer IT-Dunkelziffer von rund 50 Prozent.[10] Die Privatwirtschaft hat diese Rate bereits um etwa zwei Drittel auf 10 bis 15 Prozent reduziert. Dies steht dem öffentlichen Sektor noch weitgehend bevor. Stichproben in einzelnen Klientenprojekten haben ähnliche Dunkelziffern wie in den Frühzeiten privatwirtschaftlicher IT ergeben.

IT-Ausgaben liegen bei Großprojekten immer über der allgemeinen Ausschreibungsgrenze von derzeit 200.000 Euro. Ein großer Teil der Ausgaben ist jedoch tendenziell kleiner, z. B. Updates von Standardsoftware und Betriebssystemen und Ähnliches. Um die Marktgröße zu bestimmen, müssen deshalb auch solche Ausgaben erfasst werden, was angesichts der unterschiedlichen Zurechnungen oder fehlender Kostenträgerrechnungen nur näherungsweise möglich ist. Noch schwerer wird es bei den Personalkosten. Viele Marktuntersuchungen berücksichtigen zwar finanzielle Aufwendungen für die Belegschaft, z. B. für IT-Training, -Management und -Support. Eine genaue Erfassung aller im Zusammenhang mit IT anfallenden Personalkosten gibt es aber nicht. Am realistischsten erscheint uns aufgrund eigener Plausibilitätsberechnungen die Schätzung von Gartner, nach der der IT-Markt im öffentlichen Sektor 2004 entsprechend

---

[10] Gartner, IT Staffing and Spending Survey Results, 1999.

11,1 Milliarden Euro beträgt.[11] Das prognostizierte Wachstum liegt bis 2008 bei jährlich durchschnittlich 4,3 Prozent.

Richtig spannend wird es, wenn man die IT-Ausgaben des öffentlichen Sektors in Relation zu anderen Industriezweigen setzt. Nach den Finanzdienstleistern, die für 21,6 Prozent der gesamten IT-Ausgaben in Deutschland im Jahre 2004[12] stehen, ist der öffentliche Sektor mit einem Anteil von 17,3 Prozent am gesamten IT-Budget zweitwichtigster Nachfrager nach IT. Das Klischee, dass Hightech im öffentlichen Sektor im Vergleich zur Privatwirtschaft eine weniger große Rolle spielt, ist damit widerlegt. Nur fühlt es sich nicht so an...

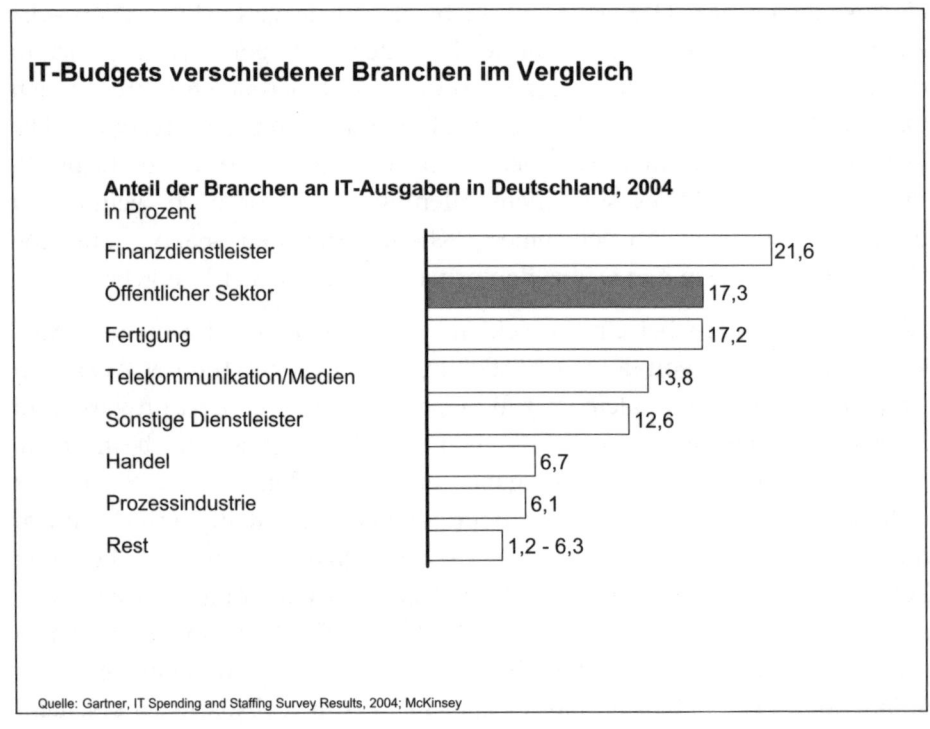

---

[11] Gartner, Global Industries Worldwide, Fall Forecast, 2004.
[12] Ebda.

Die deutsche Bundeswehr ist übrigens einer der größte Einzelnachfrager für IT in ganz Europa. Die meisten Quellen gehen von mehr als einer Milliarde Euro pro Jahr aus, davon etwa 370 Millionen für den zivilen Bereich.

Auch wenn sich die Marktgröße nicht exakt bestimmen lässt, bleibt festzuhalten: IT im öffentlichen Sektor ist nicht nur ein Politikum, das die Gemüter erregt, sondern schon allein wegen seines absoluten und relativen finanziellen Volumens auch ein gewaltiger Wirtschaftsfaktor.

Die Rolle der IT für Standortwettbewerb und Industriepolitik

Wer nach gelungenen IT-Projekten in aller Welt forscht, stößt bald auf Beispiele in den USA, Großbritannien, den Niederlanden und den skandinavischen Staaten. Diese Länder weisen interessante Ansätze auf, wie man die Erneuerung historisch gewachsener und bereits schwerfällig gewordener IT-Landschaften beschleunigen und professionalisieren kann.

Radikaler gehen einige Staaten Osteuropas, des Nahen Ostens und Asiens vor. Sie modernisieren ihre oft marode öffentliche Verwaltung nicht durch einen Umbau, sondern stampfen sie gleich völlig neu aus dem Boden. Ein Quantensprung, durch den sich die ehemaligen Nachzügler in Technologie und Organisation blitzartig an die Spitze der Effizienztabelle setzen konnten. Litauen, die Vereinigten Arabischen Emirate, aber auch Russland und China errichten auf der grünen Wiese völlig neue Verwaltungskomplexe – praktisch wie ein neues Einkaufszentrum. Wir Deutschen mit unseren oft nicht mehr so ganz schicken Rathäusern in der City können das gut finden oder nicht, wir dürfen es nur nicht ignorieren. Denn eines ist sicher: IT im öffentlichen Sektor hat eine kaum zu überschätzende Standort- und industriepolitische Komponente. Das bedeutet: Wer im Standortwettbewerb ganz vorn dabei sein will, muss die Standards einer modernen Hochleistungsverwaltung setzen. Wir sollten uns daran erinnern, dass Deutschland über fast 200 Jahre als Modell einer Hochleistungsverwaltung galt (vgl. Kapitel 11).

Als einer der wichtigsten Antreiber der IT-Branche sorgt der öffentliche Sektor zudem für Investitionen, Jobs und Innovationen. Lahmt die Verwaltung, fallen auch die betroffenen Teile der IT-Branche zurück. Wer dagegen im öffentlichen Sektor die Nase vorn hat, wird sich auch über eine florierende IT-Branche freuen können. Mehr noch: Wer den Motor der Veränderung hochfährt, kreiert nicht nur Arbeitsplätze in Deutschland, sondern auch exportierbare Produkte. Unternehmen wie T-Systems, Siemens Business Services (SBS) und SAP als „eigentlich" deutsche Unternehmen können im öffentlichen Sektor Deutschlands nur so erfolgreich sein, wie dieser es zulässt. Ohne die entsprechenden Aufträge schwächeln sie oder verlagern ihre Aktivität dorthin, wo sie einen moderner aufgestellten Nachfrager-Staat vorfinden. Dass SBS inzwischen im IT-Outsourcing des öffentlichen Sektors in Großbritannien innovativer sein kann als im Heimatmarkt, sollte alle Standortpolitiker auf den Plan rufen. SBS macht immerhin ein Viertel seines Umsatzes von 5,2 Milliarden Euro mit öffentlichen Auftraggebern.[13] Es zeigt sich, dass es eine intelligente und einfache Art von Standort- und Industriepolitik für Deutschland wäre, wenn der Staat selbst zu einem Motor für die IT-Industrie würde (vgl. Kapitel 11). Und dies muss nicht nur für deutschstämmige Unternehmen gelten, sondern steht den großen globalen Playern ebenfalls frei.

Zu lange auch lag der Fokus der E-Government-Initiativen auf den Schnittstellen zum Bürger (G2C). Mehr als die Hälfte aller Online-Dienste deutscher Verwaltungen sind für den Bürger gedacht.[14] Anders als ein Unternehmen hat er in der Regel mit der Verwaltung vergleichsweise wenig zu tun. Anderthalb Behördengänge fallen im Schnitt pro Jahr und Einwohner an. Doch die bleiben ihm kaum erspart. Es wurden Portale gebaut und Informationen ins Netz gestellt – vereinfacht hat sich aber wenig: Inzwischen kann man die Formulare, die schon vorher schwer zu verstehen waren, online bestellen und am heimischen Computer ausdrucken. Der G2B-Bereich, also die Schnittstelle zur Wirtschaft, wäre dabei der wichtigere Schwerpunkt gewesen. Hiesige Unternehmen geben nach

---

[13] H. Müller-Gerbes, Angstbesetzt, in: Frankfurter Allgemeine Zeitung, 2. September 2004, S. 48.
[14] Vgl. hierzu K. Apelt, Under Construction, in: McK Wissen 13 – Public Sector, 4. Jahrgang, Juni 2005, S. 104 - 109.

Einführung

Schätzungen pro Jahr etwa 15 Milliarden Euro für Verwaltungskontakte aus[15] – ein ungeheures Potenzial zur Finanzierung vereinfachter Verwaltungsprozesse über E-Government. Da die effiziente Gestaltung der Kommunikation zwischen Verwaltung und Wirtschaft auch zu einem wichtigen Standortfaktor geworden ist, ist die Priorisierung von G2B ein industriepolitisches Mittel über den reinen IT-Bereich hinaus!

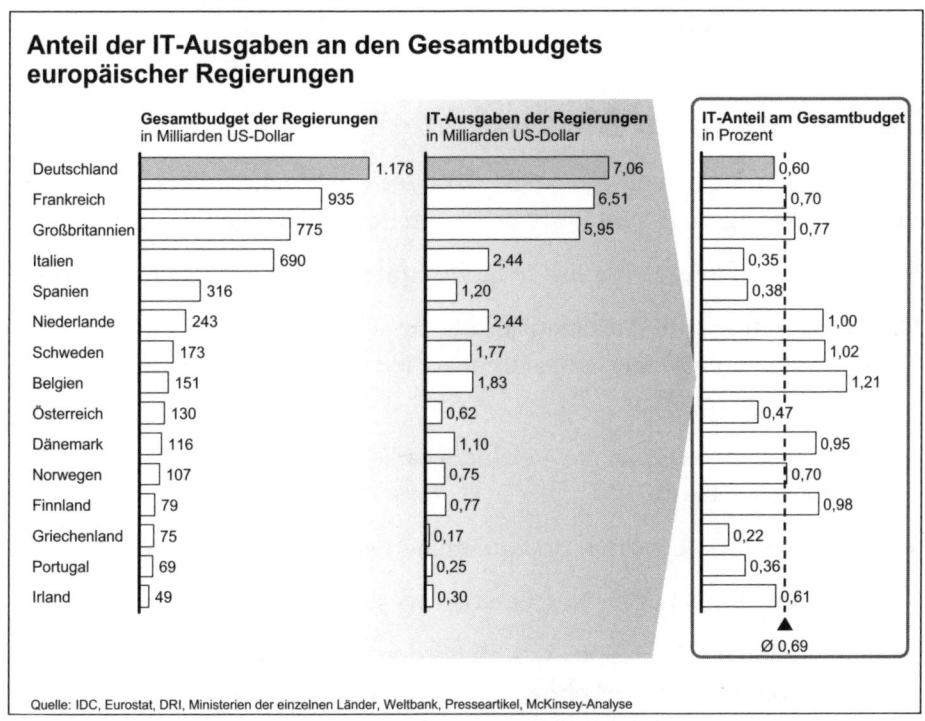

Zuletzt noch eine vergleichende Betrachtung: Sieht man sich den Anteil der IT-Ausgaben an den Gesamtbudgets europäischer Regierungen an – dies ist wohlgemerkt nicht der gesamte öffentliche Sektor –, so wird offensichtlich: Die Anteile variieren um mehr als den Faktor fünf. Deutschland liegt im unteren Mittelfeld, rund 20 Prozent hinter Großbritannien und etwa 50 Prozent hinter Belgien, Schweden und den Niederlanden. Sicher eine nur mit Vorsicht zu interpretierende Untersuchung. Aber auf jeden Fall eine

---

[15] Ebda.

Indikation, dass Deutschland sich keinesfalls einer führenden Rolle in diesem Spiel rühmen kann.

Offensichtlich muss noch viel geschehen, bis Deutschland zum Schrittmacher werden kann. Im Rahmen der Vorbereitung dieses Buches haben wir mit zahlreichen Unternehmensvertretern der IT-Branche gesprochen, und die Meinung ist einhellig: In Europa hat diese Schrittmacherfunktion derzeit Großbritannien.

Der Fahrplan zur Modernität

Im Folgenden legen wir zwar dar, dass „es doch geht". Aber wir wollen nicht verschweigen: Es gibt Besonderheiten des öffentlichen Sektors, z. B.:

- Die meist außergewöhnlich hohe Komplexität des Aufgabenspektrums
- Die Neigung zur Automatisierung bestehender, oft antiquierter Prozesse, statt eine moderne Organisation mit völlig neuen Prozessen durch IT zu schaffen
- Das Vergaberecht, seine gelebte Praxis und die Angreifbarkeit bei Verfahrensfehlern
- Der Mangel an Experten und qualifizierten Projektmitarbeitern
- Die Schwierigkeit, den Nutzen von Investitionen zu realisieren.

Es gibt genügend Beispiele, wie Behörden und Verwaltungen trotz all dieser Hürden beeindruckende IT-Fortschritte erzielen konnten. Solche Erfolgsgeschichten möchten wir aufgreifen und mit ihnen aufzeigen, wie man die Klippen umschiffen kann.

Die Punkte, an denen Führungskräfte von der Privatwirtschaft lernen können, werden wir ausführlich diskutieren, insbesondere das Aufsetzen und Managen von Groß- und Größtprojekten. Vor zehn, fünfzehn Jahren standen z. B. die Manager der Finanzdienstleistungsbranche vor einem ähnlichen Dilemma wie heute der öffentliche Sektor. Wir werden darlegen, wie hilfreich die Lehren heute für Entscheider in Politik und Verwaltung sein können.

Wir haben einen Fahrplan zur Umsetzung von Großprojektmanagement unter den Bedingungen des geltenden Vergaberechts erarbeitet. Doch allein mit diesem Fahrplan ist der öffentliche Sektor nicht gerettet. Die Praxis z. B. in Großbritannien zeigt, dass Verwaltungen nur dann erfolgreich neu ausgerichtet werden können, wenn auch die externen IT-Dienstleister, die Anbieter, ihr Selbstverständnis neu definieren. Sie müssen zum Mitgestalter werden. Ohne intelligente, einfühlsame Anbieter wird der Durchbruch im öffentlichen Sektor nicht gelingen. Dieser wichtige Aspekt wird leider in den Diskussionen bisher so gut wie ausgeklammert.

Die Briten haben diese neue Qualität der Kooperation – der Begriff Paradigmenwechsel scheint nicht zu hoch gegriffen – schon am ehesten erreicht. Der Mut zur Privatisierung, den die Premierminister Margaret Thatcher und Tony Blair an den Tag gelegt haben bzw. legen, hat den Briten die Angst genommen, IT-Aufgaben großflächig auszulagern. Seit Ende der neunziger Jahre ist der Outsourcing-Anteil im öffentlichen Sektor kontinuierlich gestiegen. Im Jahr 2004 wird der Outsourcing-Markt bereits auf 45 Milliarden Pfund geschätzt.[16] Bis 2006/2007 soll er auf 67 Milliarden Pfund anwachsen. In anderen Worten: Der Markt für Outsourcing im öffentlichen Sektor in Großbritannien wird innerhalb von nur drei Jahren um etwa 50 Prozent wachsen. Nach Aussagen von Datamonitor dominiert in Großbritannien bereits heute nicht die Privatwirtschaft, sondern der öffentliche Sektor den IT-Markt, die Regierung zeichnet für mehr als die Hälfte des Ausgabenvolumens für große IT-Projekte verantwortlich.[17] Allein das aktuelle Modernisierungsprogramm für das Gesundheitssystem bringt ein Volumen von circa neun Milliarden Euro mit sich.

Bleibt ein weiteres Problem: die Kameralistik. Heute investieren, um morgen effizienter und kostengünstiger zu arbeiten, ist im Kameralismus nur schwer darstellbar. Die historische Evidenz sagt eher, dass durch den Einsatz von IT alles erst einmal teurer wird. Schließlich muss Geld ausgegeben werden für Hard- und Software, für Umstellungen und Schulungen – und die Personal- und Sachkosten bleiben erhalten. Unter dem

---

[16] Kable, UK Public Sector Outsourcing: The Big Picture to 2006/2007, 2004.
[17] Public IT Projects – A Harsh Master, in: The Economist, 12. März 2005.

Strich kostet die neue IT-Welt heute meist immer noch mehr als die alte – weil der Nutzen nicht gegengerechnet wird. Dieses „Nutzeninkasso" wird bisher nur selten als integraler Bestandteil von IT-Projekten anerkannt.

Mit diesem Dilemma müssen wir wohl noch eine Weile leben, denn in der Regel liefern die heutigen Managementsysteme des öffentlichen Sektors keine Basis für ein solches Nutzeninkasso – selbst im fortgeschrittenen Kameralismus. „Unser Politik- und Verwaltungssystem reicht nicht aus, um Fragen sinnvoll zu beantworten. Meistens nicht einmal, um sinnvolle Fragen zu stellen", gibt Berlins Finanzsenator Thilo Sarrazin zu. Dies sollte aber bitte nicht als Aufforderung zum Abwarten missverstanden werden.

Die Diskussion um eine ziel- und wirkungsorientierte Verwaltung ist in vollem Gange. Insbesondere viele Kommunen haben sich mit neuen Steuerungsmodellen auf einen vielversprechenden Weg begeben. Wenn das System eines Tages flächendeckend umgestellt worden ist, lässt sich das IT-Nutzeninkasso wesentlich einfacher in die Berechnungen einbeziehen. Eine wirklich erfolgreiche IT braucht eine wirkungsorientierte Organisation, sonst kann ihr Wertbeitrag nicht festgestellt und die entsprechende Investition nicht begründet werden.

***

Wir behaupten nicht, dass es für den öffentlichen Sektor einfach wäre, in der IT-Modernität anzukommen. Dann bräuchte niemand ein Buch. Aber wir sind überzeugt – und da wiederholen wir uns gern: „Und es geht doch!" Mit diesem Buch wollen wir Überzeugungsarbeit leisten, das IT-Thema für Entscheider entmystifizieren und den Verantwortlichen Mut machen, diese verdienstvolle Aufgabe zur Chefsache zu erklären und sie mit Leadership voranzutreiben.

2. Erfolgreiches IT-Management: Lernen von der Privatwirtschaft

IT-Projekte scheitern zu häufig. Die Privatwirtschaft hat Managementtechniken erprobt, die die Erfolgswahrscheinlichkeit für IT-Projekte deutlich erhöhen. Bei der Übertragung auf den öffentlichen Sektor darf man nicht naiv vorgehen, sondern muss den Besonderheiten des Sektors Rechnung tragen. Auf diese Weise gelangt man zu einem Erfolgsrezept aus acht Elementen, das Antwort auf die vier Kernfragen beim Management eines Projekts gibt:

Warum? Zielsetzung und Nutzen

Was? Anforderungsdefinition und Architektur

Wer? Projektorganisation und Externenmanagement

Wie? Umsetzungsmanagement und Änderungsmanagement

Dieses Kapitel stellt diese acht Elemente vor. In den folgenden Kapiteln wird jeweils im Detail dargestellt, wie durch ihre richtige Anwendung IT-Projekte im öffentlichen Sektor erfolgreich werden.

Vergleichbare Situationen?

Ohne den massiven Einsatz von Informationstechnologie wäre heute nicht nur die öffentliche Hand kraftlos. Auch das Geschäftssystem einiger Branchen der Privatwirtschaft hängt existenziell von der IT ab, z. B. das der Banken, Versicherungen oder Logistikunternehmen. In diesem Kapitel gehen wir der Frage nach, was der öffentliche Sektor im Bereich IT-Management tatsächlich von der Privatwirtschaft lernen kann.

Der gelungene Einsatz von IT hat viele Facetten. Sie reichen von der richtigen Stromversorgung und Kühlung für die Rechner bis hin zur Aufteilung des Budgets zwischen Wartung bestehender und Entwicklung neuer Systeme. Um den Überblick nicht zu verlieren, konzentrieren wir uns in diesem und den folgenden Kapiteln zunächst darauf, wie sich einzelne IT-Projekte erfolgreich durchführen lassen. Denn wenn schon die einzelnen wichtigen Projekte scheitern, z. B. zur Umsetzung politischer Reformen, dann wird IT zum Misserfolg.

Ein Projekt ist im Wesentlichen ein einmaliges Vorhaben, bei dem innerhalb einer bestimmten Zeitspanne ein definiertes Ziel erreicht werden soll. Wir verwenden in diesem Buch den Begriff Projekt umgangssprachlich aus Sicht der Entscheider. Politische Vorhaben wie die Einführung der Lkw-Maut oder die Umsetzung von Hartz IV sehen wir als ein Projekt, auch wenn es sich dabei technisch gesehen um ein ganzes Bündel von (Teil-)Projekten handelt.

Dem projektübergreifenden Management der IT im Ganzen werden wir uns in Kapitel 10 zuwenden. Auch dort werden wir Vergleiche zur Privatwirtschaft ziehen und untersuchen, was übertragbar ist und was nicht, z. B. beim Auslagern von einzelnen Aufgaben an externe Dienstleister.

Bestens erprobt: Die Managementtechniken für IT-Projekte

Zunächst wollen wir jedoch darstellen, wie man ein großes IT-Projekt erfolgreich managen kann. In Branchen der Privatwirtschaft, deren Geschäftssysteme stark vom IT-Einsatz geprägt sind, sind solche Mammutvorhaben eher die Regel als die Ausnahme. Immer wieder müssen die Verantwortlichen neue Aufgaben meistern – sei es, um Innovationen auf den Markt zu bringen, sei es, um zu rationalisieren. Eine große deutsche Universalbank z. B. wickelt jedes Jahr IT-Projekte mit einem Volumen von im Schnitt 120 bis 170 Millionen Euro ab. Unter diesem Innovationsdruck war es unabdingbar, systematische Managementtechniken zu entwickeln, die sowohl IT-Großprojekte als auch das Tagesgeschäft beherrschen. Der Erfolg stellte sich nicht über Nacht ein, die Privatwirtschaft musste eine Menge Lehrgeld zahlen. Viele Projekte scheiterten und scheitern noch heute – statistisch gesehen 20 Prozent der großen und sogar 65 Prozent der sehr großen Projekte.[18] Da Millionensummen mit dem Gedeih und Verderb solcher Projekte

---

[18] Software Productivity Research, Inc.

Erfolgreiches IT-Management 39

verknüpft sind, haben die Unternehmen alles getan, um die Erfolgsquote nach oben zu treiben.

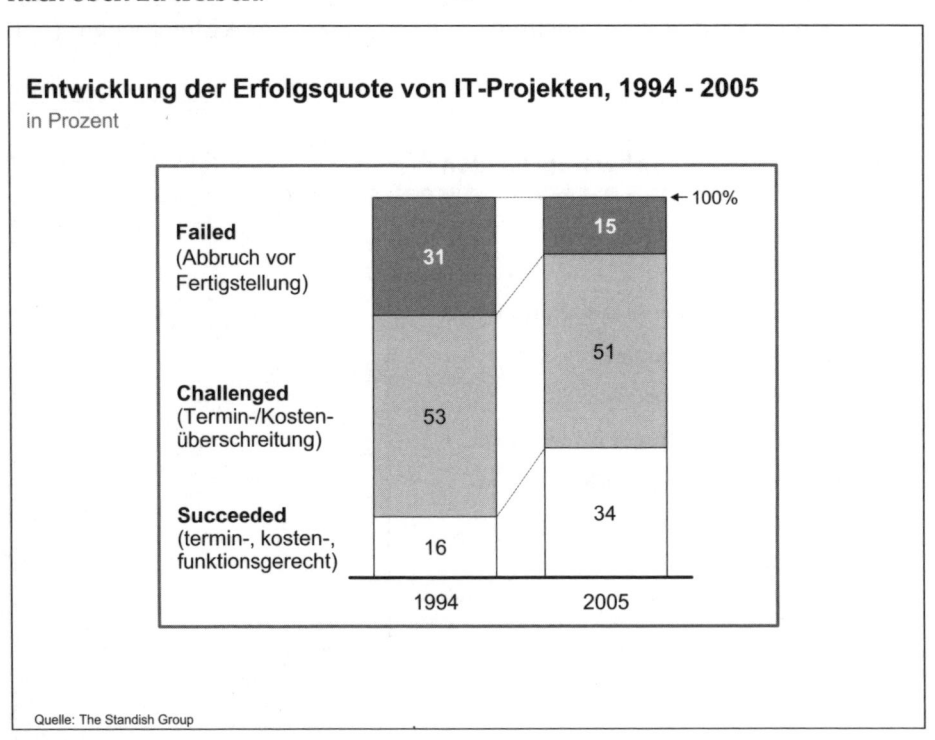

Entwicklung der Erfolgsquote von IT-Projekten, 1994 - 2005
in Prozent

	1994	2005
Failed (Abbruch vor Fertigstellung)	31	15
Challenged (Termin-/Kostenüberschreitung)	53	51
Succeeded (termin-, kosten-, funktionsgerecht)	16	34

Quelle: The Standish Group

Statistische Analysen belegen, dass diese Anstrengungen von Erfolg gekrönt sind. So musste 1994 noch circa ein Drittel aller IT-Projekte erfolglos abgebrochen werden, und nur 16 Prozent konnten zum geplanten Zeitpunkt im Rahmen des Budgets fertig gestellt werden. Elf Jahre später, im Jahr 2005, scheiterten nur noch 15 Prozent und 34 Prozent wurden wie geplant vollendet. [19]

---

[19] Die Standish Group ist eine IT-Marktforschungsgruppe, die seit 1994 über 35.000 IT-Projekte hinsichtlich ihres Projektmanagementerfolgs analysiert hat und die Ergebnisse regelmäßig aktualisiert. Die Mehrzahl der untersuchten Projekte stammt aus der Privatwirtschaft.

Wie kam es zu diesem Qualitätssprung? Hauptsächlich durch die konsequente Anwendung von Managementtechniken für IT-Großprojekte, die sich in den folgenden zehn wichtigsten Erfolgsfaktoren widerspiegeln (vgl. Abbildung).

Erfolgsfaktoren bei Softwareprojekten
EINZELBEITRAG DES ERFOLGSFAKTORS ZUM PROJEKTERFOLG
in Prozent

Erfolgsfaktor (EF)

#	Erfolgsfaktor	%
1	Unterstützung durch die Geschäftsführung	18
2	Einbeziehung der Nutzer	16
3	Erfahrene Projektleiter	14
4	Eindeutige Geschäftsziele u. Verantwortung	12
5	Minimierung der Projektgröße	10
6	Standardisierte Softwareinfrastruktur	8
7	Stabile grundlegende Anforderungen	6
8	Angemessenes Vorgehensmodell inkl. Qualitätssicherung für den gesamten Softwarelebenszyklus	6
9	Verlässliche Schätzungen	5
10	Kompetente und motivierte Mitarbeiter	5

Quelle: The Standish Group, CHAOS: A Recipe for Success, 1999

Um diese Erfolgsfaktoren auf den öffentlichen Sektor zu übertragen, gruppieren wir sie entlang der vier Kernfragen eines Projekts:

- **Warum** soll das Projekt durchgeführt werden? (Erfolgsfaktoren 1 und 4)
- **Was** soll genau getan werden? (Erfolgsfaktoren 5 und 7)
- **Wer** soll welche Arbeiten verrichten und wer einbezogen werden? (Erfolgsfaktoren 2, 3 und 10)
- **Wie** wird die Arbeit im Projekt organisiert? (Erfolgsfaktoren 6, 8 und 9)

Bevor wir im nächsten Abschnitt die relevanten Managementtechniken im Einzelnen vorstellen, wollen wir uns vergegenwärtigen, inwieweit die öffentliche Hand von der Privatwirtschaft lernen kann und welche Unterschiede zu beachten sind.

Nichts vereinfachen: Die Grenzen der Übertragbarkeit

Wenn man die in der Privatwirtschaft entwickelten Managementtechniken erfolgreich auf die öffentliche Hand übertragen möchte, darf man die Sachverhalte und Problemstellungen nicht zu stark vereinfachen. Die Unterschiede zwischen den Einrichtungen sind dafür zu groß. Eine einfache „Privatisierung" der IT-Projekte von Behörden und Verwaltungen dürfte scheitern. Dies kann man mit einer Analogie aus der Welt der Software verdeutlichen: Die Privatwirtschaft hat keine Standardsoftware „Projektmanagement" entwickelt, die ohne Anpassung im öffentlichen Sektor zum Einsatz kommen könnte. Vielmehr ist den Eigenheiten der öffentlichen Hand Rechnung zu tragen, und die Techniken und Methoden des Projektmanagements müssen spezifiziert werden.

Welche Besonderheiten sind für IT-Projekte relevant? Erstens sollte man sich stets vor Augen halten, dass Entscheidungen in Behörden und Verwaltungen selten auf ein eindimensionales Ziel gerichtet werden können wie in Privatunternehmen, wo es etwa darum geht, den Gewinn oder den Unternehmenswert zu steigern. Vielmehr werden oftmals mehrere, teils konkurrierende Ziele angepeilt. Bei Finanzbehörden z. B. gilt es, die Steuereinnahmen zu erhöhen und die Steuergerechtigkeit zu verbessern. Oft fehlt zudem sowohl bei den Entscheidern als auch in der Gesellschaft ein Konsens über die Gewichtung dieser Ziele, und in der Diskussion werden die schmerzlichen und schwer lösbaren Konflikte erst offensichtlich. Dementsprechend erfordern fundamentale Weichenstellungen bei Projekten im öffentlichen Sektor eine besonders intensive Vorbereitung, vor allem in der Kommunikation.

Zweitens müssen die berechtigten Interessen verschiedener Gruppen in den Entscheidungsprozess einfließen. In der Privatwirtschaft spricht man von

„Stakeholder[20] Management". Dieses Verfahren verkompliziert und verlangsamt den Fortschritt zusätzlich. Zur Illustration vergegenwärtige man sich die zweistellige Liste der Fachressorts, die mitzeichnen[21] müssen, wenn vom Rechnungsstil Kameralistik auf Doppik umgestellt wird. In Deutschland „entschleunigt" zudem der Föderalismus manches Vorhaben erheblich, weil sich unabhängig agierende Länder oder Kommunen untereinander abstimmen müssen.

Drittens ist der öffentliche Sektor alles andere als homogen und schon gar nicht einfach. Er vereinigt eine Vielfalt von Aufgaben, von der Verteidigung über Steuern bis hin zum Sozialen. Damit ist er deutlich vielschichtiger als eine einzelne Branche der Privatwirtschaft, etwa das Bankwesen. So ist z. B. eine Kommune für über 400 Services, vom Abwasser bis zum Zoo, verantwortlich.[22] Darüber hinaus sind einige Aufgaben in sich hoch komplex, man denke nur an die Steuererklärung, für die der Steuerschuldner in der Regel einen Steuerberater braucht.

---

[20] Übersetzung etwa: „Anspruchsgruppen"; Das Prinzip der Stakeholder ist die Erweiterung des verbreiteten Shareholder-Value-Ansatzes. Im Gegensatz zum Shareholder-Value-Ansatz, der die Bedürfnisse und Erwartungen der Anteilseigner (z. B. bei einer Aktiengesellschaft die Aktionäre) eines Unternehmens in den Mittelpunkt des Interesses stellt, wird mit der Betrachtung der Stakeholder das Unternehmen in seinem gesamten sozialökonomischen Kontext erfasst: Es sollen die Bedürfnisse der unterschiedlichen Anspruchsgruppen in Einklang gebracht werden. Als Stakeholder gelten dabei neben den Shareholdern allgemein Mitarbeiter und Führungskräfte, Kunden, Lieferanten, Eigentümer, Kreditgeber, Staat und die Öffentlichkeit.

[21] B. Krems, Online-Verwaltungslexikon: „Mitzeichnung: Mitentscheidung aufgrund Teilzuständigkeit. Durch Mitzeichnung wird die fachliche Verantwortung für den vertretenen Aufgabenbereich übernommen, § 15 II 4 Satz 2 GGO des Bundes. Der Mitzeichnende darf den Entwurf nicht eigenmächtig ändern, sondern nur seine Bedenken mitteilen bzw. die Mitzeichnung verweigern, sofern die Bedenken nicht ausgeräumt werden. [...] Als Koordinationsinstrument oft problematisch, weil sie zur ‚negativen Koordination' führt (Fritz W. Scharpf), Alternativen sind Arbeitsgruppen oder bei entsprechenden Voraussetzungen die Projektorganisation."

[22] BundOnline 2005 plant allein bis Ende 2005 die Verfügbarkeit von 376 Online-Dienstleistungen auf Bundesebene. Eine von McKinsey durchgeführte detaillierte Zusammenstellung kommunaler Dienstleistungen kommt aber sogar auf 449 Vorgänge, die eine Kommune typischerweise abzudecken hat.

Schließlich gelten viertens für öffentliche Institutionen zum Teil andere rechtliche Spielregeln als für die Privatwirtschaft. Wer sich um IT-Projekte der öffentlichen Hand kümmert, stößt auf die Regelungen des Vergaberechts, des Dienstrechts und des Haushaltsrechts. Ihnen ist Rechnung zu tragen, daran führt kein Weg vorbei. Die Erfahrung aus unserer Beratungsarbeit für die Privatwirtschaft und den öffentlichen Sektor sowie unsere intensive Forschung in der Vorbereitung dieses Buches zeigen jedoch, dass sich die erfolgreich erprobten Managementtechniken der Privatwirtschaft auf diese Besonderheiten hin zuschneiden lassen.

Klare Linie: Das Rezept der Privatwirtschaft

Werden wir konkreter. Die Erfolgsfaktoren für IT-Großprojekte lassen sich im Detail beschreiben und in ihrer Wirksamkeit belegen. Dabei orientieren wir uns an vier W-Fragen und liefern die für IT-Großprojekte relevanten Antworten:

- **Warum?** Zielsetzung und Nutzen
- **Was?** Anforderungsdefinition und Architektur
- **Wer?** Projektorganisation und Externenmanagement
- **Wie?** Umsetzungsmanagement und Änderungsmanagement

Warum?

Ein Projekt ist per Definition auf die Erreichung eines festgelegten Ziels ausgerichtet. Die Wirklichkeit sieht anders aus: Es mangelt häufig an einer klaren Zielsetzung. Dieses Dilemma bildet die wichtigste Ursache für das Scheitern von IT-Vorhaben. Bei einigen Projekten beschleicht den unbefangenen Beobachter gar die Vermutung, dass nach der Devise „Der Weg ist das Ziel" gehandelt wird. Das mag zwar in der fernöstlichen Philosophie zur Erkenntnis führen, bei IT-Projekten steuert es jedoch ins Unheil.

Zielsetzung. „Die Verwaltung modernisieren" ist vielleicht ein für Wahlkampfreden attraktiver Slogan, für ein Projekt ist es eine viel zu vage Zielsetzung. Entscheidend ist, das Ziel exakt vorzugeben. Nur dann bietet es

Orientierung. Und die braucht es, denn ein Projekt lebt von zielführenden Entscheidungen: Welche Anforderungen werden umgesetzt und welche nicht? Wie viele Ressourcen werden wofür zur Verfügung gestellt? Setzen wir das günstigere oder das leistungsfähigere Softwareprodukt ein? Werden derartige Entscheidungen nicht mehr getroffen, fällt das Projekt in ein teures Koma, denn die Projektmannschaft und die Hard- und Software müssen ja laufend bezahlt werden.

Das Ziel muss also vor Beginn der Projektumsetzung präzise formuliert werden. Betrachten wir als Beispiel die Modernisierung von Verwaltungsvorgängen. So könnte, wenn das Archiv überquillt, das Ziel schlichtweg lauten, die Akten durch eine elektronische Datenbank zu ersetzen. Eine andere Zielsetzung wäre, die Prozesse der Sachbearbeiter zu optimieren, um die Bearbeitungszeiten um 50 Prozent zu verringern. Oder mehr Angebote für Bürger ins Internet zu stellen, damit sie sich den Weg zur Behörde sparen können. Oder den Datenabgleich mit anderen Verwaltungen zu verbessern. Für jedes Ziel lässt sich ein Projekt auflegen, man kann aber auch mehrere miteinander kombinieren. Jedes Mal entsteht ein ganz anderes Projekt, mit anderer Laufzeit, anderem Risiko, anderen Kosten und anderem Nutzen.

Nutzen. Die genaue Beschreibung des angestrebten Nutzens ist ein gutes Instrument, um die Zielsetzung zu präzisieren. Wie im letzten Abschnitt erläutert, ist dies bei der öffentlichen Hand oft anspruchsvoller als in der Privatwirtschaft. Der Nutzen lässt sich nämlich nicht einfach auf zusätzlichen Umsatz oder niedrigere Kosten reduzieren. Trotzdem kann man den Nutzen systematisch und klar definieren. Als Orientierung kann dabei das der Bundesverwaltung zur Wirtschaftlichkeitsbetrachtung in der WiBe 4.0[23]

---

[23] Wirtschaftlichkeitsbetrachtungen richten sich in der Bundesverwaltung nach den Vorschriften des § 7 der BHO sowie den hierzu erlassenen Verwaltungsvorschriften. Eine Anpassung dieser Vorschriften an die speziellen Erfordernisse der Informationstechnik hat die Koordinierungs- und Beratungsstelle der Bundesregierung für Informationstechnik in der Bundesverwaltung (KBSt) 1992 erarbeitet. Diese „Handlungsanweisung" trägt den Titel „Empfehlung zur Durchführung von Wirtschaftlichkeitsbetrachtungen beim Einsatz der IT in der Bundesverwaltung (IT-WiBe)". Mittlerweile ist die WiBe in der Version 4.0 erschienen.

empfohlene Schema dienen. Dort werden die folgenden Nutzenkomponenten unterschieden:

- Monetärer Nutzen, z. B. durch Einsparungen aufgrund neuer Systeme
- Dringlichkeit, z. B. zur Einhaltung gesetzlicher Fristen
- Qualitativ-strategischer Nutzen, z. B. Beschleunigung von Arbeitsabläufen
- Externe Effekte, z. B. Vergrößerung des Dienstleistungsangebots für den Bürger.

Auf die Festlegung von Zielen und die Beschreibung von Nutzen für IT-Projekte im öffentlichen Sektor gehen wir im Detail in Kapitel 3 ein.

Was?

Es klingt logisch: Zunächst überlegt man sich, was man tun will, dann beginnt man, es zu tun. Leider starten viele IT-Projekte ganz anders, nämlich mit einem Termin, bis zu dem ein Plan – z. B. die Zusammenlegung von Arbeitslosenhilfe und Sozialhilfe – umgesetzt sein soll. Und schon ist der Zeitdruck da. Es pressiert, also beginnt man schon einmal mit der Ausschreibung (die ja nach dem Vergaberecht erforderlich ist), obwohl noch nicht im Detail klar ist, wohin die Reise geht. Man stelle sich vor, die Handwerker begännen auf Basis einer groben Skizze des Bauherrn, das Fundament zu legen und das erste Stockwerk zu errichten, bevor der Architekt geplant und der Statiker gerechnet hat. Würde es einen dann wundern, wenn später zusätzliche Streben und Träger notwendig würden, ein Teil der Zimmer in einem Anbau untergebracht werden müsste und die Baukosten sich vervielfachten?

Bei einem IT-Projekt sind vor allem zwei Aspekte zu klären: Zum einen die Anforderungen: Was soll das IT-System am Ende genau für den Nutzer leisten? Zum anderen die Architektur: Wie soll das System in sich strukturiert sein und wie soll es in die bereits bestehende IT-Landschaft eingepasst werden?

Anforderungsdefinition. Das Fundament für den Erfolg von IT-Projekten ist, sicherzustellen, dass die Anforderungen von der Fachseite vollständig und klar ausgearbeitet werden, damit die IT die richtige Lösung liefern kann. Wesentliche Erfolgsfaktoren hierfür sind:

- Die Anforderungen müssen **ganzheitlich beschrieben** sein, also allumfassend, ohne Teilaspekte überzuspezifizieren. Kernstück der Anforderungsdefinition ist der Anwendungsfall, der die Einzelanforderung aus Sicht des Nutzers im Kontext darstellt. Ein typischer Anwendungsfall beschreibt z. B., wie das System je nach Fallkonstellation reagieren soll, wenn der Sachbearbeiter die Daten eines Leistungsberechtigten eingegeben hat.

- Die Anforderungen müssen **mit der Gesamtstrategie abgestimmt** sein und in ihrer Priorität gegenüber anderen Projekten im Projektportfolio klar positioniert werden. Dies erlaubt – etwa bei Ressourcenengpässen – Entscheidungen zu fällen, bis hin zum Stoppen von Projekten.

- Es gibt für jede Anforderung **einen Verantwortlichen auf der Fachseite**, der das Endprodukt abnimmt. Insgesamt muss geklärt sein, wer welche Entscheidungen für das Projekt treffen kann und muss.

Architektur. Die Architektur eines Systems beschreibt – ähnlich der Architektur eines Gebäudes – dessen Struktur und wesentlichen Elemente. Das neue System muss in die bestehende IT-Landschaft eingepasst werden, so wie ein Gebäude sich in das Stadtbild einfügen muss. Dies ist wichtig, weil das System in der Regel nicht isoliert, sondern im Zusammenspiel mit anderen Systemen verwendet wird und der Einsatzzeitraum den Entwicklungszeitraum meist um viele Jahre oder sogar Jahrzehnte überschreitet. Wichtige Erfolgsfaktoren bei der Beschreibung der Architektur sind:

- Die Architektur eines Systems muss dessen **innere Struktur und die wesentlichen Elemente und Schnittstellen beschreiben**. Bei einem Gebäude werden unter anderem die Anzahl der Stockwerke, die Durchbrüche für Aufzüge und Treppen, die Anzahl und Größe der Fenster und Türen vor Baubeginn festgelegt. Bei einem IT-System müssen analog die Module und Elemente innerhalb des Systems, die Wechselwirkungen zwischen diesen und die Schnittstellen von dem

System nach außen bestimmt werden. Wie bei einem Gebäude Baumaterialien ausgewählt werden, werden bei einem IT-System technologische Komponenten ausgesucht, z. B. die Datenbank, das Betriebssystem und die Programmiersprache.

- Die Architektur der neuen Softwarelösung wird **mit der bestehenden IT-Landschaft abgestimmt**. Es werden Standards berücksichtigt und notfalls Anpassungen an der Architektur der Software vorgenommen. Als Analogie kann man sich die Architektur einer Stadt vorstellen, in die sich jedes neue Bauvorhaben integrieren muss. Beispielsweise muss man das Fassungsvermögen der Kanalisation berücksichtigen, und wo keine Gasleitungen liegen, müssen die Bewohner entweder auf dem Elektroherd kochen oder sich mit Gasflaschen behelfen.

- Es gibt eine von den einzelnen Projekten **unabhängige Architekturinstanz**, welche als übergeordneter „Stadtentwickler" jenseits des Einzelprojekts agiert. Diese zeigt den Entscheidern die Nachteile von Vorschlägen auf, die aus isolierter Sicht eines Einzelprojekts entwickelt wurden, etwa wenn sich bestimmte technische Lösungen nicht in die bestehende Architektur der Institution integrieren lassen. Als Analogie denke man z. B. an die notwendige Abstimmung zwischen U-Bahn- und Busnetz einer Stadt.

Aus architektonischer Sicht sind übrigens unter den Branchen der Privatwirtschaft Finanzdienstleister dem öffentlichen Sektor am ähnlichsten. Dementsprechend werden wir in diesem Buch gelegentlich Beispiele von Finanzdienstleistern verwenden. Zwei Aspekte prägen diese Ähnlichkeit: Zum einen sind die meisten (Geschäfts-)Prozesse aufgrund der damit verbundenen Daten durch IT-Systeme unterstützt, so dass Änderungen der Prozesse stets IT-Projekte erfordern. Zum anderen ist die Architektur durch eine Vielzahl von oft eigens entwickelten Anwendungen gekennzeichnet, die über vielfältige Schnittstellen miteinander verbunden sind. Demgegenüber gibt es andere Branchen der Privatwirtschaft, welche nur wenige Standardsoftwarekomponenten einsetzen.

Diese Aspekte vertiefen wir in Kapitel 4. Dort zeigen wir, wie man auch im öffentlichen Sektor die Anforderungen klar definieren kann.

Wer?

Projekte werden durch Menschen umgesetzt. Anders ausgedrückt: Der entscheidende Produktionsfaktor sind die Projektmitarbeiter. Projekte geraten selten durch technische Schwierigkeiten ins Wanken, sondern meist durch Abstimmungs- oder Kommunikationsprobleme unter den beteiligten Personen, seien es die internen Projektmitarbeiter oder externe Dienstleister.

Organisation. Die richtigen Personen mit den richtigen Fähigkeiten müssen auf die geeignete Art und Weise miteinander arbeiten. Die Erfolgsfaktoren in der Projektorganisation lauten:

- Die **Fähigkeitsprofile**, die für das Projekt benötigt werden, sind bekannt, und die entsprechenden Ressourcen werden bereitgestellt. Hierbei empfiehlt es sich, mögliche Konflikte mit den entsendenden Linienstellen vorab auszuräumen und sicherzustellen, dass der Mitarbeiter uneingeschränkt für die Projektlaufzeit zur Verfügung steht.

- Ein **erfahrener Projektleiter** ist vorhanden. Auch wenn Prozesse das Projektmanagement erleichtern, ist der Erfahrungsschatz des Projektleiters nicht zu unterschätzen. Er wird in der Regel erst nach fünf bis zehn Jahren sämtliche einschlägigen Erkenntnisse gewonnen haben, um ein Großprojekt zu managen. In den meisten großen Firmen gibt es einen eigenen Karrierepfad für Projektleiter, welcher mit entsprechenden Qualifizierungen gespickt wird.

- Nur wenn die Projektmitarbeiter über die **passende Qualifikation** verfügen, können sie ihren Beitrag im Projekt leisten. Qualität kann man nicht durch Quantität ausgleichen. Dabei darf man sich nicht einseitig auf handwerkliche Qualifikationen beschränken, z. B. die Beherrschung gewisser Technologien. Für den Gesamterfolg müssen im Projektteam auch in ausreichendem Umfang fachliche Qualifikation und Managementkompetenz bereitstehen. Es empfiehlt sich deshalb, die Qualifikation der eigenen Mitarbeiter regelmäßig durch Trainings zu erhöhen, um nicht zu stark von externer Kompetenz abhängig zu sein.

- Die Dynamik von Großprojekten bringt es oft mit sich, dass den Mitarbeitern Überdurchschnittliches abverlangt wird, sowohl hinsichtlich der Geschwindigkeit, mit der sie lernen müssen, als auch hinsichtlich des Arbeitseinsatzes. Haushalts- und Personalrecht schränken die Möglichkeiten für **Motivationsanreize** ein. Wird in der Privatwirtschaft stark mit monetären Anreizen gearbeitet, müssen die Führungskräfte im öffentlichen Dienst mehr persönlichen Einsatz zeigen. Gleichzeitig ist oft mehr Kreativität gefordert, wenn es um die Motivation der Mitarbeiter geht.

- Alle **internen Stakeholder** müssen in das Projekt **einbezogen** sein, eine Rückkopplung ist sicherzustellen. Als Format hierfür können Lenkungsausschüsse dienen, die die Leitungsebene der einzelnen Fachbereiche und Vertreter von Nutzergruppen einbinden. Auch die Personalvertretung sollte möglichst früh beteiligt werden, um die Basis für eine vertrauensvolle Zusammenarbeit zu legen.

- Alle **Rollen und Verantwortlichkeiten** sind im Projekt **klar definiert**, und die Rollen harmonieren mit der Gesamtorganisation. Nichts stört den Projektablauf mehr, als wenn Entscheidungen der Projektleitung durch Fachbereiche aufgehoben werden oder die Linie direkt auf Projektmitarbeiter zugreift.

Externenmanagement. Großprojekte können selten ausschließlich mit Beschäftigten der eigenen Organisation bewältigt werden. Zudem werden häufig neue Technologien eingeführt, die sie bislang nicht kennen. Somit sind sie auf die Hilfe externer Experten angewiesen. Unter bestimmten Voraussetzungen muss das gesamte Projekt nach außen vergeben werden. Dann lautet die Hauptaufgabe der internen Mitarbeiter, die externen Dienstleister zu managen. Erfolgsfaktoren hierfür sind:

- Es besteht eine klare Strategie, **welche Kompetenzen intern vorgehalten** werden und wie der **Transfer von Know-how** von Externen zu Internen sichergestellt wird. Hierbei sollten die Internen stets das Steuerrad in der Hand behalten.

- Die **Internen managen die Externen** während des gesamten Projektverlaufs intensiv. Sie liefern klare Vorgaben, senden Steuerungsimpulse, setzen Meilensteine und kontrollieren deren Einhaltung. Als Basis werden stets klare Kriterien für die Zusammenarbeit und die zu erzielenden Ergebnisse festgelegt, z. B. der genaue Zeitpunkt, bis wann Softwarefehler behoben sein müssen.

- Es wird eine **über einzelne Projekte hinausgehende Strategie** festgelegt, welche Externe künftig für welche Aufgaben eingesetzt werden sollen. Entscheider der öffentlichen Verwaltung müssen hierbei das Vergaberecht beachten.

In Kapitel 5 stellen wir ausführlicher dar, wie Projekte unter den speziellen Bedingungen des öffentlichen Dienstes erfolgreich organisiert und gemanagt werden. In Kapitel 6 beschreiben wir, wie im Rahmen des Vergaberechts die Beauftragung von Externen zielgerichtet erfolgen sollte. Wie sich die Beziehung zwischen Auftraggeber und Auftragnehmer idealerweise hin zu einer partnerschaftlichen Zusammenarbeit entwickeln kann, erläutern wir in Kapitel 7.

Wie?

Erst wenn das Warum, Was und Wer klar sind, lassen sich wirksame Methoden und Techniken zur Durchführung von Projekten entwickeln. Unserer Erfahrung nach gibt es nicht die eine überlegene Methodik. Man sollte sich nicht der Illusion hingeben, man müsse nur ein bestimmtes Werkzeug einsetzen, etwa eine Software, die bei der Planung und Entwicklung von IT-Systemen hilft, und schon sei das Projekt automatisch auf dem richtigen Weg. Zwar lässt sich durch den Einsatz geeigneter Tools die Entwicklung von Software deutlich vereinfachen und beschleunigen, die besten Programme ersetzen jedoch kein gutes Management: „A fool with a tool is still a fool", sagen die Amerikaner.

Umsetzungsmanagement. Der beste Projektmanager mit den besten Projektmanagementwerkzeugen hat keine Chance, wenn das Warum, Was und Wer nicht klar geregelt sind. Deshalb haben wir zunächst die Erfolgsfaktoren in diesen Punkten dargestellt. Unter Umsetzungsmanagement verstehen wir alle Prozesse und Aktivitäten, die die eigentliche Softwareentwicklung zu einem systematischen und vorhersehbaren Prozess machen. Ziel ist es, Projekte erfolgreich zu gestalten und das Zusammenspiel der einzelnen Akteure im Projekt zu koordinieren. Wesentliche Erfolgsfaktoren dabei sind:

- Das Projekt ist in **sinnvolle und zu bewältigende Abschnitte** unterteilt. Für die Aufteilung gibt es zwei wesentliche Ansatzpunkte: zeitlich und organisatorisch. Bei großen Projekten ist es in der Regel sinnvoll, das gesamte Vorhaben in einzelne Blöcke aufzuteilen, die nach und nach erstellt und eingeführt werden. So bleibt das Risiko beherrschbar, die unterschiedlichen Reifegrade und Dringlichkeiten werden berücksichtigt und es lassen sich zeitnah Erfolge vorweisen. In der Fachsprache werden diese Blöcke Releases genannt. Da das Risiko eines Projekts statistisch belegt[24] mit der Größe steigt, wird klar, warum ein solches Vorgehen Sicherheit bringt.

- In der Praxis zerlegt der Projektleiter das Projekt in geeignete **Teilprojekte**, für die es jeweils Teilprojektleiter und Teams gibt. Beispielsweise benötigt man in der Regel ein Team, das sich mit dem technischen Betrieb befasst, unabhängig von der Entwicklung der einzelnen fachlichen Module. Durch die Unterteilung in Teilprojekte werden Verantwortlichkeiten klar zugeordnet und die Koordination vereinfacht.

- Wesentliche **Aktivitäten, Meilensteine und Abhängigkeiten** sind festgeschrieben und der Projektfortschritt wird regelmäßig daraufhin überprüft. Weichen Plan und Wirklichkeit voneinander ab, wird aktiv gegengesteuert. Werden Termine nicht eingehalten, muss die Projektleitung mit Sanktionen eingreifen.

- Ein **Risikomanagement** ist etabliert, das Maßnahmen zur Risikominimierung ergreift. Das Risikomanagement ist wesentlich, weil nur so vorausschauend mögliche Probleme ausgeräumt werden können und nicht erst, wenn sie auftreten. Ein gutes Risikomanagement ist über die Zeit stabil, da nur wenige unvorhersehbare Risiken auftreten sollten.

---

[24] C. Jones, Software Management in the Twenty-First Century, Software Productivity Research, 1999.

- Sämtliche Teil- und Zwischenergebnisse werden systematisch verwaltet, um alle Beteiligten auf dem aktuellen Stand zu halten – man spricht von **Konfigurationsmanagement**. Dies betrifft alle Endprodukte, seien es Textdokumente, Anforderungsprofile oder Pläne, aber auch den eigentlichen Softwarecode. Als Analogie stelle man sich vor, dass hundert Autoren parallel an den Einträgen eines Lexikons arbeiten. Jeder Autor muss stets über relevante Beiträge der anderen informiert sein, um etwa Querverweise zu erstellen und Widersprüche zu vermeiden. Arbeiten viele Entwickler an einer Software, müssen die einzelnen Teile nicht nur passiv in sich konsistent sein, sondern aktiv und problemlos mit allen anderen zusammenarbeiten.

- Es existiert eine **klar definierte Qualitätssicherung**, die jedes Teilergebnis überprüft und eine Abnahme erteilt. Dazu müssen Rollen, Prozesse und Endergebnisse der Qualitätssicherung festgelegt sein. Bei der Anforderungsdefinition kann eine einfache Überprüfung nach einer Checkliste erfolgen, die die Kriterien definiert. Der Softwarecode muss ausführlich anhand zahlreicher Testfälle geprüft werden, um eine reibungslose Funktion sicherzustellen. Das ist eine komplexe Aufgabe, deshalb kommen auch hier häufig Tools zum Einsatz, die den Prüfvorgang automatisieren.

Änderungsmanagement. Anforderungen, so die Erfahrung, bleiben über die Entwicklungszeit des Projekts nicht konstant – dies liegt zum Teil daran, dass fachliche Zusammenhänge erst während des Projekts im Detail klar werden oder neue Anforderungen hinzukommen, z. B. weil es der Gesetzgeber verlangt. Ausufernde Anforderungen und allzu viele Änderungen sind das sichere Verderben eines jeden IT-Projekts.

Ein erfolgreicher Projektmanager ist darin geübt, Nein zu sagen bzw. der Fachseite die Konsequenzen der Änderung so darzulegen, dass diese ihre Forderung noch einmal überdenkt. Um die Anforderungen systematisch unter Kontrolle zu halten, benötigt man aber einen klaren Prozess, der die Änderungswünsche und die Entscheidungen, sie umzusetzen, identifiziert und bewertet. Es geht dabei nicht darum, mit aller Gewalt Änderungen zu verhindern, sondern die Auswirkungen transparent zu machen. Für jede neue Anforderung muss der Nutzen abgeschätzt und ihm der Aufwand gegenübergestellt werden. Zum Aufwand zählen auch Anpassungen in anderen Systemmodulen, die die Änderung nach sich zieht, und neue aufwändige Integrationstests. Erst wenn allen bewusst ist, welche Folgen die Umgestaltung für den Terminplan und die Kosten bringt, sollte der Daumen gehoben oder gesenkt werden.

Mit welchen Methoden ein Projektleiter ein Projekt erfolgreich managen kann, erläutern wir in Kapitel 5. Die besonderen Herausforderungen beim Anforderungsmanagement vertiefen wir in Kapitel 8.

Was den Leser im Folgenden erwartet: Der Weg zum erfolgreichen Management von IT-Projekten und darüber hinaus

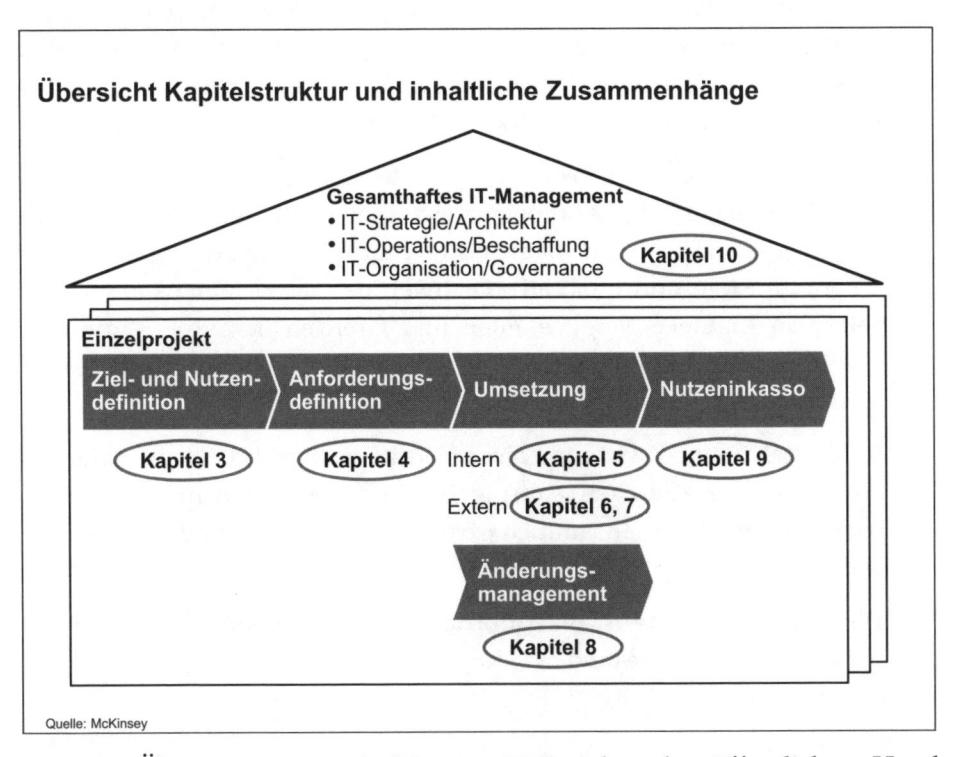

Übersicht Kapitelstruktur und inhaltliche Zusammenhänge

Gesamthaftes IT-Management
- IT-Strategie/Architektur
- IT-Operations/Beschaffung
- IT-Organisation/Governance

Kapitel 10

Einzelprojekt

Ziel- und Nutzendefinition → Anforderungsdefinition → Umsetzung → Nutzeninkasso

Kapitel 3 | Kapitel 4 | Intern Kapitel 5 | Kapitel 9
Extern Kapitel 6, 7

Änderungsmanagement
Kapitel 8

Quelle: McKinsey

Unserer Überzeugung nach können IT-Projekte der öffentlichen Hand erfolgreich gemanagt werden, wenn die beschriebenen Erfolgsfaktoren konsequent beachtet werden. Aufgrund der dargestellten Eigenheiten des öffentlichen Sektors müssen die Managementtechniken der Privatwirtschaft spezifisch angepasst und mit Augenmaß angewandt werden. In den folgenden Kapiteln beschreiben wir diesen Weg für erfolgreiche Projekte entlang der Phasen eines Projekts und unserer vier Kernfragen:

- Um das **Warum** zu klären, gehen wir in Kapitel 3 zunächst darauf ein, wie man präzise Ziele festlegt und den Nutzen von Projekten beschreibt.

- Um das **Was** kümmern wir uns schwerpunktmäßig in Kapitel 4. Hier zeigen wir, wie man auch im öffentlichen Sektor zu einer klaren Definition der Anforderungen gelangt.

- **Wer** die Projekte zum Erfolg führen kann und welche internen Fähigkeiten man dafür braucht, ist Gegenstand von Kapitel 5. Insbesondere erläutern wir die herausgehobene Rolle des Projektleiters. **Wie** dieser das Projekt mittels gewisser Methoden besser in den Griff bekommt, beschreiben wir ebenfalls in Kapitel 5.

- Ein zweiter Aspekt des **Wer** sind die externen Dienstleister, denn es ist oft notwendig, externe Kompetenz einzuholen. Ebenso oft scheuen sich Entscheider, das zu tun. Begründung: Das Vergaberecht hindere sie daran, günstige und qualitativ hochwertige Partner einzukaufen. Wir zeigen in Kapitel 6 Möglichkeiten und Grenzen der VOL[25] und sich abzeichnende Entwicklungen in der Gesetzgebung und Rechtsprechung auf.

- In Kapitel 7 gehen wir noch einen Schritt weiter und zeigen, **wie** sich die Beziehung zwischen Auftraggeber und Auftragnehmer zu einer partnerschaftlichen Zusammenarbeit zum Nutzen beider Seiten entwickeln kann.

- **Wie** man das Ausufern von Anforderungen, Kosten und Projektlaufzeit verhindert, ist Gegenstand von Kapitel 8.

---

[25] Verdingungsordnung für Leistungen.

- Hat man schließlich das Projekt zu einem guten Resultat geführt, muss man sicherstellen, dass der Nutzen auch tatsächlich realisiert und der Aufwand somit gerechtfertigt wird. **Wie** dies im öffentlichen Sektor erreicht werden kann, zeigen wir in Kapitel 9.

Nachdem wir so dem Leser den Weg zum Erfolg für einzelne IT-Projekte der öffentlichen Hand aufgezeigt haben, gehen wir im 10. Kapitel auf das projektübergreifende Management der IT im Ganzen ein. Dort betrachten wir die drei Dimensionen IT-Strategie (inkl. Projektportfolio und Architektur), IT-Operations (inkl. Beschaffung bzw. Sourcing) sowie IT-Organisation (inkl. IT-Governance). Auch hier adressieren wir die Frage nach dem Beitrag von Externen, z. B. beim Outsourcing und bei Public-Private Partnerships.

Im letzten Kapitel geben wir schließlich einen Ausblick, welchen Beitrag die IT für den öffentlichen Sektor leisten kann, wenn sie erfolgreich gemanagt wird.

3. Ziel und Nutzen: Klarheit siegt

Ein Projekt dient dazu, ein Ziel zu erreichen, und das Projektteam braucht eine klare Zielvorgabe, um erfolgreich sein zu können.

Die Ziele der öffentlichen Hand lassen sich aber nicht auf eine einzelne Zielgröße à la Gewinn reduzieren. Trotzdem besteht die Möglichkeit, politisch relevante, wirkungsorientierte Ziele zu definieren, wie z. B. die Erhöhung der Aufklärungsrate von Verbrechen.

Die Präzisierung der Zielsetzung eines Projekts erreicht man am besten durch die genaue Festlegung des angestrebten Nutzens. Dabei ist den nicht monetären Nutzenkomponenten, z. B. Verringerung von Bearbeitungs- oder Wartezeiten, genauso viel Aufmerksamkeit zu widmen wie den monetären. Denn Erstere stellen oft aus Sicht der Entscheider den wichtigen politischen Nutzen eines Projekts dar.

Angesichts der Widerstände, die bei jeglichen Veränderungen zu erwarten sind, sollte ein Entscheider als Sponsor eingesetzt und eine kluge Kommunikationsstrategie entwickelt werden, um ein Projekt erfolgreich auf den Weg zu bringen.

Präzision statt Unbestimmtheit

Wer ein Projekt beginnt, verfolgt damit ein bestimmtes Ziel – sollte man annehmen. Nimmt man jedoch reale Fälle einmal genauer unter die Lupe, so zeigt sich, dass bei zu vielen IT-Projekten ein präzises Ziel fehlt. Das führt zu Problemen oder gar zum Scheitern des Projekts. Während in der politischen Arena ein gewisses Maß an Unbestimmtheit womöglich sogar die Chance erhöht, ein Ziel zu erreichen, gilt bei IT-Projekten genau das Gegenteil. Sie erfordern eindeutige Entscheidungen auf Basis klarer Zielvorgaben. Oft definieren die Beteiligten bei Projekten im öffentlichen Sektor jedoch Anforderungen und tüfteln an der Ausschreibung, ohne ein exaktes Ziel vor Augen zu haben.

Die Kunst, ein IT-Projekt der öffentlichen Hand aussichtsreich zu starten, liegt darin, das Spannungsfeld zu beherrschen: Wenn auf der einen Seite alle Personen, die das Projekt betrifft, von Beginn an offen über die möglichen Auswirkungen informiert werden, erheben einige sicherlich Einwände und lösen Diskussionen aus. Auf der anderen Seite braucht das Projektteam Transparenz und eine klare Zielsetzung, sonst kann es nicht erfolgreich arbeiten.

Präzise Zielvorgaben: Wie soll das gehen?

Die Ziele der öffentlichen Hand lassen sich nicht auf einzelne Größen, etwa Steigerung von Gewinn oder Börsenwert, reduzieren. Schon von Grund auf hat man es mit multiplen Zielen zu tun, z. B. mit der Prävention und Aufklärung von Straftaten bei der Polizei. Es wird sogar oft noch viel komplizierter, wenn nämlich die Ziele miteinander konkurrieren. Erhöht man z. B. die Steuergerechtigkeit durch intensivere Nachprüfungen, so nehmen die Kosten pro Steuerpflichtigen zu und nicht ab. Die Ziele Steuergerechtigkeit und Wirtschaftlichkeit der Steuererhebung konkurrieren also.

Dass die Ziele im öffentlichen Sektor mehrdimensional sind, lässt sich nicht ändern. Zwar gibt es wissenschaftliche Beiträge zur Entscheidungstheorie bei solchen mehrdimensionalen Zielfunktionen, z. B. in Form der Nutzwertanalyse[26]. Jedoch setzen diese stets voraus, dass ein Konsens über die relative Gewichtung der verschiedenen Zieldimensionen gelingt. Gerade das wird bei gesellschaftlich relevanten Themen im Allgemeinen nicht funktionieren. Unterschiedliche Interessengruppen und politische Lager unterscheiden sich ja zum Teil gerade in der Bedeutung, die sie bestimmten gesellschaftlichen Zielen zumessen. Man denke nur an die Diskussion um die Steinkohlenförderung in Deutschland, bei der die Einschätzungen zum Wert des Umweltschutzes, der Arbeitsplätze und der Energiesicherheit stark differieren.

Genauso schwierig ist es, in Behörden und Verwaltungen Nutzen und Kosten eines Projekts gegeneinander abzuwägen. In der Privatwirtschaft kann man – zumindest im Prinzip – stets beide Faktoren in barer Münze,

---

[26] Siehe das Standardwerk von C. Zangemeister, Nutzwertanalyse in der Systemtechnik, 4. Auflage, München, 1976.

Ziel und Nutzen

also in einer einheitlichen Währung, benennen. Dementsprechend lässt sich die Rendite verschiedener Projekte vergleichen und für jedes Projekt abschätzen, ob der Nutzen die Kosten überwiegt. Wer aber kann die Frage beantworten, wie viel eine um fünf Prozentpunkte höhere Aufklärungsrate von Kapitalverbrechen in einem Bundesland wert ist? 5.000 Euro würde man sich eine Software, die so etwas leistet, vermutlich kosten lassen. Aber auch 5 Millionen Euro? Oder gar 50 Millionen Euro?

Angesichts dieser Schwierigkeiten erhält eine kluge Kommunikationsstrategie einen entscheidenden Stellenwert – wir gehen später in diesem Kapitel ausführlich darauf ein. Doch auch dabei darf man es sich nicht zu einfach machen. Die oft beschworene Transparenz bringt zwar vielfach größere Klarheit, ist jedoch kein Allheilmittel. Setzt man sie falsch ein, erhöht sie die Spannung zwischen den nicht zu vereinbarenden Zielen nur. So helfen Arbeitsbeschaffungsmaßnahmen, den sozialen Frieden in von hoher Arbeitslosigkeit heimgesuchten Gebieten zu sichern. Wie Statistiken zeigen, können sie aber auch einigen Arbeitslosen die Chance auf einen Job im ersten Arbeitsmarkt nehmen. Je transparenter man diesen Effekt macht, indem man beispielsweise den Wiedereingliederungserfolg statistisch den veranlassten Maßnahmen gegenüberstellt, umso klarer wird der schmerzliche Zielkonflikt.

Die Erfahrung mit Projekten in Großbritannien zeigt, dass solche Hindernisse nicht unüberwindbar sind, trotz mancher Konflikte – wenn der politische Wille vorhanden ist. Dort werden seit den neunziger Jahren zusammen mit den Fachministerien präzise Ziele für die Initiativen in den einzelnen Ressorts festgelegt, so genannte Public Service Agreements.

Ausgangspunkt des britischen Modells sind stets für die Öffentlichkeit relevante Ziele. Die Zielvorgaben orientieren sich explizit an nachweisbarer Wirkung. D. h., ihre Wirkung muss messbar sein, sobald das Ziel erreicht ist.[27] Zwischen 1997 und 2004 z. B. haben die Krankenhäuser in Zusammenarbeit mit dem Gesundheitsministerium die maximale Wartezeit für Operationen auf neun Monate halbiert. Das Innenministerium konnte die

---

[27] Mehr zum Erreichen dieser Erfolge und dem dahinter stehenden Konzept der so genannten Delivery Unit beschreiben wir in Kapitel 9.

Kriminalitätsrate seit 1997 um 27 Prozent senken (weitere Beispiele in der folgenden Abbildung).

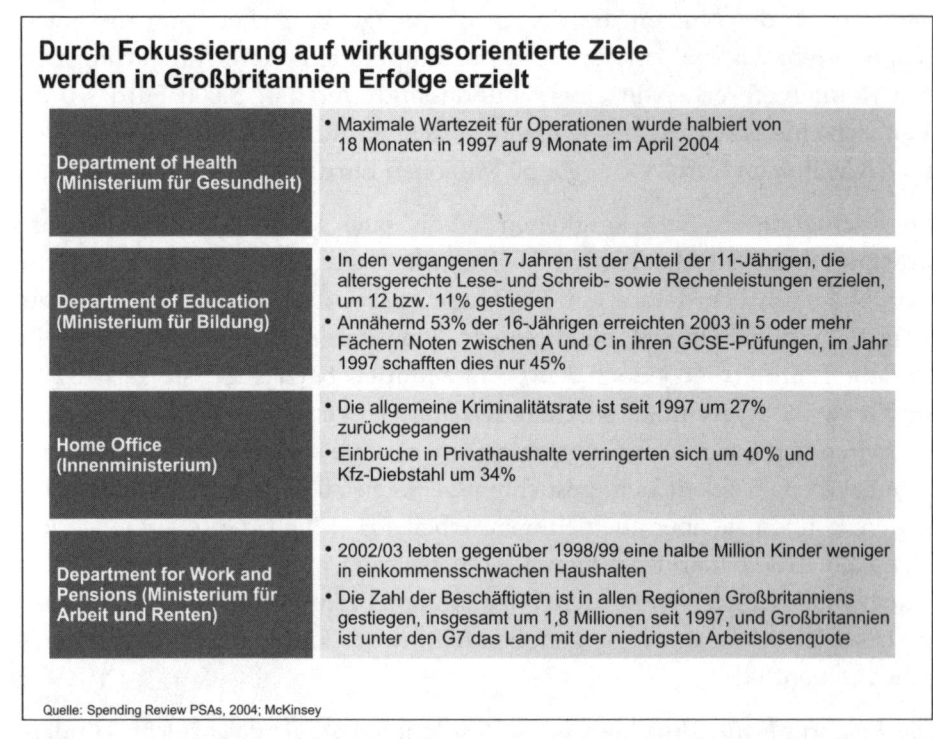

Durch Fokussierung auf wirkungsorientierte Ziele werden in Großbritannien Erfolge erzielt

Department of Health (Ministerium für Gesundheit)	• Maximale Wartezeit für Operationen wurde halbiert von 18 Monaten in 1997 auf 9 Monate im April 2004
Department of Education (Ministerium für Bildung)	• In den vergangenen 7 Jahren ist der Anteil der 11-Jährigen, die altersgerechte Lese- und Schreib- sowie Rechenleistungen erzielen, um 12 bzw. 11% gestiegen • Annähernd 53% der 16-Jährigen erreichten 2003 in 5 oder mehr Fächern Noten zwischen A und C in ihren GCSE-Prüfungen, im Jahr 1997 schafften dies nur 45%
Home Office (Innenministerium)	• Die allgemeine Kriminalitätsrate ist seit 1997 um 27% zurückgegangen • Einbrüche in Privathaushalte verringerten sich um 40% und Kfz-Diebstahl um 34%
Department for Work and Pensions (Ministerium für Arbeit und Renten)	• 2002/03 lebten gegenüber 1998/99 eine halbe Million Kinder weniger in einkommensschwachen Haushalten • Die Zahl der Beschäftigten ist in allen Regionen Großbritanniens gestiegen, insgesamt um 1,8 Millionen seit 1997, und Großbritannien ist unter den G7 das Land mit der niedrigsten Arbeitslosenquote

Quelle: Spending Review PSAs, 2004; McKinsey

Sich an der Wirkung, an dem Erfolg zu orientieren, ist also bei der Definition eines Ziels in Großbritannien von zentraler Bedeutung. Die Reduktion der Kriminalitätsrate etwa ist solch ein Ziel. Bei uns werden im öffentlichen Sektor dagegen eher inputorientierte Ziele vorgegeben und in der Öffentlichkeit diskutiert – z. B., wie hoch die Zahl der Stellen bei der Polizei oder das Haushaltsbudget der Bundeswehr sein dürfen. Auf der Insel werden die gesetzten Ziele ständig überwacht und Abweichungen respektive Kurskorrekturen regelmäßig diskutiert, in gewissen Abständen im Beisein des Premierministers. Die folgende Abbildung zeigt als Beispiel Ausschnitte aus einer Zielvereinbarung für das Gesundheitsministerium in Großbritannien.

Ziel und Nutzen

BEISPIEL – GEKÜRZT

Beispiel einer Zielvereinbarung – Department of Health (Gesundheitsministerium) in Großbritannien

Zielsetzungen und Leistungsvorgaben

- **Ziel I:** Verbesserung der Bevölkerungsgesundheit und Steigerung der Lebenserwartung bei Geburt auf 78,6 Jahre für Männer und auf 82,5 Jahre für Frauen bis 2010
  - Beträchtliche Senkung der Sterblichkeitsrate bis 2010
    - Senkung der Todesfälle durch Herz- und ähnliche Krankheiten um mindestens 40% bei Personen unter 75 Jahren sowie Verkleinerung der gesundheitlichen Schere zwischen einem Fünftel der Gebiete mit den schlechtesten Gesundheits- und Armutsindikatoren und der Gesamtbevölkerung um mindestens 40%
    - Senkung der Todesfälle durch Krebs um mindestens 20% bei Personen unter 75 Jahren sowie Verkleinerung der gesundheitlichen Schere zwischen einem Fünftel der Gebiete mit den schlechtesten Gesundheits- und Armutsindikatoren und der Gesamtbevölkerung um mindestens 6% und Senkung der Todesfälle durch Selbstmord und unbestimmte Todesursachen um mindestens 20%
  - Verkleinerung der gesundheitlichen Schere bis 2010 um 10% gemessen an Kindersterblichkeit und Lebenserwartung bei Geburt
  - Adressierung der grundlegenden Determinanten für schlechte Gesundheit und gesundheitliche Ungleichheiten
  - ...
- **Ziel II:** Verbesserung des Gesundheitszustands von Patienten mit chronischen oder Langzeiterkrankungen
  - ...
- **Ziel III:** Optimierung des Zugangs zu Gesundheitsleistungen
  - ...
- **Ziel IV:** Verbesserung der Patienten- und Nutzererfahrungen
  - ...

Zweck
Umgestaltung des Gesundheits- und Sozialwesens mit dem Ziel eines schnelleren und gerechteren Leistungsangebots

Standards
Zusätzlich zu den genannten Zielen werden folgende Standards etabliert und aufrechterhalten
- Maximale Wartezeit in der Notaufnahme: 4 Stunden zwischen Ankunft, Aufnahme, Überweisung oder Entlassung
- Garantierter Zugang zu einem Spezialisten der medizinischen Grundversorgung innerhalb von 24 Stunden und zu einem Allgemeinmediziner innerhalb von 48 Stunden
- Festsetzung aller Krankenhaustermine unter Berücksichtigung der Patientenwünsche. Dies wird Patienten und ihren Hausärzten die Auswahl des für ihre Bedürfnisse am besten geeigneten Krankenhauses und Facharztes vereinfachen
- Verbesserung der Lebensqualität von psychisch erkrankten Erwachsenen und Kindern, indem sichergestellt wird, dass alle bedürftigen Patienten Zugang zu einem Krisendienst sowie zu dem umfangreichen Angebot des Child and Adolescent Mental Health Service (Einrichtung für psychisch erkrankte Kinder und Jugendliche) haben

Verantwortlich für die Erreichung ist der Gesundheitsminister

Quelle: Spending Review PSAs, 2004; McKinsey

Sicher, auch die Briten mussten Lehrgeld bezahlen: Im Laufe der Zeit haben sie die Zahl der Ziele deutlich verringert und einzelne Ziele verändert. Dennoch besteht kein Zweifel daran, dass es wichtig und erfolgreich ist, nach Zielvereinbarungen vorzugehen – so sehen es auch die verantwortlichen Beamten. In Großbritannien entstand durch das Vereinbaren und Nachhalten der Ziele eine völlig neue Qualität in der praktischen Umsetzung politischer Vorgaben. Natürlich lässt sich im Einzelfall immer noch an der Definition eines Ziels weiter feilen, oder es tauchen unerwünschte Nebenwirkungen auf. Aber allein die Auseinandersetzung mit den Zielen setzt viel Energie frei und fokussiert alle Anstrengungen darauf, geeignete Wege zum Ziel zu finden.

Warum eine präzise Zielsetzung so wichtig ist

Bevor wir darauf eingehen, wie man im öffentlichen Sektor Projektziele explizit festlegt, wollen wir noch einmal aufzeigen, warum eine präzise

Zielsetzung so entscheidend für den Projekterfolg ist. Im Wesentlichen gibt es drei Gründe:

- Eine präzise Zielsetzung ermöglicht klare Entscheidungen im Projekt.
- Je genauer das Ziel vorgegeben ist, umso geringer ist der Aufwand für Änderungen.
- Ein klares Ziel motiviert alle am Projekt Beteiligten.

Eine präzise Zielsetzung ermöglicht Entscheidungen. Im Verlauf eines IT-Projekts sind eine Vielzahl von Entscheidungen zu treffen. Typische Beispiele sind: „Welche Anforderungen werden umgesetzt und welche nicht?", „Wird der Experte X in Teilprojekt A oder B eingesetzt?", „Verwenden wir das günstigere oder das leistungsfähigere Softwareprodukt?"

Es wird einem Bauleiter schwer fallen, sich zwischen verschiedenen Bauweisen und Baumaterialien zu entscheiden, wenn man ihm lediglich vorgibt, er solle ein Gebäude errichten. Er muss schon wissen, ob es ein Mehrfamilienhaus oder ein Bürotrakt werden und wie vielen Menschen es Platz bieten soll. Genauso wenig reicht einem Projektleiter die Zielsetzung „Modernisiere die Verwaltung". Er muss präzise erfahren, welche Verwaltungsvorgänge zu welchem Zweck verändert werden sollen. Soll beispielsweise ein Teil der Personalverwaltung für alle Dienststellen in einer Einheit zentralisiert werden, so sind in Zukunft dauerhaft Spezialisten mit der Aufgabe betraut, während Laien das System nicht unbedingt bedienen können müssen. Sollen umgekehrt die Reisekosten dezentral von jedem einzelnen Mitarbeiter elektronisch erfasst werden, so verwendet die Mehrzahl der Nutzer das entsprechende IT-System nur gelegentlich. Hier ist es wichtig, dass die Bedienung einfach ausfällt – das IT-System muss interaktiv und selbsterklärend ausgerichtet sein.

Eine genaue Zielvorgabe begrenzt den Aufwand für Änderungen. Ein Architekt kann eine zusätzliche Tür binnen kurzer Zeit in seine Skizze einfügen. Die Neuberechnung der Statik und die konsistente Anpassung sämtlicher Baupläne nimmt hingegen deutlich mehr Zeit und Aufwand in Anspruch. Muss ein Durchbruch in eine bereits errichtete Wand geschlagen werden, kostet dies viel Zeit und Geld. Muss sogar ein Teil des Gebäudes

Ziel und Nutzen 63

zurückgebaut werden, weil es sich um eine tragende Wand handelt, so erhöhen sich Bauzeit und Baukosten in erheblichem Maß.

Ein analoger Effekt tritt bei IT-Projekten auf:

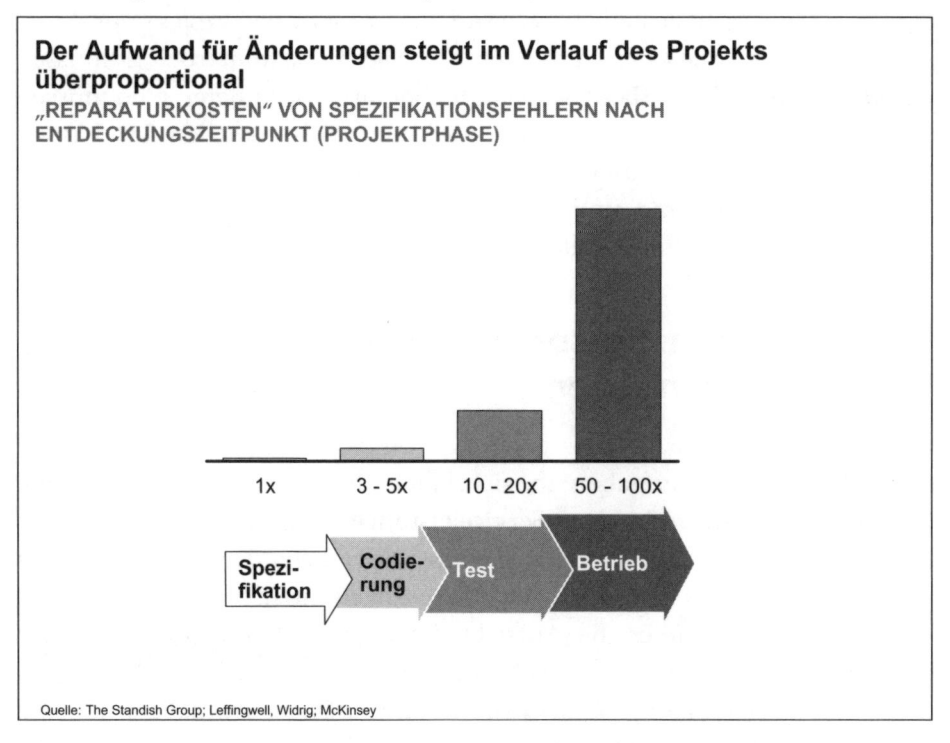

Der Aufwand für Änderungen steigt im Verlauf des Projekts überproportional
„REPARATURKOSTEN" VON SPEZIFIKATIONSFEHLERN NACH ENTDECKUNGSZEITPUNKT (PROJEKTPHASE)

1x   3 - 5x   10 - 20x   50 - 100x

Spezifikation → Codierung → Test → Betrieb

Quelle: The Standish Group; Leffingwell, Widrig; McKinsey

Will man noch während der Programmierung (Codierung) einen Teil der Software ändern, benötigt das drei- bis fünfmal mehr Arbeit, als wenn man die Änderung bereits während der Spezifikation einbringt. Erkennt man die Notwendigkeit zur Modifikation erst beim Testen, so ist der Aufwand gar um den Faktor zehn bis zwanzig höher. Soll sogar die bereits im Betrieb befindliche Software umgeschrieben werden, müssen unter anderem sämtliche Integrationstests, d. h. die Tests des Zusammenwirkens der verschiedenen Programmteile und Systeme, wiederholt werden. Hierdurch wächst der Aufwand auf das Fünfzig- bis Hundertfache an.

Ist die Zielsetzung des Projekts vage, werden viele Fragestellungen erst im Projektverlauf auftauchen und sind somit nicht im Vorfeld auszuräumen. Dementsprechend häufig werden aufwändige Änderungen vonnöten sein.

Eine präzise Zielsetzung von Anfang an bringt Klarheit und Sicherheit in allen folgenden Projektphasen.

Das Ziel motiviert. Auch wenn in einem IT-Projekt Software erstellt wird, die am Ende gesichtslos auf Rechnern läuft, so wird das Projekt von Menschen und für Menschen durchgeführt. Die Projektmitarbeiter müssen wissen, wofür sie hart arbeiten. Die mittelbar am Projekt Beteiligten müssen einen Grund haben, warum sie das Projekt unterstützen sollen. Die Nutzer müssen verstehen, was ihnen das neue IT-System bringt, warum sie den Aufwand der Schulung und der Änderung von Verhaltensweisen und Prozessen auf sich nehmen sollen.

Überall Hürden: Ressortprinzip und Verwaltungseinheiten

Der öffentliche Sektor ist alles andere als einfach. Zum einen vereinigt er eine Vielzahl von Aufgaben in sich. Eine durchschnittliche Kommune erbringt circa 400 verschiedene Serviceleistungen, von der Anmeldung der Zweitwohnung über die Erstellung eines Schwerbehindertenausweises bis zur Erteilung der Rundfunk- und Fernsehgebührenbefreiung, von der Abwasserwirtschaft über die Aufsicht der Bezirksschornsteinfegermeister bis zum Betreiben des Zoos. Vergleicht man dieses Leistungsspektrum mit dem eines Großkonzerns, so liegt die Komplexität der Aufgaben, die eine Gemeinde zu stemmen hat, schnell auf der Hand.

Von vielen Projekten der öffentlichen Verwaltung sind zehntausende Nutzer betroffen. Bei der Zusammenlegung von Arbeitslosenhilfe und Sozialhilfe im Zuge von Hartz IV musste rund 30.000 Sachbearbeitern aus den Arbeitsagenturen und den Sozialämtern in ganz Deutschland ein neues System zur Verfügung gestellt werden. Die schiere Zahl der Nutzer und Standorte treibt die Komplexität solcher Projekte schnell in die Höhe.

Schließlich gilt es, eine große Zahl von gesetzlichen Vorgaben genau einzuhalten. Dies macht jede einzelne Aufgabe sehr kompliziert. Wer je bei seinem Finanzbeamten oder Steuerberater die viele Regalmeter füllende Steuerliteratur gesehen hat, kann sich ausmalen, dass es sehr schwer ist, sämtliche relevanten Paragraphen präsent zu haben und bei der Beurteilung einer Steuererklärung korrekt anzuwenden.

Neben der Komplexität erschweren das deutsche **Ressortprinzip** und die unabhängigen Verwaltungseinheiten die Zielfestlegung. Typischerweise ist nicht nur ein Ressort von den Veränderungen betroffen, die ein IT-Projekt nach sich zieht. Da das beim Projekt federführende Ressort im Allgemeinen den anderen Ressorts keine Anweisungen erteilen kann, bedarf es eines aufwändigen Abstimmungsprozesses zwischen den Ressorts. Um in angemessener Zeit einen Konsens herbeiführen zu können, ist es wichtig, die für das jeweilige Ressort relevanten fachlichen Auswirkungen klar von Binnenentscheidungen im Projekt zu trennen. So mag ein Ressort gute Erfahrungen mit einer Anwendung auf Basis der Datenbank des Herstellers X gemacht haben, es sollte sich jedoch nicht in die Entscheidung einmischen, ob für ein Projekt unter Federführung eines anderen Ressorts die Datenbank des Herstellers X oder Y verwendet wird. Allenfalls sollte die IT es in diesem Fall als Querschnittsaufgabe verstehen, für eine einheitliche Datenbank in allen Abteilungen zu sorgen – schon um Geld zu sparen.

Die föderale Grundstruktur der Bundesrepublik führt zu unabhängigen Verwaltungseinheiten auf Ebene der Länder und Kommunen mit jeweils eigenen Entscheidungskompetenzen. Versucht ein Projekt, übergreifende Ziele anzusteuern, z. B. die überregionale Fahndung in der Polizeiarbeit durchzusetzen, so muss eine Abstimmung zwischen den beteiligten Verwaltungseinheiten herbeigeführt werden. Dies führt oft zu eher schwammigen Formulierungen der Projektziele, denen alle Beteiligten zustimmen können.

Klare Aussage: Den Nutzen festlegen

Wie präzisiert man nun die Zielsetzung? Die beste Methode besteht in der genauen Festlegung des Nutzens, den man erreichen will. Das hat den schönen Nebeneffekt, dass die Ziele des Projekts in einer Form konkretisiert werden, die auch die IT-Nutzer verstehen. Die Festlegung des Nutzens bildet zudem die Basis für die Wirtschaftlichkeitsbetrachtung eines Projekts. Sie ist notwendige Voraussetzung für die Bewilligung der Projektmittel.

Schließlich benötigt man diese Betrachtung, um den Nutzen einzufahren, d. h. ihn zu realisieren, sobald man das Ziel erreicht hat. Darauf gehen wir in Kapitel 9 im Detail ein.

Es gibt verschiedene Wege, die unterschiedlichen **Nutzenkomponenten** zu klassifizieren und zu beschreiben. Eine in der Privatwirtschaft übliche Methodik unterscheidet zwischen operativem und strategischem Nutzen.

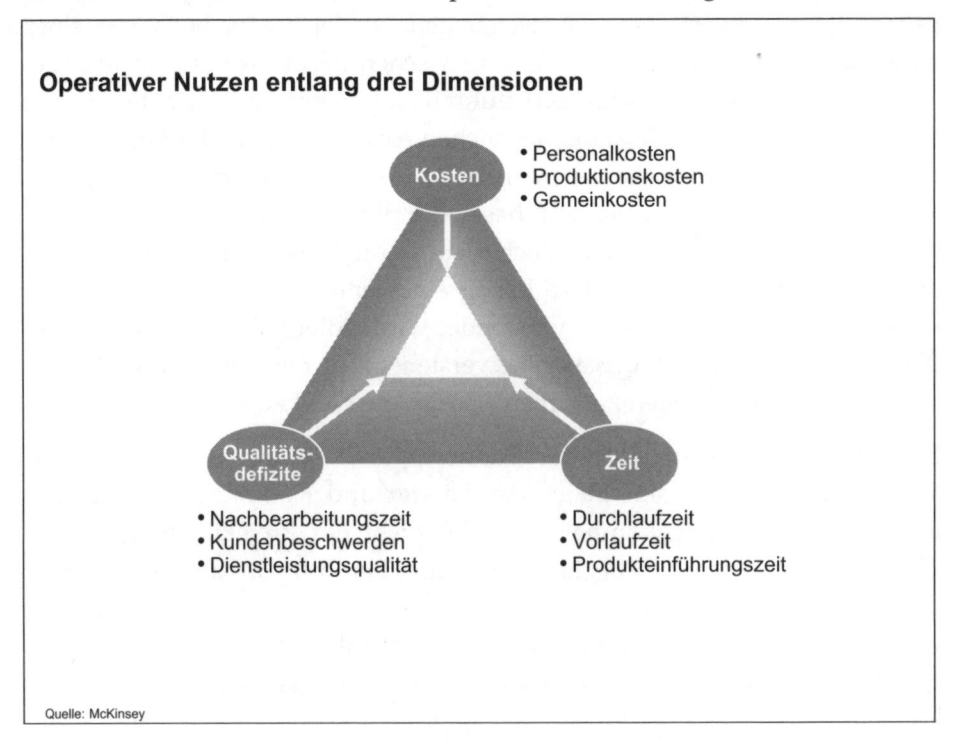

Operativer Nutzen entlang drei Dimensionen

- Kosten
  - Personalkosten
  - Produktionskosten
  - Gemeinkosten
- Qualitätsdefizite
  - Nachbearbeitungszeit
  - Kundenbeschwerden
  - Dienstleistungsqualität
- Zeit
  - Durchlaufzeit
  - Vorlaufzeit
  - Produkteinführungszeit

Quelle: McKinsey

Der **operative Nutzen** lässt sich entlang der drei operativen Dimensionen Kostenreduktion, Zeitersparnis und Verbesserung der Qualität beziffern (vgl. Abbildung).

Dies lässt sich unmittelbar auf den öffentlichen Sektor übertragen. So können durch ein IT-Projekt die Kosten für die Bearbeitung eines Antrags verringert, die durchschnittliche Zeit, die der Bürger bis zur Bewilligung warten muss, reduziert sowie die Fehlerrate bei der Bearbeitung gesenkt werden.

Unter **strategischem Nutzen** werden in der Privatwirtschaft Aspekte wie Verbesserung der Wettbewerbsfähigkeit eines Unternehmens oder Stärkung der Marke subsumiert. Die strategische Ausrichtung öffentlicher Einrichtungen unterscheidet sich stark von der Strategie privater Unternehmen. Daher sind im öffentlichen Sektor andere Komponenten des strategischen Nutzens zu betrachten. Die wichtigste Komponente des strategischen Nutzens im öffentlichen Bereich ist der politische Nutzen.

Politischer Nutzen

Während in der Privatwirtschaft oft eine Darstellung des monetären Nutzens ausreicht, ist der politische Nutzen für Projekte der öffentlichen Hand häufig von entscheidender Bedeutung. Gelingt es, die Relevanz des Projekts für ein wichtiges politisches Ziel darzustellen und in einfacher Weise zu kommunizieren, so kann man sich der Unterstützung durch die politischen Entscheider sicher sein. Die sachliche Ankündigung, Datenbanken über die Grenzen von Bundesländern hinweg vereinheitlichen zu wollen, ruft vermutlich wenig Begeisterung hervor. Verspricht man jedoch, hierdurch die Aufklärungsquote von Verbrechen deutlich zu erhöhen, ist der Zuspruch da. Ein politischer Nutzen ist formuliert, die Bereitschaft, sich für das Projekt zu engagieren, steigt.

Bei einigen IT-Projekten ist der politische Nutzen von Anfang an offensichtlich. So diente beispielsweise das Softwareprojekt A2LL dazu, die Auszahlung des Arbeitslosengelds II zu bewerkstelligen und damit ein Kernelement der Hartz-IV-Reform umzusetzen. Insofern herrschte in diesem Fall Klarheit hinsichtlich der Zielsetzung und des politischen Nutzens des Projekts – auch wenn die öffentliche Meinung zu Hartz IV gespalten ist.

Es empfiehlt sich bei IT-Projekten, bei denen der politische Nutzen nicht auf der Hand liegt, den **Zusammenhang zu wichtigen politischen Zielen** herzustellen. Die oben zitierten Beispiele aus Großbritannien zeigen die Kraft wirkungsorientierter Ziele. Gelingt es, den Beitrag eines Projekts „Bessere Integration der Fahndungsdaten" zur Erhöhung der Aufklärungsquote oder gar zur Verringerung der Kriminalitätsrate darzustellen, so gewinnt das Projekt Relevanz für die politischen Entscheider, und den Kosten im Haushalt steht ein politisch relevanter Nutzen gegenüber.

Nutzenkomponenten gemäß IT-WiBe

Wie gesagt, gibt es verschiedene Arten, den Nutzen eines Projekts zu differenzieren. Die im öffentlichen Sektor üblich gewordenen Wirtschaftlichkeitsbetrachtungen stellen den Kosten eines Projekts seinen Nutzen gegenüber. Um Doppelaufwand zu vermeiden, kann man sich bei der Präzisierung der Nutzenkomponenten an der Struktur dieser Wirtschaftlichkeitsbetrachtungen orientieren. Wir illustrieren dies am Beispiel der IT-WiBe 4.0 für Bundesbehörden (vgl. Kapitel 2). Dort wird zwischen der monetären und der erweiterten Wirtschaftlichkeit unterschieden. Dementsprechend betrachtet man monetäre und weitere Nutzenkomponenten.

Die **monetären Nutzenkomponenten** gliedern sich wie folgt:

- Einmaliger Nutzen aus Ablösung des alten Verfahrens (z. B. Vermeidung von Erhaltungskosten für das alte Verfahren)
- Laufende Sachkosteneinsparungen (z. B. Leitungskosten, Serverkosten)
- Laufende Personalkosteneinsparungen (z. B. durch Automatisierung)
- Laufende Einsparungen bei Wartung/Systempflege (z. B. Updates der Software)
- Sonstige laufende Einsparungen (z. B. Versicherungen).

Die Bezifferung der monetären Nutzenkomponenten erfordert in der Regel einigen Aufwand und die Mitarbeit der Nutzer, bildet aber die Basis für die Wirtschaftlichkeitsbetrachtung und die spätere Realisierung des Nutzens. Auf die damit verbundenen Herausforderungen gehen wir in Kapitel 9 im Detail ein.

Die WiBe kennt drei weitere Nutzenkomponenten: Dringlichkeit, qualitativ-strategischer Nutzen und externe Effekte. Für diese fordert die WiBe 4.0 lediglich eine qualitative Bewertung mittels eines Punktesystems. Wir empfehlen hingegen, auch diese Nutzenkomponenten zu präzisieren und,

Ziel und Nutzen

soweit möglich, zu quantifizieren (siehe dazu den folgenden Abschnitt). Je konkreter die Zielsetzung, desto klarer die Orientierung für das Projekt.

Dringlichkeit kann bei der Ablösung von Altsystemen oder bei der Einhaltung von Verwaltungsvorschriften und Gesetzen gegeben sein. So müssen z. B. die Rentenversicherungsträger Gesetzesänderungen wie die Einführung der Riester-Rente termingerecht in ihren IT-Systemen abbilden.

Die WiBe unterscheidet vier Arten von **qualitativ-strategischem Nutzen:**

- Priorität der IT-Maßnahme (z. B. für den IT-Ausbau der Bundesverwaltung)
- Qualitätszuwachs bei der Erledigung von Fachaufgaben (z. B. geringere Fehlerquote, Beschleunigung von Arbeitsabläufen)
- Informationssteuerung der administrativ-politischen Ebene (z. B. Informationsbereitstellung für Entscheidungsträger)
- Mitarbeiterbezogene Effekte (z. B. Attraktivität der Arbeitsbedingungen).

Die WiBe kennt die folgenden **externen Effekte:**

- Ablösedringlichkeit aus Perspektive des externen Kunden
- Benutzerfreundlichkeit aus Kundensicht (z. B. einheitlicher Zugang)
- Externe wirtschaftliche Effekte (z. B. Verringerung der Gebühren)
- Qualitäts- und Leistungssteigerungen (z. B. Vergrößerung des Dienstleistungsangebots)
- Synergien (z. B. Nachnutzung von Projektergebnissen für vergleichbare Projekte).

Möglichst genau: Nutzen quantifizieren

Wie gesagt, kann die Struktur der WiBe zu einer systematischen Untersuchung der verschiedenen Nutzenkomponenten dienen. Bei der Betrachtung der nicht monetären Nutzenkomponenten greift die WiBe mit ihrem qualitativen Punktesystem zu kurz. Wir empfehlen dringend, soweit möglich, auch diese Nutzenkomponenten zu quantifizieren – z. B. „Reduktion der Fehlerquote von 2 Prozent auf 0,5 Prozent" – oder sie zumindest spezifisch und detailliert zu beschreiben. Wir halten ein solches Vorgehen aus drei Gründen für erfolgsentscheidend:

- Der konkrete Beitrag des Projekts zur Erreichung politischer Ziele, mit anderen Worten der politische Nutzen, wird greifbar.
- Die detaillierte Festlegung gibt dem Projekt eine klare Richtschnur für Entscheidungen.
- Nur die vorher detailliert festgelegten Nutzenbeiträge können hinterher kontrolliert und realisiert werden.

Als Beispiel aus der Praxis sei die Kfz-Zulassung in Essen genannt. Die Kfz-Zulassung wurde auf ein vollständig papierloses Verfahren umgestellt. Die resultierende Zeitersparnis war enorm: Die Durchlaufzeit, d. h. die Aufenthaltsdauer des Bürgers in der Behörde inklusive Wartezeit, konnte von durchschnittlich etwa einer Stunde (in Spitzenzeiten deutlich mehr) auf nunmehr circa 33 Minuten verkürzt werden, also etwa um die Hälfte. Eine Weiterbearbeitung des Antrags, nachdem der Bürger die Behörde verlassen hat, entfällt.

Als weiteres Beispiel betrachten wir das Thema „Verwaltungsleistungen von zu Hause". Hier geht es darum, festzulegen, welche Online-Dienstleistungen den Bürgern unter welchen Umständen zur Verfügung gestellt werden sollen. Auch das angestrebte Niveau der Nutzerfreundlichkeit und Einfachheit der Bedienung sollte detailliert beschrieben werden.

Die Stadt Dortmund hat beispielsweise unter dem Namen doMap ein System entwickelt, mit dem die Bürger eine Palette von typischen Verwaltungsleistungen wie die Änderung der Lohnsteuerkarte, die Anforderung einer Heiratsurkunde oder Ähnliches bequem von ihrem Heim-PC aus abrufen können. Um doMap verwenden zu können, müssen sie nur ein einziges Mal die Verwaltung aufsuchen. Hier wird ihre Identität geprüft und es werden ihnen die Anmeldeunterlagen ausgehändigt. Die Bürger bekommen schließlich eine Benutzerkennung und ein Passwort, womit sie verschlüsselt über das Web mit doMap kommunizieren können. So entsteht ein neuer, informativer und interaktiver Online-Zugang zu den Dienstleistungen und Produkten der Verwaltung.

Erfolgsgaranten: Der Sponsor und die Kommunikation

Kommen wir noch einmal zu dem fundamentalen Spannungsfeld, in dem sich IT-Projekte im öffentlichen Bereich bewegen. Auf der einen Seite braucht das Projektteam, wie oben erläutert, möglichst präzise Zielsetzungen. Auf der anderen Seite zieht ein Projekt Veränderungen nach sich, in deren Folge sich einige Betroffene als Verlierer fühlen werden. Werden z. B. Papierakten durch elektronische Akten ersetzt, so erleichtert das den meisten Sachbearbeitern den Arbeitsalltag und erlaubt ihnen, schneller die Anliegen der Bürger zu erledigen. Die Mitarbeiter im Archiv müssen allerdings ihre vertraute Umgebung verlassen. Sie erhalten meist eine neue Beschäftigung innerhalb der Behörde. Auch mancher Sachbearbeiter wird sich umgewöhnen müssen und nun vermehrt an Bildschirm und Computer arbeiten.

Ein vollständiger Konsens über die detaillierten Ziele eines Projekts, den alle Beteiligten abnicken, lässt sich in der Regel nur unter größten Mühen und mit sehr viel Geduld finden. Bis zu einem gewissen Grad lohnt sich die in die Konsensfindung investierte Zeit. Doch selbst wenn nicht alle Beteiligten in jeder Detailfrage zustimmen, kann es richtig sein, das Heft in die Hand zu nehmen und das Projekt zu starten. Denn schließlich wird das Gelingen auch die letzten Zweifler überzeugen.

Dem Erfolg kann man durch zweierlei nachhelfen: Durch einen **Sponsor auf oberster Ebene** und eine kluge Kommunikation. Der Sponsor muss von den Projektzielen überzeugt sein und im Zweifel der Projektleitung den Rücken freihalten. Solch eine Person gewinnt man natürlich am besten, wenn ihm der politische Nutzen des Projekts hilft, seine eigene politische Agenda durchzusetzen.

Um eine **kluge Kommunikationsstrategie** zu entwickeln, hilft es, klar zwischen nah und fern zu unterscheiden. Eine erfolgreiche Kommunikation zeichnet sich durch die richtige Mischung aus Präzision und Flexibilität aus.

Das erste Zwischenziel bzw. die erste Etappe muss präzise im Detail beschrieben sein. Genauso muss das Fernziel bzw. die Vision präzise und klar sein, auch wenn man hier naturgemäß nicht in Einzelheiten geht. Bei den Details der dazwischen liegenden Schritte/Etappen bewahrt man sich hingegen Flexibilität. Das ist nicht nur kommunikativ klug, sondern auch sachlich geboten, denn man gewinnt im Lauf der Zeit Erkenntnis hinzu und kann auf dieser Basis die folgenden Schritte besser planen.

Die Einführung des Neuen Kommunalen Rechnungswesens in München hat von beiden Erfolgsfaktoren profitiert[28]. Der Personal- und Organisationsreferent agierte als Sponsor auf Basis eines tragfähigen politischen Konsenses im Stadtrat hinsichtlich der Vision „Neues Kommunales Rechnungswesen". Die Detailziele der einzelnen Etappen werden jedoch erst zu Beginn einer jeden Phase zusammen mit den jeweils betroffenen Referaten erarbeitet.

Managertugend: Mut zum Schlußmachen

Niemand möchte gerne mit einem gescheiterten Projekt in Verbindung gebracht werden. Gerade die guten Führungskräfte haben den Ehrgeiz, ihre Projekte zum Erfolg zu führen. Deshalb ist es nicht verwunderlich, dass unterwegs mehr und mehr der Weg zum Ziel wird, selbst wenn sich die eingeschlagene Richtung mehrfach und deutlich ändert.

Um es klar zu sagen: Es ist unter Umständen besser, ein Projekt abzubrechen, als es ohne Nutzen zu Ende zu bringen. Der Projektleiter, der zum richtigen Zeitpunkt den Mut aufbringt, einzugestehen, dass sein Projekt mehr kostet als es bringt, sollte belobigt und nicht zum Versager gestempelt werden. Die Ursachen dafür können vielfältig sein und liegen oft nicht im Projekt selbst begründet: Der Gesetzgeber hat die Rechtslage geändert, eine neue Technologie hat sich durchgesetzt, der politische Wille hat sich geändert und so weiter. In Kapitel 8 gehen wir im Detail auf die Herausforderungen des Änderungsmanagements für Projekte im öffentlichen Sektor ein.

---

[28] Eine detaillierte Darstellung des Projekts findet sich in Kapitel 5.

Ziel und Nutzen 73

Für Entscheider und Projektleiter gilt: Verantwortung übernehmen heißt nicht, ein Projekt auf Biegen und Brechen „durchzuziehen", sondern für die Erreichung des gesteckten Ziels und die vielfältigen Entscheidungen auf dem Weg dahin geradezustehen. Bezüglich des Weges sind Flexibilität und Kreativität gefordert: Hindernisse müssen überwunden und neue Pfade beschritten werden. Kurz gesagt: Der Weg entwickelt sich, aber das Ziel bleibt das Ziel.

* * *

Trotz der Komplexität des öffentlichen Sektors lassen sich politisch relevante, wirkungsorientierte Ziele definieren. Die für den Erfolg des Projekts notwendige Präzisierung der Ziele erreicht man am besten durch genaue Festlegung des angestrebten Nutzens, wo immer möglich quantifiziert. Ein Entscheider als Sponsor und eine kluge Kommunikationsstrategie helfen, um ein Projekt zur Realisierung des Ziels auf den Weg zu bringen.

4. Anforderungsmanagement: Weniger wird mehr

In der Phase der Anforderungsdefinition wird das „Was" festgelegt. Gerade im öffentlichen Sektor suchen und finden viele Projekte in dieser Phase den Kompromiss im größten gemeinsamen Vielfachen. Mit anderen Worten: Sämtliche Sonderwünsche von Beteiligten werden berücksichtigt, um deren Zustimmung zu erhalten. Das belastet das Projekt mit zu hoher Komplexität und erhöht das Risiko für Fehlschläge deutlich. Gefährdet wird die Anforderungsdefinition auch durch Über- oder Unterspezifizierung und fehlende Verständigung zwischen Fach- und IT-Seite.

Die systematische Definition von Anforderungen wird nur gelingen, wenn sie aktiv gestaltet und die einzelnen Anforderungen nicht nur passiv eingesammelt werden. Um diese Phase zu meistern, gibt es zwei Gruppen von Erfolgsfaktoren:

1. *Priorisierte Planung*
   - *Priorisierung der Anforderungen*
   - *Definition von geeigneten Softwareversionen (Releaseplanung)*
   - *Umsetzung von gesetzlichen Anforderungen*

2. *Zusammenarbeit von Fach- und IT-Seite*
   - *Moderierter Dialog unter Einbeziehung der Nutzer*
   - *Frühzeitige Konsultation externer Kompetenz*
   - *Entwicklung geeigneter IT-Lösungen für Anforderungen*

Verhängnis: Das größte gemeinsame Vielfache

Wie erhält man die Zustimmung verschiedener Interessengruppen zu einem Vorhaben? Indem man jeder zugesteht, was sie sich wünscht. Gut, die Kosten schnellen auf diese Weise in die Höhe. Aber ist das nicht verzeihlich, wenn man dafür Konsens erzielt?

Zum Vergleich stelle man sich einen jungen Filmemacher vor, dem es zu seiner großen Freude gelungen ist, von fünf verschiedenen Sponsoren genügend Geld für einen Spielfilm einzusammeln. Leider stellt sich heraus, dass jeder der Sponsoren ein Lieblingsthema hat, das er unbedingt in dem Film verwirklicht sehen möchte. Einer besteht auf Action, der nächste auf Romantik, ein weiterer auf die Behandlung der Probleme von ethnischen Minderheiten in der Gesellschaft, der nächste auf heimatliche Landschaftsaufnahmen und der fünfte auf fernöstliche Ästhetik. Der Versuch des Filmemachers, es allen recht zu machen, führt zu einem schwer zugänglichen Werk mit Überlänge – wenn er es überhaupt vollendet.

Die Wirklichkeit für Projektleiter von IT-Projekten im öffentlichen Sektor trägt leider oft vergleichbare Züge. Im vorausgehenden Kapitel sind wir bereits auf die Unabhängigkeit der Fachressorts und der Verwaltungseinheiten eingegangen. Der einzige Weg, Einigkeit über die Anforderungen an eine Software zu erzielen, scheint oft das größte gemeinsame Vielfache zu sein. Die speziellen Wünsche der einzelnen Beteiligten werden nicht etwa gegeneinander abgewogen und priorisiert, sondern zusammengetragen und aufeinander getürmt. Dadurch steigen der Umfang und die Komplexität des Projekts immer stärker. Die Statistik zeigt, dass dementsprechend die Wahrscheinlichkeit, dass ein Projekt scheitert, unerbittlich zunimmt (vgl. Abbildung).

Die in der Abbildung als Kriterium verwendeten Function Points sind ein von der verwendeten Programmiersprache unabhängiges Maß für den Umfang einer Software. Ein Function Point entspricht im Schnitt in etwa 100 Zeilen Code in der gängigen Programmiersprache Cobol. Ein mittleres Projekt in der obigen Statistik bringt es dementsprechend auf circa eine Million Zeilen Softwarecode. Die wirklich großen Projekte weisen mehr als zehn Millionen Zeilen auf, sie liegen damit in der Größenordnung von mächtigen kommerziellen Produkten à la Microsoft Windows.

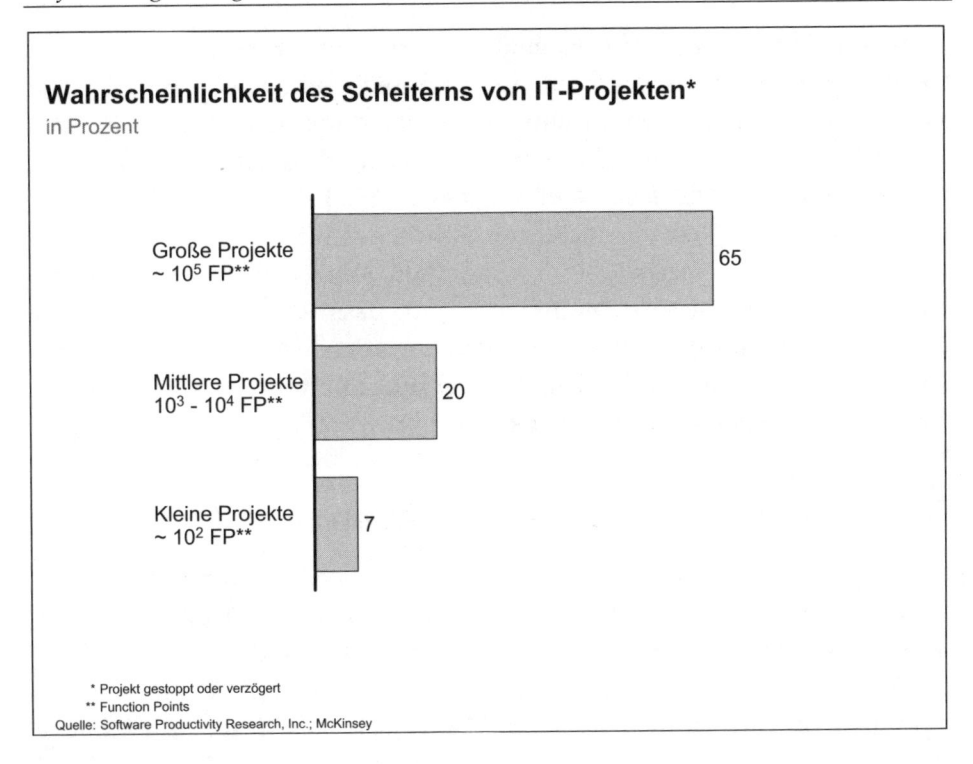

Anforderungsmanagement

Wahrscheinlichkeit des Scheiterns von IT-Projekten*
in Prozent

- Große Projekte ~ 10^5 FP**: 65
- Mittlere Projekte 10^3 - 10^4 FP**: 20
- Kleine Projekte ~ 10^2 FP**: 7

* Projekt gestoppt oder verzögert
** Function Points
Quelle: Software Productivity Research, Inc.; McKinsey

Paradox: Überunterspezifiziert

Bei Projekten des öffentlichen Sektors trifft man zum Teil auf die paradoxe Situation, dass die Anforderungen **zugleich über- und unterspezifiziert** sind. Am häufigsten tritt dieses Phänomen auf, wenn der Termin fest vorgegeben wurde, ohne dass fachlich geklärt war, was bis zu diesem Datum genau umgesetzt werden soll. Als Beispiel sei die Riester-Rente genannt. Dort stand der Einführungstermin früh fest, aber Details zur Durchführung waren noch monatelang offen. Oft mangelt es auch an hinreichender Klarheit, was die Software leisten muss, weil der entscheidende Gesetzestext zwar vorliegt, die weiteren Rechtsverordnungen, die Details festlegen, aber noch fehlen.

Nicht nur bei schnellen Terminen, auch bei den technischen Aspekten kommt oft vorschnell ein Konsens zustande. So wird beispielsweise die Basistechnologie vorgegeben, die verwendet werden soll – was den

Lösungsspielraum ohne Not einengt. Aber auch die Festlegung einzelner technischer Parameter kann dramatische Konsequenzen haben. Beispiel: Die Vorgabe von sehr kurzen garantierten Verbindungsaufbauzeiten für das Funknetz der Sicherheitsbehörden führt dazu, dass eine eigenständige Netzwerkinfrastruktur aufgebaut werden muss. Es kann durchaus sein, dass ein separates Netz aus fachlicher Sicht die richtige Lösung ist, um ein hohes Niveau an Sicherheit zu gewährleisten. Wird jedoch der technische Parameter a priori gesetzt, verhindert man, dass Alternativen, etwa der Einsatz des bestehenden Netzes, geprüft werden. Die alte Infrastruktur könnte womöglich alle fachlichen Anforderungen erfüllen und dabei deutlich wirtschaftlicher sein, weil hohe Investitionen entfielen.

Fachseite und IT: Der große Graben

Die hohe Kunst bei der Anforderungsdefinition besteht darin, präzise zu fassen, was fachlich erforderlich ist, und dies in IT-Anforderungen zu übersetzen. Tatsächlich hat man es an dieser Stelle mit unterschiedlichen Sprachen zu tun. Der Polizist möchte z. B. über die Grenzen von Bundesländern hinweg nach Täterprofilen fahnden. Der IT-Spezialist fragt nach „online abzugleichenden Datenfeldern" im Gegensatz zu „Batch-Routinen" auf Basis von „File-Transfers".

Für diese Übersetzung gibt es keinen „Babelfisch". Es existiert nämlich keine Eins-zu-eins-Beziehung zwischen den Anforderungen der Fach- und der IT-Seite. Wie bei der Übertragung von Gedichten von einer Sprache in die andere, muss man den Kontext verstehen und darauf achten, dass nach der Übertragung wieder ein in sich geschlossenes Werk vorliegt. So könnte es z. B. sein, dass sich eine Anforderung des Datenschützers, für sich betrachtet, am besten mit dezentraler Datenhaltung lösen ließe, während die fachliche Forderung nach bundesweitem Datenabgleich zur Verhinderung von Missbrauch eine zentrale Datenbank erfordert. Bei der Definition der IT-Anforderungen muss man nun ein Modell zur zentralen Datenhaltung entwickeln, das den Anforderungen des Datenschutzes mittels Authentifizierung der Nutzer gerecht wird.

Fach- und IT-Seite sprechen verschiedene Sprachen. Erschwerend kommt oft hinzu, dass weder Fach- noch IT-Seite mit einer einzigen Stimme sprechen. Auf der Fachseite sind manchmal verschiedene Dienststellen oder Ressorts beteiligt. Auf der IT-Seite gibt es – entweder zwischen den verschiedenen Dienstleistern oder sogar innerhalb ein und desselben – unter Umständen Verfechter verschiedener Technologien; zudem zeigen Entwicklung und Betrieb unterschiedliche Interessen. Im schlimmsten Fall ist so die Katastrophe vorprogrammiert. Eine Fachabteilung schreibt eine Vorlage, die von anderen Fachabteilungen kommentiert wird. Schließlich landet dieses Konvolut bei der IT, die es zu interpretieren und in IT-Anforderungen zu übersetzen versucht.

Gute Ergebnisse bei der Anforderungsdefinition lassen sich in einem moderierten Dialog zwischen Fach- und IT-Seite erzielen. Zur Moderation werden entsprechend kompetente Übersetzer benötigt, die eine Brücke zwischen beiden Seiten schlagen können. Man spricht von Anwendungsberatern oder Business Analysts.

Systematische Definition von Anforderungen

Im Folgenden beschreiben wir kurz, welche Elemente bei der Definition von Anforderungen zu bearbeiten sind:

- **Rahmenbedingungen.** Die Software muss in der Regel in ein bestehendes IT-Umfeld integriert werden. Dementsprechend stehen Rahmenbedingungen technischer und fachlicher Natur fest. So kann es z. B. sein, dass sämtliche vorhandenen Systeme auf einer einheitlichen Plattform laufen, z. B. Unix, und dies auch als Vorgabe für neue Systeme gilt. Oder es könnte eine Grundsatzentscheidung für Open Source[29] fallen.

---

29 Bei Open-Source-Software liegen die Urheberrechte für die Entwicklung nicht bei einer Firma oder bei einem Entwickler, sondern „gehören" der Allgemeinheit. Im Gegensatz zu anderen Softwareprodukten wird die Programmierung vollständig offen gelegt und so der gesamten Softwareentwicklergemeinde zur Weiterentwick-

- **Prozesse und Anwendungsfälle.** Die fachlichen Anforderungen beschreibt man entlang der Prozesse und mit Hilfe von Anwendungsfällen, im Fachjargon „Use Cases". Die relevanten Geschäftsvorfälle, z. B. die Bearbeitung eines Antrags oder Gewährung einer Leistung, werden Schritt für Schritt beschrieben. Mit dem Anwendungsfall wird aus Sicht des Benutzers herausgearbeitet, welche wesentlichen Eigenschaften das System haben muss und wie es auf bestimmte Vorfälle reagieren soll. Zur Dokumentation von Anwendungsfällen gibt es in der IT-Literatur eine Fülle von Konventionen und Systemen. Eine der am weitesten verbreiteten Konventionen ist die Unified Meta Language (UML), die es erlaubt, Geschäftsvorfälle eindeutig und leicht verständlich zu dokumentieren.

- **Beschreibung von Dialog bzw. Druck.** Entscheidend für die Art der Software ist auch, was der Benutzer am Ende sieht, sei es als Bildschirmmaske oder auf bedrucktem Papier. Hier können Dummy-Masken[30] vorgezeichnet oder Druckvorlagen vorgelegt werden, z. B. existierende Bescheide.

- **Datenmodell.** Das Datenmodell liefert eine grundsätzliche Beschreibung der Software, die unabhängig ist von Anwendungsfällen und Dialogbeschreibungen. Die wesentlichen Datenelemente werden samt ihrer Eigenschaften beschrieben und im Zusammenhang strukturiert. Z. B. gehören zu einem Leistungsempfänger in der Sozialversicherung unter anderem seine persönlichen Daten, die Anspruchsgrundlagen, die Leistungshöhe und der Bewilligungszeitraum. Im Datenmodell wird darüber hinaus spezifiziert, ob eine Historisierung bestimmter Daten gewünscht wird (z. B. die Leistungsbescheide der vergangenen Jahre) oder ob bestimmte Daten für statistische Zwecke vorgehalten werden müssen.

- **Schnittstellen.** Da das neue System in der Regel mit anderen Systemen, ob intern oder extern, kommunizieren muss, sollten die Eigenschaften

---

lung zugänglich gemacht. Das wohl populärste Beispiel hierfür ist das Betriebssystem „Linux".

[30] D. h. Skizzen, die die spätere Anordnung der Daten am Bildschirm darstellen.

des Datenaustauschs und der Formate für jedes Nachbarsystem definiert werden. In einigen Fällen gibt es allgemeingültige Standards, z. B. bei Überweisungen, in anderen Fällen müssen Datenformate für den Austausch definiert werden.

- **Nicht funktionale Anforderungen.** Zusätzlich zu den fachlichen sind die technischen und operativen Anforderungen zu bestimmen. Hierunter fallen z. B. die Verfügbarkeit des Systems, die gewünschten Antwortzeiten, die Anzahl der gleichzeitigen Nutzer, der Servicelevel bei der Fehlerbearbeitung und vieles mehr. Es ist wichtig, sich über diese Anforderungen Klarheit zu verschaffen. So macht es z. B. für die Entwicklung eines Systems einen erheblichen Unterschied, ob man mit zehn oder 10.000 gleichzeitigen Nutzern rechnet. Auf der anderen Seite muss man sich, wie oben erwähnt, vorsehen, ohne Not zu strenge technische Anforderungen zu verlangen, die andere, vielleicht attraktivere Lösungen von vorneherein ausklammern.

Anforderungsmanagement: Die Erfolgsfaktoren

Für den Erfolg eines Projekts ist es entscheidend, in der Phase der Richtungsbestimmung aktiv die Anforderungen zu definieren und zu gestalten, anstatt sie passiv und ungefiltert von der Fachseite zu übernehmen. Sonst wird man sich in den späteren Phasen schweren, vielleicht sogar unlösbaren Aufgaben gegenübersehen. Um bei Projekten im öffentlichen Sektor nicht dem größten gemeinsamen Vielfachen nachzujagen, weder über- noch unterspezifiziert zu sein und nicht in den Graben zwischen Fach- und IT-Seite zu fallen, gibt es zwei wichtige Gruppen von Erfolgsfaktoren:

1. Priorisierte Planung

    - Priorisierung der Anforderungen
    - Definition von geeigneten Softwareversionen (Releaseplanung)
    - Umsetzung von gesetzlichen Anforderungen

2. Zusammenarbeit von Fach- und IT-Seite

    - Moderierter Dialog unter Einbeziehung der Nutzer

- Frühzeitige Konsultation externer Kompetenz
- Entwicklung geeigneter IT-Lösungen für die Anforderungen

Priorisierung der Anforderungen

Mit zunehmendem Umfang und wachsender Komplexität steigt die Schwierigkeit, ein IT-Projekt erfolgreich zu Ende zu bringen. Deshalb ist es ausgesprochen wichtig, die Anforderungen in handhabbare Teile zu zerlegen und nach ihrer Bedeutung zu sortieren. Die in einem IT-Projekt entwickelte Software bleibt typischerweise für viele Jahre oder sogar Jahrzehnte im Einsatz. Es ist ganz natürlich, dass sie während dieser Zeit weiterentwickelt wird und weitere Anforderungen eingeflochten werden.

Daher muss man die Anforderungen priorisieren und darf nicht versuchen, alles auf einmal umzusetzen. Hierzu gruppiert man zunächst die fachlichen Anforderungen sinnvoll, z. B. entlang von Anwendungsfällen. Entscheidend ist, dass die Gruppierung nicht nach technischen, sondern nach fachlichen Gesichtspunkten erfolgt, denn nur die kann die Fachseite bewerten. Ideal wäre es, wenn man in Analogie zum vorangehenden Kapitel den Nutzenbeitrag jedes einzelnen Features abschätzen und ins Verhältnis zum Umsetzungsaufwand setzen könnte. Daraus ergäbe sich eine eindeutige Priorisierung. Leider ist dies in der Praxis oft nicht möglich, da der Nutzen erst durch das Zusammenspiel mehrerer Features greifbar wird. Dennoch sollte die Fachseite zumindest eine qualitative Priorisierung der Features vornehmen, sei es durch Zuteilung von Wichtigkeitspunkten oder durch eine einfache Reihung nach Bedeutung.

Im öffentlichen Sektor ist dem politischen Nutzen besondere Bedeutung beizumessen; das haben wir im vorangehenden Kapitel bereits ausgeführt. So wird man bei der Leistungsgewährung im sozialen Bereich die Sicherstellung der Auszahlung hoch einstufen, denn wenn bedürftige Menschen ihr Geld nicht erhalten, kann dies zu heftiger Medienschelte führen. Wichtige politische Ziele gehen also meist mit einer hohen Priorität einher.

Die folgende Abbildung macht deutlich, dass bei komplexen IT-Projekten allzu oft die Mehrzahl der Anforderungen überflüssig ist:

Anforderungsmanagement 83

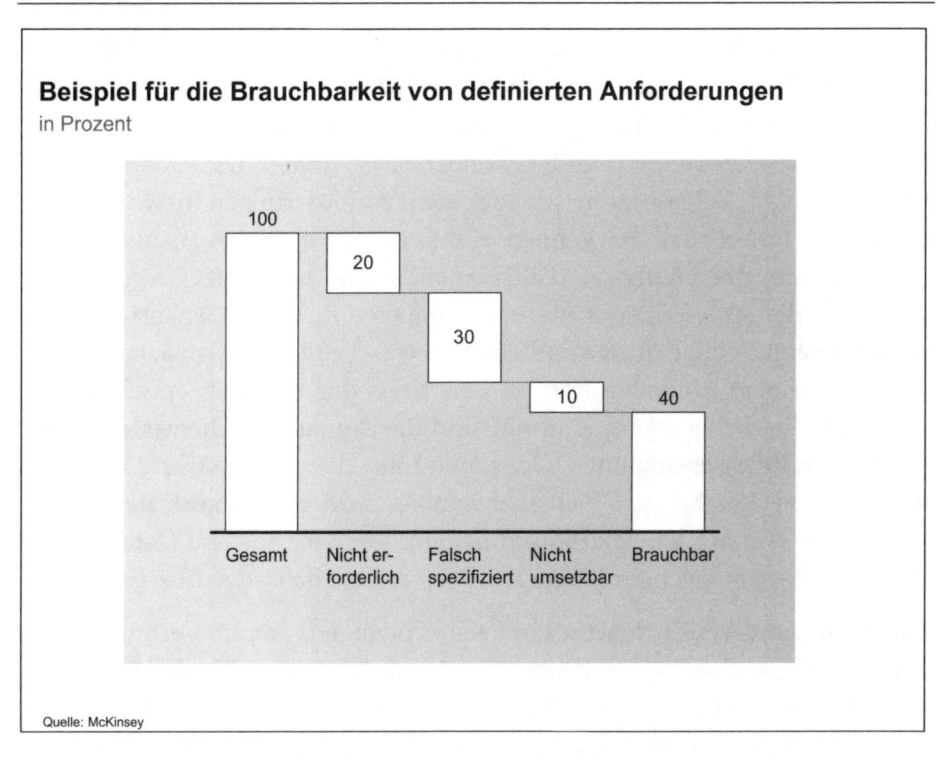

Beispiel für die Brauchbarkeit von definierten Anforderungen
in Prozent

[Balkendiagramm: Gesamt 100, Nicht erforderlich 20, Falsch spezifiziert 30, Nicht umsetzbar 10, Brauchbar 40]

Quelle: McKinsey

Nur 40 Prozent der Anforderungen erweisen sich bei genauer Prüfung als brauchbar – eine miserable Quote. Das Beispiel zeigt: Hätte man bei der Anforderungsdefinition mehr Zeit in die Priorisierung gesteckt, müsste man in den folgenden Projektphasen keine Zeit an die Spezifikation, Codierung und das Testen von nicht brauchbaren Anforderungen verschwenden. In Summe hätte man also viel Aufwand gespart und die Umsetzungszeit deutlich verkürzt.

Definition von geeigneten Softwareversionen (Releaseplanung)

Geht man ein komplexes Vorhaben an, so muss man nicht das endgültige Ziel im ersten Schritt erreichen. Vielmehr ist es sinnvoll, explizit Teilziele zu definieren: Diese entsprechen den so genannten Releases der Software. Die Anforderungen werden also nach und nach umgesetzt. Der Umfang und die Komplexität eines einzelnen Release werden dadurch auf ein beherrschbares Maß beschränkt.

Die Kunst bei der Definition und Planung der Releases besteht darin, die richtigen Schnitte zu finden. Ein Release darf nicht nur ein unbrauchbares Bruchstück sein; es sollte als lauffähige Software von einem definierten Benutzerkreis verwendet werden können. Fast immer wird man bei der Definition von Releases die funktionalen Anforderungen bzw. Anwendungsfälle unterteilen. So können z. B. in einer ersten Ausbaustufe der Software nur die häufigsten Fallkonstellationen umgesetzt werden und seltenere oder schwierigere Fälle erst in späteren Releases. Genauso müssen in dem ersten Release nicht sämtliche Prozessschritte automatisiert werden. Auch kann man im ersten Release den Kreis der Benutzer einschränken, etwa auf Mitarbeiter in der Zentrale, und die dezentralen Dienststellen erst in späteren Releases anbinden. Oder man führt die neue Software zunächst nur in einem Ressort ein. Vielleicht müssen auch nicht sämtliche Schnittstellen von Anfang an elektronisch bedient werden, gewisse Daten lassen sich zunächst per Fax oder Magnetband an andere Behörden übergeben.

Ein gelungenes erstes Release lässt sich vorzeigen, schafft Vertrauen und überzeugt. Gleichzeitig lernt man aus den Erfahrungen für die folgenden Programmversionen. Unter erfahrenen Projektleitern gilt die Faustregel, dass nach spätestens einem Jahr Spezifikations- und Entwicklungszeit das erste Release in den Echtbetrieb gehen sollte. Planungen, die erst nach längerer Zeit lauffähige Software liefern, sollten die Entscheider skeptisch gegenüberstehen. Das Projektteam ist dann aufgefordert, noch einmal kreativ über die Aufteilung der Anforderungen und die Definition der Releases nachzudenken.

Umsetzung von gesetzlichen Anforderungen

Vertreter des öffentlichen Sektors erheben gegen das in der Privatwirtschaft übliche Vorgehen, die Anforderungen zu priorisieren und in Releases umzusetzen, gelegentlich den Einwand, dass ein Gesetz oder eine Vorschrift umfänglich und nicht scheibchenweise erfüllt werden müsse. Hier liegt ein Missverständnis vor. Natürlich darf eine Behörde nicht einfach einen Teil der Paragraphen berücksichtigen und den Rest ignorieren. Das bedeutet jedoch nicht, dass die Software den Sachbearbeiter einer Behörde in jeder möglichen Fallkonstellation mit einem komplett automatisierten Prozess

Anforderungsmanagement

unterstützen muss. Es ist durchaus erlaubt, gewisse Fälle vom Sachbearbeiter manuell bearbeiten zu lassen oder an Spezialisten weiterzugeben. Dies ist oft sogar notwendig, damit ein Projekt nicht aus dem Ruder läuft.

Moderierter Dialog unter Einbeziehung der Nutzer

Fach- und IT-Seite sprechen verschiedene Sprachen, zu guten Lösungen finden sie nur, wenn sie sich verstehen. Dies lässt sich bei komplexen Vorhaben nur durch einen moderierten Dialog – häufig unterstützt durch einen Moderator[31] – erreichen. In der Praxis muss oft ein gemischtes Team von Mitarbeitern aus den relevanten Fachabteilungen und der IT die Anforderungen definieren. Die Moderatoren, Anwendungsberater oder Business Analysts sollten über die Fähigkeit verfügen, beide Sprachen zu sprechen und eine Methodik in den Prozess der Anforderungsdefinition einzubringen.

Wichtig ist ferner, nicht nur die Fachleute in der Zentrale, sondern auch die späteren Benutzer in den Prozess einzubeziehen, z. B. die Polizisten in den Dienststellen. Hierfür gibt es – je nach Projekt und Nutzern – unterschiedliche Optionen. Am einfachsten ist es, Vertreter der Nutzer in die Projektgruppe zu entsenden. Gibt es zu viele unterschiedliche Nutzergruppen, so empfehlen wir Workshops und Nutzerforen.

Frühzeitige Konsultation externer Kompetenz

Oft fehlt im eigenen Haus die Kompetenz, die zur Entwicklung guter IT-Lösungen notwendig ist, vor allem wenn es gilt, aktuelle technologische Entwicklungen oder Referenzinstallationen zu kennen. Daher ist es sinnvoll, schon in den frühen Projektphasen externe Fachleute einzubeziehen. Bei Projekten im öffentlichen Sektor sind dabei die Vorschriften des Vergaberechts zu beachten. In Kapitel 6 stellen wir diese ausführlich vor und erläutern, wie sich mit ihnen umgehen lässt. So viel sei an dieser Stelle vorweggenommen: Das Vergaberecht schließt nicht die zeitige Konsultation

---

[31] Vgl. hierzu die Ausführungen zu Projektmanagement in Kapitel 5.

externer Berater aus. Zum einen kann man die Konzeption eines komplexen Projekts getrennt von der Umsetzung vergeben und sich damit schon in der kritischen Phase Know-how von außen sichern. Zum anderen lässt sich mit den Anbietern ein ausführlicher wettbewerblicher Dialog führen.

Entwicklung geeigneter IT-Lösungen für die Anforderungen

Um es noch einmal zu wiederholen: Es kommt in dieser Phase eines IT-Projekts auf das aktive Gestalten an, das Gegenteil vom passiven Aufnehmen der Anforderungen. Deshalb sollten sich die Verantwortlichen von Anfang an auch Gedanken darüber machen, wie eine mögliche IT-Lösung aussehen könnte, die den Anforderungen entspricht. Vielleicht führt dieses Nachdenken dazu, die Schwerpunkte der Anforderungsliste neu zu setzen. Möglicherweise fällt das IT-System hierdurch deutlich einfacher und günstiger aus, weil sich zeigt, dass kleine Einschränkungen große positive Folgen haben. Entwickelt man z. B. das gesamte System neu, so wird man dem Workflow und der Ergonomie aus Sicht des Sachbearbeiters Aufmerksamkeit widmen. Setzt man hingegen eine Gesetzesänderung in einem bestehenden System um, wird man nicht unbedingt gleich den ganzen Prozessablauf optimieren.

Als Beispiel für IT-Lösungen, die sich deutlich hinsichtlich Aufwand, Dauer und Risiko unterscheiden können, betrachten wir die Einrichtung eines Kunden- bzw. Bürgerzentrums. Statt sich mit verschiedenen Anliegen an verschiedene Ämter oder Dienststellen wenden zu müssen, soll der Großteil der Begehren an einer einzigen Anlaufstelle erledigt werden können. Nur noch in besonderen Fällen wird der Bürger an einen spezialisierten Sachbearbeiter weitergeleitet. Eine solche Reorganisation erfordert, dass die Sachbearbeiter im Bürgerzentrum verschiedene Fachverfahren bedienen können. Um sie nicht zu überfordern und den Wechsel zwischen den Verfahren zu erleichtern, wird die Anforderung aufgestellt, dass sämtliche Vorgänge unter einer einheitlichen Benutzeroberfläche ablaufen sollen. Bei der Umsetzung dieser Anforderung könnte man unterschiedliche Wege einschlagen. Das eine Extrem wäre, sämtliche relevanten Verfahren entsprechend einer einheitlichen Architekturvorgabe und eines einheitlichen Datenmodells von Grund auf zu überarbeiten, um sie zu vereinheitlichen.

Dieses Vorgehen wäre vermutlich extrem aufwändig und würde Jahre dauern. Das andere Extrem lautet, die Fachverfahren möglichst unverändert zu lassen und ihnen eine gemeinsame, benutzerspezifische Oberfläche für die Sachbearbeiter im Bürgerzentrum überzustülpen. Das ließe sich unter Umständen mit geringem Aufwand in wenigen Wochen erreichen. Die Kehrseite: Der Integrationsgrad fällt geringer aus, es entsteht womöglich zusätzliche Komplexität für spätere Weiterentwicklungen.

Welche Lösung – die sicher irgendwo zwischen den Extremen liegt – im Realfall am besten ist, lässt sich nur durch gemeinsames Nachdenken von Fach- und IT-Seite herausarbeiten.

* * *

Der Grundstein für den Erfolg oder Misserfolg von Projekten wird oft schon in der Phase der Anforderungsdefinition gelegt. Dies kann man nicht genug betonen. Aktive Gestaltung der Anforderungen führt zu beherrschbaren Aufgaben für die Umsetzung und erfolgreichen Releases. Gerade in dieser Phase ist Intelligenz bei der Suche nach geeigneten IT-Lösungen für die Realisierung der Anforderungen gefragt. Hat man bei der Anforderungsdefinition gründlich gearbeitet, wird man auch wenig Probleme mit dem Management von Änderungen während der anschließenden Umsetzung haben (vgl. Kapitel 8).

5. Projekte zum Erfolg führen: Wer macht das und wie geht das?

Gelungene IT-Projekte der öffentlichen Hand zeichnen sich durch eine klare Zielorientierung aus. Der Fokus liegt konsequenterweise auf dem Wesentlichen. Um diese Linie einzuhalten, bedarf es besonderer Führungsfähigkeiten und des richtigen Einsatzes der Methoden guten Projektmanagements.

Wer?

- *Der Erfolg von IT-Projekten hängt maßgeblich von der Qualität der so genannten Peopleware ab. Unterstützen die Entscheider das Projekt maximal? Sind die Nutzer eingebunden? Verfügt der Projektleiter über ausreichend Erfahrung? Steht das Projektteam? Menschen machen hier den Unterschied!*

- *Bedeutung und Rolle des Projektleiters sind insbesondere bei IT-Projekten im öffentlichen Sektor gar nicht hoch genug einzuschätzen. Er muss das Projekt führen und sich und das Projektteam in dem hochkomplexen und politischen Umfeld motivieren, ohne auf finanzielle Anreize zurückgreifen zu können. Beim Team kommt es auf die richtige Mischung an.*

Wie?

- *Methoden, Verfahren und Werkzeuge, um Software in Projekten zu entwickeln, gibt es im Überfluss. Entscheidend für den öffentlichen Sektor ist, dass sie von bürokratischen Überfrachtungen freigehalten werden. Sonst lassen sie sich nicht produktiv einsetzen.*

- *Vorsicht: Vorgehensmodelle stellen nur prozessuale Leitplanken bereit – den Projekterfolg garantieren sie nicht.*

Florida 1 – Minnesota 200: Zwischen Erfolg und Misserfolg liegen Welten

Wie unterschiedlich die Ergebnisse bei Projekten mit gleicher Zielsetzung ausfallen können, belegt eindrucksvoll ein Beispiel aus den USA. Dort hatte man sich Ende der achtziger Jahre entschieden, die IT-Unterstützung der „Child Welfare" (übersetzt in etwa „Kinderfürsorge") zu verbessern. Sowohl die Dokumentation als auch der Informationsaustausch zwischen den zuständigen Stellen sollten optimiert werden. Dafür wurden neue Fallbearbeitungssysteme (Statewide Automated Child Welfare Information System, **SACWIS**) geschaffen.[32] Einzelne US-Bundesstaaten sind bei der Entwicklung grundlegend verschieden vorgegangen – mit sehr unterschiedlichem Erfolg:[33]

Die Regierung Floridas begann mit dem Projekt im Jahre 1990 und setzte für eine circa achtjährige Entwicklungszeit ein Budget von 32 Millionen US-Dollar an. Nach zwölf Jahren beliefen sich die Ausgaben schon auf 170 Millionen US-Dollar. Nun hofft man, das SACWIS im Laufe des Jahres 2005 mit vorübergehend 109 Mitarbeitern und der Summe von 230 Millionen US-Dollar fertig stellen zu können.

Den Verantwortlichen in Minnesota hingegen gelang es, in weniger als zwei Jahren, von 1999 bis 2000, mit gerade einmal acht Entwicklern für nur rund 1,1 Millionen US-Dollar ein SACWIS mit vergleichbarer Leistungsfähigkeit fertig zu stellen. Dies bedeutet einen Unterschied bei den Entwicklungskosten von über 200 : 1.

Solche eklatanten Unterschiede rühren von einem unterschiedlichen Umgang mit den vier Kernfragen eines Projekts her:

- **Warum?** (Vgl. Kapitel 3.) In Minnesota fokussierte man sich auf ein klar definiertes Ziel, während man in Florida die Zielsetzung zu unbestimmt ließ.

---

[32] Diese umfassen sowohl Aufgaben der deutschen Sozialämter in der Kinderfürsorge als auch einige Aufgaben der Fürsorgestellen und des Jugendamtes.

[33] Siehe www.xp2003.org/talksinfo/johnson.pdf für eine detaillierte Beschreibung dieses Beispiels.

Projekte zum Erfolg führen 91

- **Was?** (Vgl. Kapitel 4.) Die Verantwortlichen in Minnesota reduzierten die Anforderungen auf das Wesentliche und konnten so binnen kurzer Frist einen Erfolg vorweisen. In Florida wucherten die Anforderungen und wurden nicht priorisiert.

In diesem Kapitel wenden wir uns den Fragen nach dem **Wer** und dem **Wie** zu. Man muss nicht in die Ferne schweifen, um Antworten auf diese Fragen zu finden: Wir beschreiben Beispiele aus Bayern und Rheinland-Pfalz, die zumindest im zweiten Anlauf erfolgreich waren.

Projektleiter: Die wahren Helden

Viele IT-Projekte speziell im öffentlichen Sektor gelingen leider erst im zweiten Anlauf – oft nachdem ein Teil des ursprünglichen Führungsteams ausgetauscht und wesentliche Rahmenbedingungen für die Projektmannschaft geändert worden sind. Man stelle sich vor, wie viel Ärger, Frust und Mittel gespart werden könnten, wenn man gleich mit dem geeigneten Team angetreten wäre. In Analogie zu „Hardware" und „Software" sprechen die Informatiker gerne von **„Peopleware"**[34]. Woran merkt man aber, ob man die richtige Mannschaft im Rennen hat?

Es gibt ein recht einfaches Indiz: den Projektleiter. Hier gilt: Der Beste ist gerade gut genug, da die optimale Besetzung der Projektleitung zentral ist für den Erfolg eines Projekts. Ist der Projektleiter ideal besetzt, hat er auf jeden Fall eine Riesenlücke hinterlassen, wo auch immer er abgezogen worden ist. Gute Projektleiter, so lautet die Grundregel, sind niemals anderswo entbehrlich.

Der idealtypische Projektleiter besitzt in der Regel mindestens die folgenden fünf Talente: [35]

1. **Mehrsprachigkeit.** Damit ist gemeint, dass er außergewöhnliche Kommunikationsfähigkeiten besitzt. Er beherrscht sowohl die Sprache

---

[34] Vgl. das Standardwerk von T. DeMarco/T. Lister, Peopleware, Dorset House, 2. Auflage, New York, 1999.
[35] The Standish Group, CHAOS: A Recipe for Success, 1999.

der Fachbereiche als auch die der IT-Fachleute. Somit kann er den großen Graben zwischen beiden überbrücken.

2. **Umfangsbegrenzung.** Der Begriff beschreibt die Fähigkeit, ständig und hartnäckig den Umfang des Projekts zu begrenzen und es auf klarem Kurs zu halten. So werden Komplexität und in der Folge Projektdauer und Kosten reduziert; Ergebnisse sind in überschaubarer Zeit zu erwarten.

3. **Orchestrierung.** Vergleichbar mit einem Dirigenten hat er die Gabe, die Projektbeteiligten stets zur konstruktiven und offenen Zusammenarbeit anhalten und motivieren zu können.

4. **Mobilisierung.** Ein guter Projektleiter kann seine Mitarbeiter zu Höchstleistungen auch unter Druck motivieren. Er schafft es, weitere erforderliche Ressourcen sicherzustellen, um auch enge Termine einzuhalten.

5. **Kommunikativer Biss.** Das ist die Fähigkeit, klar, verbindlich und unmissverständlich Ziele, Anforderungen und Fortschritte des Projekts artikulieren zu können, so dass sie jeder versteht.

Der ideale Projektleiter im öffentlichen Sektor sollte aber noch mehr können. Die Entscheidungsstrukturen und -prozesse sind im Vergleich zur Privatwirtschaft häufig wesentlich vielschichtiger. Er muss deutlich mehr Abstimmungen bewältigen. Ein erfolgreicher Projektleiter im öffentlichen Bereich sollte daher über zwei weitere Eigenschaften verfügen:

6. **Authentischer Überzeugungstäter.** Er gehört zu der Spezies Mensch, die man wohl gerade deshalb in Behörden und Verwaltungen so oft antrifft, weil hier das Identifikationspotenzial mit gesellschaftlich relevanten Aufgaben und das damit verbundene Sendungsbewusstsein stark ausgeprägt sind. Er lässt sich von der Komplexität der Prozesse und Strukturen nicht entmutigen, sondern sieht sie als Herausforderung.

7. **Risikomanager.** Angesichts der immensen und allgegenwärtigen Risikoscheu im öffentlichen Bereich bedarf es einer ausgeprägten diplomatischen Fähigkeit, sich in die Unwegsamkeiten der Politik einzufühlen, ohne die Auseinandersetzung zu scheuen oder potenziellen Risiken aus

dem Wege zu gehen. Risiken müssen vielmehr aktiv gemanagt werden, damit aus ihnen keine Probleme werden. Die Fähigkeit zum proaktiven und konstruktiven Umgang mit Risiken ist entscheidend.

Talente eines erfolgreichen IT-Projektleiters im öffentlichen Sektor

Allgemeingültig

#		
1	Mehrsprachigkeit	• Überlegene Kommunikationsfähigkeiten in Sprache der Fachbereichsnutzer und IT-Fachleute besitzen • Fachbedarfe in IT-Anforderungen und umgekehrt professionell übersetzen
2	Umfangsbegrenzung	• Ständig und hartnäckig den Umfang des Projekts reduzieren, auf dem Pfad des Fokus halten, Ablieferung von Ergebnissen in überschaubarer Zeit sicherstellen
3	Orchestrierung	• Alle Projektbeteiligten stets zur konstruktiven und offenen Zusammenarbeit anhalten und motivieren
4	Mobilisierung	• Mitarbeiter – auch unter Druck – zu Höchstleistungen motivieren • Weitere erforderliche Ressourcen sicherstellen
5	Kommunikativer Biss	• Klar, verbindlich und unmissverständlich Ziele, Anforderungen und Fortschritte des Projekts artikulieren

Zusätzlich im öffentlichen Sektor

#		
6	Authentischer Überzeugungstäter	• Identifikationspotenzial mit gesellschaftlich relevanten Aufgaben • Sendungsbewusstsein
7	Risikomanager	• Politisches Einfühlungsvermögen bei gleichzeitig ständiger Öffentlichkeit der Auseinandersetzung mit potenziellen Risiken

Quelle: The Standish Group, McKinsey

Solche Projektleiter fallen leider nicht vom Himmel. Nicht nur im öffentlichen Sektor sind sie Mangelware. In der Privatwirtschaft ist Projektmanagement daher seit Jahren ein zentrales Element der Talentschmieden. Bei Thyssen nannte man es Anfang der neunziger Jahre den „Goldfischteich"[36], bei Siemens hießen sie die „jungen Löwen"[37]. Diese Begriffe beschrieben die jungen Führungskräfte des Unternehmens bzw. die dahinter liegenden Führungskräfteentwicklungsprogramme. Teil solcher Programme sind stets eine sehr enge und intensive Personalentwicklung und ein klares Performance Management, d. h. Messsysteme, mit denen die Leistungen beo-

---

[36] M. Gatermann, Das Geheimnis der Goldfische, in: manager magazin 1/1991, S. 148.
[37] B. Palaß, Junge Löwen, in: manager magazin 8/1992, S. 176.

bachtet und entsprechende Betreuungs- und Trainingsmaßnahmen eingeleitet werden.

Solche Konzepte werden langsam auch im öffentlichen Sektor eingeführt, allerdings bei Weitem noch nicht in dem Umfang und mit der Tragweite wie in der Privatwirtschaft und zudem mit erheblichem Zeitverzug – wie beim IT-Management scheint sich auch hier eine Zeitverzögerung von zehn bis zwanzig Jahren zwischen Privatwirtschaft und öffentlichem Sektor anzudeuten. Ein Beispiel ist das Führungskolleg für Nachwuchskräfte des Landes Hessen. Die Nachwuchskräfte werden zum einen in Trainings weitergebildet; zum anderen erhalten sie Möglichkeiten, sich beim Einsatz in Projekten sukzessive in wachsenden Aufgaben zu bewähren.

Das Team: Klasse statt Masse

Der beste Projektleiter bewirkt wenig ohne ein gutes Team. Auch hier gilt: Die Besten sind gerade gut genug. Und: Klasse statt Masse zählt. Natürlich muss hier nicht jeder alles können, sondern es kommt auf die richtige Mischung an. Im Team müssen alle erforderlichen Kompetenzen und Fähigkeiten abgedeckt sein:

- **Fachliche Kompetenz** (z. B. hinsichtlich der betroffenen Verwaltungsprozesse und Vorschriften)
- **Technische Kompetenz** (z. B. hinsichtlich Programmiersprachen und Datenbanken)
- **Methodische Kompetenz** (z. B. Problemlösungs- und Kreativitätstechniken).

Ein leistungsstarkes Team hat typischerweise fünf bis acht, selten mehr als zehn Teammitglieder. In größeren Teams fällt nicht nur die Abstimmung, sondern auch die Motivation schwer. Bei größeren Projekten sollten daher entsprechende Teilteams gebildet werden – die dann aber wieder jeweils über alle erforderlichen Kompetenzen verfügen müssen.

Um eine intensive Zusammenarbeit im Team zu ermöglichen, müssen die Teammitglieder zu 60 bis 80 Prozent, besser aber noch zu 100 Prozent für das Projekt von der Regelarbeit freigestellt werden. Sie sollten somit wirklich am Projekt mitarbeiten und nicht nur als „Botschafter" oder „Aufpasser" in Projektsitzungen entsandt werden.

Eine besondere Herausforderung besteht in der **Motivation der Projektmitarbeiter**. Auch bei Projekten mit einem hervorragenden Projektleiter und konsequentem Projektmanagement wird es lange Arbeitszeiten – gegebenenfalls auch am Wochenende – geben. Hochleistungen sind erforderlich und unzureichende Leistungen sind nicht hinnehmbar, weil sie den Erfolg des Teams gefährden. Im öffentlichen Bereich ist es in der Regel schwierig, den Projektmitarbeitern finanzielle Anreize zu setzen. Es ist daher von großer Bedeutung, andere Anreize für den erforderlichen hohen Einsatz im Projekt zu schaffen. Dies kann zum einen die wachsende Verantwortung sein, die einem Projektmitarbeiter als Auszeichnung zugestanden wird. Es können aber auch Chancen zur Weiterbildung oder persönlichen Weiterentwicklung sein.

Im zweiten Anlauf die richtige Truppe: Neues Kommunales Rechnungswesen (NKRw) in München

Intensive Personalentwicklung ist einer der Schlüssel, mit denen der neue Projektleiter das Projekt NKRw in München zum Erfolg führt. Das Ziel dieses Projekts ist der Wechsel von der Kameralistik zum kaufmännischen Rechnungswesen. Dies wird durch Einführung der Standardsoftware SAP R/3 verwirklicht. Im ersten Anlauf ging es daneben: Nicht nur musste zunächst das 1998 gestartete Vergabeverfahren aufgehoben werden;

nachdem SAP dann 1999 den Zuschlag erhalten hatte, hatte das Projekt im Jahre 2001 immer noch keine erkennbaren Fortschritte gemacht, geschweige denn Akzeptanz in der Verwaltung erreicht.

Der Personal- und Organisationsreferent als neuer Sponsor bestellte einen neuen Projektleiter. Dieser wiederum sorgte nicht nur für eine Neuorientierung des Projekts und einen realistischen Projektplan, sondern stellte auch zusätzliche Anforderungen an das Team. In der Hochphase umfasste das Projekt 55 Vollzeitkräfte, von diesen kamen lediglich fünf von außen. Der Rest fand sich in der kommunalen Verwaltung. Junge Absolventen der Beamtenfachschule erwiesen sich dabei als sehr geeignet, so dass der Altersdurchschnitt im Team nur knapp über 30 lag. Lag in der Vergangenheit der Schwerpunkt ausschließlich in der fachlichen Qualifikation, wurde jetzt zusätzlich großer Wert auf methodische Kompetenzen sowie persönlichkeitsbildende Qualifizierungen gelegt. Wenn jemand den Ansprüchen nicht genügte, handelte der Projektleiter konsequent und ersetzte im Einvernehmen mit der Personalvertretung Mitarbeiter: Seit dem Neustart mussten in dreieinhalb Jahren insgesamt 25 Projektmitarbeiter – aus verschiedenen Gründen – ersetzt werden. Dies stellte eine zusätzliche Belastung für das Projekt dar.

Für die Teammitglieder wurde viel getan, unter anderem:

- Projektmitglieder mit viel Raum zur verantwortlichen Selbstgestaltung
- Erheblicher Einfluss auf die Neustrukturierung von Prozessen
- Personalentwicklungsplan für jedes Projektmitglied inkl. Anfangsschulung in ersten sechs Monaten
- Auszahlung von Überstunden (Regelarbeitszeit 42 Stunden)
- Zahlung einer kontinuierlichen Projektzulage nach § 45 BBesoldungsG je nach Projektleistung sowie Zahlung von einmaligen Prämien für besondere Leistungen
- Schaffung einer verbesserten und modernen Infrastruktur (LCD-Screens, Beamer, Laptops, Headsets)
- Förderung zeitgemäßer Arbeitstechniken (papierarmes Arbeiten, Online-Protokollierungen, schnelle Entscheidungen)
- Kulturverbessernde Maßnahmen (z. B. Partys zur Produktivschaltung von einzelnen Teilbereichen, Sommerfest, Projektleiterstunde).

Ganz wichtig: Auch beim Wiedereinsatz nach Verlassen des Projekts bleiben die Mitarbeiter nicht sich selbst überlassen. Der Projektleiter nutzt seine guten Verbindungen in der Münchener Verwaltung, um für jeden eine geeignete Stelle zu finden. Mittlerweile fällt das leicht, weil sich herumgesprochen hat, welche Qualität die Projektmitarbeiter haben und wie viel sie in dem Projekt lernen.

Projektorganisation: Die Akteure zusammenbringen

Hat man die richtige Truppe beisammen, so muss sie auf die richtige Art zusammenwirken. Genauso wie eine Gruppe guter Musiker nicht unbedingt gute Musik macht, wenn das Miteinander nicht stimmt, so ist ein Team aus kompetenten Mitarbeitern nicht automatisch erfolgreich. Drei Erfolgsvoraussetzungen sind insbesondere zu berücksichtigen:

- **IT als Chefsache.** Der Lenkungsausschuss wichtiger IT-Projekte muss immer mit den Entscheidern besetzt sein, denn: IT ist Chefsache. Die Bedeutung der Wahl des richtigen Projektleiters haben wir oben erläutert.

- **Einbindung der Fachseite/Nutzer.** Die Projektorganisation muss den Graben zwischen IT- und Fachseite überwinden. Die Einbeziehung der Nutzer kann sowohl durch unmittelbare Mitarbeit einzelner Nutzervertreter im Projekt als auch über eine regelmäßige Interaktion mit den Nutzergruppen sichergestellt werden (vgl. Kapitel 4).
- **Partnerschaftliche Zusammenarbeit von Auftraggeber und Auftragnehmer.** In vielen IT-Projekten gibt es zwei parallele Projektorganisationen: Auf der einen Seite die Projektorganisation des Auftraggebers, auf der anderen die des Auftragnehmers. Die ideale Projektorganisation bindet aber Auftraggeber und -nehmer ein, allerdings mit klar getrennten Rollen und Verantwortlichkeiten. Der partnerschaftlichen Zusammenarbeit ist das Kapitel 7 gewidmet.

Bei der Festlegung der Projektorganisation müssen Projektleiter und Sponsor auf der einen Seite darauf achten, schlagkräftige Teilteams mit klaren Verantwortlichkeiten für definierte Aufgaben und Ergebnisse zu schaffen. Auf der anderen Seite müssen die Schnittstellen zwischen den Teilteams klar definiert und deren Zusammenarbeit orchestriert werden. Um den Erfolg eines IT-Projekts sicherzustellen, ist es daher erforderlich, eine integrierte Projektorganisation mit klar verteilten Rollen aufzusetzen.

Bei letzterem wird der Projektleiter in der Regel von einem **Projektbüro** unterstützt. Dieses pflegt den Projektplan und übernimmt das aktive Controlling. Üblicherweise sind dort auch wichtige Querschnittsaufgaben wie Risikomanagement und Qualitätssicherung angesiedelt. Ein gutes Projektbüro zeichnet sich dadurch aus, dass es aktiv in das Projekt eingreift und nicht passiv Berichte der Teilprojekte entgegennimmt und Pläne verwaltet.

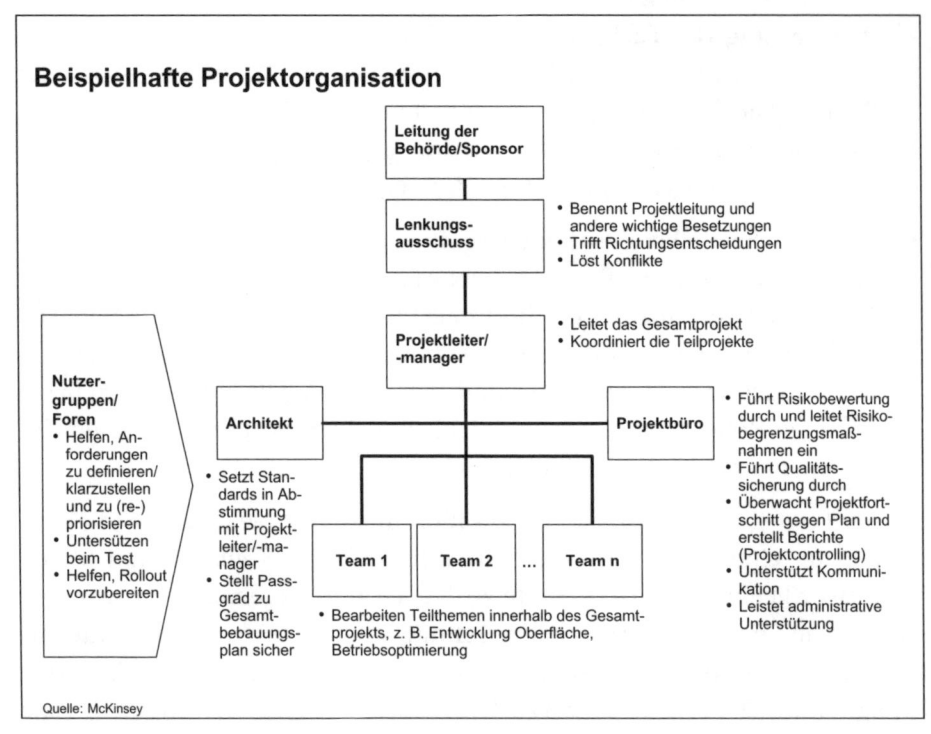

Beispielhafte Projektorganisation

```
                          Leitung der
                          Behörde/Sponsor
                                │
                          Lenkungs-        • Benennt Projektleitung und
                          ausschuss          andere wichtige Besetzungen
                                │          • Trifft Richtungsentscheidungen
                                │          • Löst Konflikte
                                │
                          Projektleiter/   • Leitet das Gesamtprojekt
                          -manager         • Koordiniert die Teilprojekte
```

Nutzer-
gruppen/
Foren
- Helfen, Anforderungen zu definieren/klarzustellen und zu (re-)priorisieren
- Untersützen beim Test
- Helfen, Rollout vorzubereiten

Architekt
- Setzt Standards in Abstimmung mit Projektleiter/-manager
- Stellt Passgrad zu Gesamtbebauungsplan sicher

Team 1   Team 2   ...   Team n
- Bearbeiten Teilthemen innerhalb des Gesamtprojekts, z. B. Entwicklung Oberfläche, Betriebsoptimierung

Projektbüro
- Führt Risikobewertung durch und leitet Risikobegrenzungsmaßnahmen ein
- Führt Qualitätssicherung durch
- Überwacht Projektfortschritt gegen Plan und erstellt Berichte (Projektcontrolling)
- Unterstützt Kommunikation
- Leistet administrative Unterstützung

Quelle: McKinsey

Durch häufigeres, konstruktives Projektcontrolling wird der Projekterfolg gesteigert. So konnte beispielsweise gezeigt werden, dass in erfolgreichen Projekten Fortschrittskontrollen mehr als doppelt so häufig stattfinden als in weniger erfolgreichen Projekten[38]: Projektleiter erfolgreicher Projekte nehmen im Durchschnitt alle 1,6 Wochen ein Fortschrittscontrolling vor; bei weniger erfolgreichen Projekten gab es nur alle 3,5 Wochen einen solchen Abgleich von Ziel und Projektleistung durch den Projektmanager. Auch der **Lenkungsausschuss** kontrolliert den Fortschritt bei erfolgreichen Projekten öfter. Bei erfolgreichen Projekten wird er alle 3,8 Wochen über den Fortschritt informiert, bei weniger erfolgreichen nur alle 9,0 Wochen.

Der genaue Zuschnitt der Projektorganisation richtet sich natürlich nach Art und Komplexität des Projekts. Neben den im Projektbüro angesiedelten gibt

---

[38] Ergebnisse aus Interviews mit über 100 Unternehmen; vgl. D. Hoch et al., Erfolgreiche Softwareunternehmen, Hanser, München, 2000.

es in der Regel weitere Querschnittsaufgaben. Eine Schlüsselrolle kommt oft dem Architekten zu, der darauf achtet, dass die von den einzelnen Teilteams erarbeiteten Ergebnisse sich zu einem Ganzen zusammenfügen. Technische Querschnittsaufgaben wie Konfigurationsmanagement und Betrieb der Entwicklungs- und Testumgebungen werden zwar ab und an als lästig empfunden, sind aber für den Gesamterfolg wichtig.

Die eigentliche Entwicklung wird je nach Art und Größe des Projekts unterteilt. Bei Neuentwicklungen orientiert man sich an den fachlichen Anforderungsblöcken. Bei Weiterentwicklungen bestehender Systeme kann man sich an bestehende Teile bzw. Module der vorhandenen Software halten. Die Gewichtung der Aufgaben ändert sich im Verlauf des Projekts. Dementsprechend können sich auch Größe und Zuschnitt der Teilprojekte ändern.

RIVAR: Risiko eingegangen und beherrscht

Riskante Projekte bei den Sicherheitsbehörden? Das hört sich zunächst nach einem Widerspruch an. Das Rheinland-Pfälzische Informations-, Vorgangsbearbeitungs-, Auswerte- und Recherchesystem der Polizei (RIVAR) leistet die Integration aller Applikationen vom Vorgangsbearbeitungs- über das Fahndungs- bis hin zum Führungsinformationssystem der Polizei Rheinland-Pfalz unter einer einheitlichen Internetoberfläche. Ursprünglich jedoch stand RIVAR einmal für „Risikovariante": Anstatt eine ursprünglich in Hamburg entwickelte Software zu verwenden, gingen die Entscheider in Rheinland-Pfalz das Risiko einer Eigenentwicklung ein. Die Vorteile des Schutzes von zuvor getätigten Infrastrukturinvestitionen überwogen aus ihrer Sicht. Dabei ging man keinen „Sonderweg", sondern definierte gemeinsam mit dem BKA eine Schnittstelle zum Datenaustausch zwischen Bund und Ländern.

Um das Risiko zu beherrschen, schuf der Projektleiter eine stringente Projektorganisation. Insbesondere etablierte er Querschnittsfunktionen wie Qualitätssicherung und Konfigurationsmanagement. Ein Teilprojekt widmete sich der Infrastruktur. Neben der Migration des Fahndungssystems zu einer neuen Technologie gab es ein weiteres Teilprojekt zur Entwicklung neuer Funktionalität in der Vorgangsbearbeitung. Die darin entwickelten fachlichen Innovationen, z. B. die Einbindung des Führungsinformationssystems, trugen ganz erheblich zum Erfolg des Projekts bei den Polizisten als Nutzern bei. So verzeichnet das neue System 350.000 Abfragen im Monat, im Vergleich zu 60.000 bei seinem Vorgänger. Dieser Erfolg wurde möglich durch die fachliche Kompetenz, die Polizisten aus der Fläche in das Projekt hineintrugen.

> Es wird den Leser nicht überraschen, dass genau wie im Münchener Beispiel die Führung des Projektteams durch Vorbild und Motivation erfolgte. Die richtige Mischung zeigte sich schon im Projektleitungsteam: Der Projektleiter war ausgebildeter Wirtschaftsinformatiker, sein Stellvertreter Polizeibeamter. Im Rahmen seiner Qualifizierung zum höheren Dienst suchte dieser eine Möglichkeit, sich zu bewähren, und fand sie im Projekt RIVAR.

Projektmanagement mit Vorgehensmodell: An alles denken

Ein Vorgehensmodell ist vereinfacht gesagt ein allgemeiner Projektfahrplan, der die einzelnen Projektphasen beschreibt. Typische Projektphasen sind Anforderungsdefinition, Spezifikation, Design, Realisierung, Test/Integration und Inbetriebnahme. Je Projektphase werden durch das Vorgehensmodell wesentliche Aktivitäten und Endprodukte beschrieben. Darüber hinaus werden typischerweise Formatvorlagen bereitgestellt, die bei der Projektbearbeitung genutzt werden können.

Für das systematische Softwareprojektmanagement wurde zunächst das so genannte Wasserfallmodell entwickelt.[39] Im Wasserfallmodell ist das Ergebnis (bzw. der Output) einer Projektphase jeweils die Basis (bzw. der Input) für die nächste Phase. Die strikte Abfolge aufeinander folgender Projektphasen erklärt die Analogie zu einem mehrstufigen Wasserfall. Durch die klare Abfolge werden redundante Tätigkeiten vermieden und eine hohe Effizienz sichergestellt.

Diese stark sequenziell geprägte Sichtweise ist inzwischen durch eine eher iterative oder evolutionäre ergänzt worden. Vielfach sind Iterationen zwischen einzelnen Projektphasen (gerade bei länger laufenden, größeren Vorhaben) unabdingbar. Die Ergebnisse werden – insbesondere bei Front-

---

[39] Vgl. W.W. Royce, Managing the Development of Large Software Systems, IEEE Wescon, San Francisco, 1970.

end- oder kundenorientierten Systemen – stetig verfeinert, so dass es eine Evolution innerhalb des Projekts gibt.[40]

Die Koordinierungs- und Beratungsstelle der Bundesregierung für Informationstechnik in der Bundesverwaltung (KBSt), angesiedelt beim Bundesinnenminister, hat mit dem **V-Modell** 97 („Vorgehensmodell zum Planen und Durchführen von Projekten") und seiner Aktualisierung, dem V-Modell XT 2004[41], ein Vorgehensmodell vorgegeben. Die gut über 600 Seiten starke Beschreibung des V-Modells XT gibt einen Rahmen dafür vor, wer wann was in einem Projekt zu erledigen hat. Dabei lässt das V-Modell XT auch evolutionäre Vorgehensweisen zu.

Das V-Modell kann für das Projektmanagement im öffentlichen Sektor eine wichtige Leitplanke sein. Allerdings darf das Modell nicht dazu verführen, Managen durch einfaches Abhaken zu ersetzen. Für die sinnvolle Anwendung des V-Modells muss man es auf den Einzelfall zuschneiden. Natürlich macht es aber einen gewaltigen Unterschied, ob es bei einem Projekt um Software für das Militär oder die Luft- und Raumfahrt geht, die im Zweifelsfall über Leben und Tod entscheidet, oder um Software für die Hundesteuerabwicklung.[42] Beide Klassen von Software mit einem einzigen – wenn auch flexiblen – Vorgehensmodell abzudecken, ist schwierig.

Aufwand und Nutzen müssen stets im Verhältnis bleiben. Bei einfachen Projekten sollte der Projektadministrationsaufwand nicht überhand nehmen, also nicht mit Kanonen auf Spatzen geschossen werden. Das V-Modell kann als hilfreiche Checkliste verstanden werden. Anhand seiner Kriterien kann ein Projektteam sicherstellen, dass an alles gedacht wurde – ähnlich der Checkliste fürs Kofferpacken vor einer größeren Urlaubsreise. Bei einer langen Reise empfiehlt sich eine detaillierte Betrachtung und

---

[40] Eine gute Gegenüberstellung der unterschiedlichen Verfahren zum Management des kompletten Softwarelebenszyklus findet sich bei S. McConnell, Rapid Development, Microsoft Press, Redmond, 1996.
[41] Schriftenreihe der KBSt, Band 27/1 und 27/2, sowie Allgemeiner Umdruck 250 - 252.
[42] Vgl. C. Jones, Applied Software Measurement, McGraw-Hill, 2. Auflage, New York, 1996, wo die Vorgehensanforderungen für militärische Softwarevorhaben gegenüber zivilen als signifikant unterschiedlich beschrieben sind.

Anleitung durch die Checkliste. Verreist man aber nur kurz und womöglich an einen recht vertrauten Ort in ein bereits bekanntes Hotel, dann mag die Checkliste eben bereits über das Ziel hinausschießen.

Es ist also notwendig, das V-Modell mit Augenmaß anzuwenden. Bei großen Projekten, an denen viele unterschiedliche Parteien beteiligt sind, ist ein mächtiges Regelwerk wie das des V-Modells hilfreich. Der schiere Vereinheitlichungs- und Disziplinierungseffekt ist nicht zu unterschätzen. Das V-Modell leistet hier einen soliden Beitrag als prozessuale Leitplanke; für sich allein genommen aber kann es keinen Projekterfolg garantieren. Den Erfolg muss sich das Projektteam inhaltlich hart erarbeiten und der Projektleiter muss managen und entscheiden.

> **Von der Ausnahme zur Regel: Projekte beim BVA**
>
> Das Bundesverwaltungsamt (BVA) wickelt pro Jahr zahlreiche Projekte ab. Vor diesem Hintergrund hat die Behörde ein professionelles Projektmanagement entwickelt. Das beginnt bei der systematischen Umfangsbegrenzung. Als Vorgabe haben sich die Verantwortlichen zu kurzen Projektlaufzeiten von in der Regel maximal neun Monaten verpflichtet, bis erste Teilergebnisse sichtbar werden – schon deshalb wird der Fokus geschärft und die Komplexität heruntergefahren.
>
> Ein weiterer Aspekt ist das konsequente Personalmanagement. Man rekrutiert gezielt qualifizierte Mitarbeiter, die von ihrer Persönlichkeit her gut in das Team passen und ausreichend Potenzial für die weitere Entwicklung mitbringen. Diese werden konsequent gefördert und weitergebildet. Die Arbeitszeitgestaltung nimmt Rücksicht auf die Anforderungen der Projekte und die Bedürfnisse der Mitarbeiter. Innerhalb des Zeitfensters von 6.30 bis 20.00 Uhr gelten flexible Arbeitszeiten. Überstunden dürfen durch Urlaubstage kompensiert werden.
>
> Bewährt hat sich beim BVA darüber hinaus das frühe Einbeziehen der Fachseite, sobald größere IT-Projekte anstehen. Das BVA schult Fachbereichsmitarbeiter methodisch darin, Anforderungen in einer für beide Seiten verständlichen Sprache zu formulieren und die notwendigen Dokumentationstechniken wie z. B. Anwendungsfälle oder Klassendiagramme zu verstehen – der Graben zwischen IT- und Fachseite wird so überwunden.

Werkzeugkasten: Methoden und Instrumente

Es gibt eine Vielzahl von Methoden und Instrumenten, um die Entwicklung von Software und das Management von IT-Projekten zu unterstützen. Die

Projekte zum Erfolg führen 103

Auswahl reicht von Modellierungswerkzeugen für die Anforderungsbeschreibung über automatische Verfahren zum Testen bis hin zu Softwareentwicklungsumgebungen[43]. Wir wollen an dieser Stelle weder versuchen, einen vollständigen Überblick zu geben – hierfür sei der geneigte Leser an die einschlägige Fachliteratur[44] verwiesen – noch eine Bewertung einzelner Werkzeuge vornehmen. Zwei fundamentale Erkenntnisse zum Einsatz solcher Werkzeuge sollen hier aber festgehalten werden:

1. Qualität und Zuverlässigkeit der Softwareentwicklung konnten in vielen Unternehmen der Privatwirtschaft deutlich erhöht werden, indem kontinuierlich höherwertige Methoden und Werkzeugkästen eingesetzt wurden.[45]

2. Selbst der beste Werkzeugkasten garantiert nicht den Projekterfolg – genauso wie hochwertiges Werkzeug den untalentierten Heimwerker nicht zu beeindruckenden Ergebnissen führt. Es gibt also leider keine „Geheimwaffe"[46].

---

[43] Vgl. O. Deterding-Meyer, Software-Entwicklungsumgebungen, in: J. Siedersleben (Hrsg.), Softwaretechnik – Praxiswissen für Softwareingenieure, Hanser, 2. Auflage, München, 2003.

[44] Z. B. C. Jones, Applied Software Measurement, McGraw-Hill, 2. Auflage, New York, 1996, bzw. S. McConnell, Rapid Development, Microsoft Press, Redmond, 1996.

[45] Vgl. D. Hoch et al., Erfolgreiche Softwareunternehmen, Hanser, München, 2000; Ausführungen dort in Kapitel 5 zu dem so genannten Capability Maturity Model des Software Engineering Institute der Carnegie Mellon University und dessen Anwendung.

[46] In der englischen Fachliteratur ist diese Tatsache unter „No Silver Bullet" bekannt. Die Formulierung geht zurück auf Frederick P. Brooks Jr. Brooks ist emeritierter Professor für Informatik an der Universität von North Carolina at Chapel Hill und ehemaliger Chefentwickler des IBM-Betriebssystem OS 360. Er beschreibt in seinem Informatikbestseller „The Mythical Man-Month", dass es Produktivitätsunterschiede zwischen außergewöhnlichen und durchschnittlichen Programmierern von Faktor zehn und mehr gibt. Die außergewöhnlichen Programmierer verwenden dabei keine anderen Werkzeuge als die durchschnittlichen (vgl. F. Brooks, The Mythical Man-Month, 20th Anniversary Edition, Addison-Wesley, Reading, Mass., 1995).

Werkzeuge können das Projektteam in seiner Arbeit unterstützen. Der Erfolg muss aber erarbeitet werden und schwierige Entscheidungen müssen von Projektleitung und Sponsor getroffen werden.

* * *

Nach Zielsetzung in Kapitel 3 und Anforderungsdefinition in Kapitel 4 haben wir in diesem Kapitel eine weitere Zutat zur Rezeptur eines erfolgreichen IT-Projekts im öffentlichen Sektor beschrieben – die „Peopleware". Der richtige Projektleiter ist entscheidend und die Mischung im Projektteam muss stimmen. Das Team muss in der passenden Organisation zusammenarbeiten. Das Vorgehen sollte gleichzeitig systematisch und pragmatisch sein. Werkzeuge können das Projektteam unterstützen, garantieren aber nicht den Erfolg.

6. Vergaberecht: Mehr Freiheit als erwartet

McKinsey gemeinsam mit Dr. Wolf Dieter Sondermann, Rechtsanwalt und Fachanwalt für Verwaltungsrecht

Das deutsche Vergaberecht ist flexibler als sein Ruf. Sämtliche Anforderungen an erfolgreiche IT-Projekte können im Rahmen der geltenden Rechtsnormen für Vergaben abgebildet werden. Am geltenden Vergaberecht müssen Projekte also nicht scheitern. Zur erfolgreichen Umsetzung von IT-Projekten sehen wir im Wesentlichen drei Ansatzpunkte:

1. ***Phasenweise Ausschreibung.** Insbesondere bei großen und komplexen Projekten bietet es sich an, zunächst Konzept und Grobspezifikation (Planungsphase) über ein Verfahren auszuschreiben, das einsetzbar ist, wenn das Ergebnis noch nicht abschließend spezifizierbar ist (z. B. über eine Funktionalausschreibung). Im Rahmen des Projekts wird ein „klassisches" und dann sehr viel detaillierter und zielsicherer ausfallendes Leistungsverzeichnis für die folgende Ausschreibung der Umsetzungsphase erarbeitet.*

2. ***Funktionalausschreibung.** Für überschaubarere Projekte kann es sinnvoll sein, die Phasen nicht getrennt auszuschreiben, auf ein detailliertes Leistungsverzeichnis zu verzichten und das innovative Mittel der Funktionalausschreibung aufzugreifen. Hier wird nicht ein Leistungsverzeichnis ausgeschrieben, sondern die erwartete Funktionalität. Da der Bieter so konstruktive und innovative Vorschläge zur Erreichung der Zielsetzung machen kann, besteht die Lieferung nicht mehr aus eventuell nachverhandlungsfähigen Einzelteilen, sondern aus der Lösung – für deren Erbringung der Bieter dann auch einfacher in die wirtschaftliche Pflicht genommen werden kann.*

3. *Schließlich können **Rahmenvereinbarungen** mit ausgewählten Lieferanten helfen, strategische Partnerschaften zwischen Kunde und Lieferant zu etablieren. Die „Parteien" verständigen sich auf die Rahmen-*

bedingungen des Vertrags, z. B. das zu erreichende Ziel, die Kosten für die Mitarbeitertage sowie das Limit für die Gesamtkosten und die Modalitäten des Abrufs. Selbst umfassende Rahmenverträge, die für langfristige und vertrauensvolle Beziehungen zu Dienstleistern notwendig sind, werden in Grenzen bereits als zulässig angesehen.

Das Vergaberecht mag im Einzelfall also lästig erscheinen; ein Grund für schlechte IT-Projekte muss es jedoch nicht sein.

Mit einer Reihe europarechtlich stimulierter Änderungen, die teils bereits in Kraft sind, teils für 2006 erwartet werden, kommt weiterer neuer Wind in das deutsche Vergaberecht. Der neue „wettbewerbliche Dialog" ermöglicht den intensiven Dialog mit ausgewählten Bietern während des Vergabeverfahrens. Zielsetzungen sind die präzisere Problemdefinition, die Ermöglichung innovativer Angebote zu deren Lösung und ein Kompetenz- und Qualitätswettbewerb statt eines reinen Preiswettbewerbs. Wird dieses Verfahren allerdings bürokratisch gehandhabt, besteht auch die Gefahr, dass die Angebotsphase für Bieter noch teurer und unerfreulicher wird. Hier muss der öffentliche Sektor umlernen: Wer exzellente Angebote erwartet, der muss Angebote in einem dann zwar innovativen, aber auch ressourcenintensiven Verfahren angemessen vergüten. Alles andere wäre wirtschaftlich für die Anbieter nicht vertretbar. Im Rahmen der Novellierung wird auch der Notwendigkeit von Rahmenverträgen mit neuen, offensichtlich entscheidend vereinfachenden Regelungen Rechnung getragen.

Gefordert bleibt hinter all diesen rechtlichen Vorschriften der Auftraggeber. Er muss die gebotenen Spielräume nutzen (wollen). Mit Mut zum beherrschbaren Risiko und mit echter Leadership durch die politischen Entscheider und die Entscheider an der Verwaltungsspitze müssen Vergabeverfahren nicht bürokratisch, sondern an innovativen Lösungen orientiert gestaltet werden. Die vorherrschende Absicherungsmentalität in vielen Beschaffungs- und Vergabeabteilungen muss dazu überwunden werden. In erfolgreichen Praxisbeispielen bedeutete das fast immer die frühe Hinzuziehung externer Vergabekompetenz.

Vergaberecht unter der Lupe

Wir wollten es genau wissen: Wie gut können die Erfolgsfaktoren der Privatwirtschaft bei – großen – IT-Projekten (vgl. Kapitel 2) im öffentlichen Sektor unter deutschem Vergaberecht abgebildet werden? Um eine Antwort zu finden, haben wir uns mit ausgewiesenen Experten im Vergaberecht in intensive Diskussionen vertieft. Wir haben auf die Expertise von Rechtsanwalt Dr. Wolf Dieter Sondermann und anderer Kanzleien zurückgegriffen. McKinsey definierte Anforderungen und Optionen, die die Kanzleien unter die Lupe nahmen und daraufhin überprüften, inwieweit sie sich unter den Bedingungen des gültigen Vergaberechts realisieren lassen. Dabei haben wir Ansätze gefunden, die für Entscheider hilfreich bei der Ausgestaltung von Projekten sein können. McKinsey ist keine Anwaltskanzlei, wir können also auch keine Rechtsberatung leisten. Daher ist dieses Kapitel ein Gemeinschaftswerk von McKinsey und der Kanzlei Sondermann Rechtsanwälte.

Wir haben versucht, auch in diesem Abschnitt unserer übergeordneten Zielsetzung des Buches treu zu bleiben: kein Jargon, also auch weitestgehend Verzicht auf die juristisch-fachliche Darstellung des Vergaberechts und der so genannten Verdingungsordnungen. Wer den Kampf im Alltag gewinnen will, der wird sich allerdings im Einzelfall einer Vertiefung nicht entziehen können. Die notwendigen juristischen Erläuterungen haben wir auf gekennzeichnete Einschübe reduziert. Wer davor zurückschreckt, möge einfach darüber hinweglesen. Und wem die Einschübe nicht ausreichen, der sei auf den Anhang verwiesen.

Die gute Nachricht zuerst. Unsere Untersuchungen haben die Vermutung bestätigt, dass der öffentliche Sektor die Erfolgsfaktoren für (Groß-)Projekte (vgl. Kapitel 2) unter den gegebenen Rahmenbedingungen für Vergaben tatsächlich umsetzen kann. Es lässt sich nicht verhindern, dass das Vergaberecht den Handelnden immer wieder als lästig erscheint, was nach den schon eingeführten Verbesserungen und der bevorstehenden umfassenden Neuregelung des Vergaberechts ab 2006 seltener der Fall sein dürfte. Grundvoraussetzung für das Gelingen aller Projekte ist, dass sich Ämter und Verwaltungen von althergebrachten Vergabemethoden und einer damit einhergehenden Absicherungsmentalität verabschieden – vor allem trifft dies die Beschaffungsabteilungen. Dazu müssen sich Entscheider in Politik und Verwaltung allerdings in die Lage versetzen, das Maximum an Innovation aus dem Vergabeprozess herauszuholen. Der CIO des Landes Hessen hat sich hierfür z. B. der externen Kompetenz zweier Anwaltskanzleien versichert. Sie helfen unter anderem, historisch gewachsene, aber nicht zielführende Vergabepraktiken zu identifizieren und eliminieren. In sämtlichen von uns identifizierten Erfolgsbeispielen der Praxis wurde ähnlich vorgegangen.

Heute: Alles auf einmal – und kommuniziert wird nicht

Wenn heute IT-Projekte ausgeschrieben werden, dann geschieht dies in aller Regel gesamtheitlich. D. h.: Konzept, Spezifikation und Umsetzung werden von einer einzigen Ausschreibung abgedeckt, manchmal ist sogar noch der Betrieb enthalten. Je komplexer die angestrebte Lösung, desto schwerer wird es für den Ausschreibenden, die erwartete Leistung zu formulieren. In einigen Fällen wuchern solche Leistungsbeschreibungen zu mehreren tausend Seiten. Das ist nicht behördenspezifisch: Selbst in modernen, bestens ausgestatteten IT-Abteilungen der Privatwirtschaft ist nicht immer ausreichend Kompetenz vorhanden, um den Durchblick zu behalten. Im öffentlichen Sektor sind Mammutwerke allerdings keine Ausnahme.

Oft ist das Desaster vorprogrammiert: politisch vorgegebene Zeitpläne, unausgegorene Leistungsverzeichnisse, manchmal sogar sich widersprechende Anforderungen, da sich die vergabebegleitenden Kommissionsmitglieder nicht einigen konnten. Der Einfachheit halber entsteht so eine bunte, aber unerfüllbare Wunschliste. Gleichzeitig ist das Projekt bereits auf Heller und Pfennig budgetiert. Man weiß, was es kosten soll, bevor man weiß, was es können soll. Ein maximales Budget festzulegen, ist ja nicht verwerflich – das versuchen auch die Verantwortlichen in der Privatwirtschaft. Im Umkehrschluss bedeutet dies aber, dass sich Umfang und Inhalt der Bestellung am verfügbaren Budget orientieren müssen. Doch genau dies geschieht nicht – fatal für Ausschreibende und Lieferanten.

Was passiert dann im schlimmsten, aber nicht unwahrscheinlichsten Fall? Lieferanten, die aus guten Gründen vom Leistungsverzeichnis abweichen oder einen realistischen Zeitplan vorlegen, fallen formal ebenso aus der Wertung wie Anbieter mit alternativen, priorisierten und vielleicht effizienteren Lösungswegen. Da ein Ausschluss solcher Bieter aus formalen Gründen nichts Ungewöhnliches ist, verzichten Anbieter darauf verständlicherweise – schlecht für innovative Lösungen im öffentlichen Sektor.

Und jetzt kommt das zweite große Problem: **Der öffentliche Sektor und die Anbieter kommunizieren nicht miteinander.** Das Vergaberecht verbietet individuelle Vorabgespräche. Dahinter steht der zweifelsohne hehre Vorsatz, Transparenz, Gleichbehandlung und einen fairen Wettbewerb sicherzustellen. Im Ausnahmefall sind Briefingtermine mit allen Anbietern erlaubt, um Fragen zu beantworten oder Unklarheiten zu beseitigen. Außerdem dürfen die Anbieter ihre Fragen schriftlich einreichen, wobei die Antworten wiederum an alle Bieter geleitet werden müssen – auch hier gilt der Grundsatz der Gleichbehandlung.

Diese Praxis mag für Standardprodukte bzw. -projekte Vorteile bringen. Sobald aber ein Projekt komplexer wird, reicht sie nicht aus. Anbieter und Kunde müssen alternative Lösungen gemeinsam erproben, um die Implikationen erkennen zu können. In herkömmlichen Vergabeverfahren, die von Beschaffungsabteilungen verwaltet werden, reduzieren sich die zulässigen Interaktionen mit den Anbietern zumeist auf Formalia. Verstärkt lässt sich feststellen, dass die Ausschreibungsunterlagen, die von der öffentlichen Hand erstellt werden, Chancen, die das Vergaberecht bietet, ungenutzt lassen. Dies gilt z. B. für die Möglichkeit, so genannte Neben- und/oder Alternativangebote der Anbieter zuzulassen. Durch sie könnten innovative Vorschläge in den Prozess eingebracht werden. In vielen Fällen werden solche Nebenangebote explizit ausgeschlossen.

Klare Vorgaben sind unerlässlich. Bevor Ausschreibungsunterlagen erstellt werden, sollte sich der öffentliche Auftraggeber vor Augen führen, welche Voraussetzungen, Merkmale und Spezifikationen einer Leistung für ihn zwingend erforderlich sind und worauf er verzichten kann. Dabei ist auch zu berücksichtigen, dass sich unverhältnismäßig hohe Risiken, die dem Bieter bzw. dem späteren Auftragnehmer aufgebürdet werden (z. B.

eine unbeschränkte Haftungszusage), im Zweifel negativ auf das Ausschreibungsergebnis auswirken. Das Vertrags- und Absicherungsdenken muss einem konstruktiv partnerschaftlichen Ansatz weichen (vgl. dazu Kapitel 7).

Auf einen weiteren Punkt sei hingewiesen: In Ausschreibungen bieten die Lieferanten die geforderten Leistungen nicht selten zu Kampfpreisen an, bei denen sie Gefahr laufen, draufzuzahlen. Mit diesem Risiko können sie allerdings gut leben. Denn unausgegorene Leistungsverzeichnisse ermöglichen fast immer Nachverhandlungen, sobald erste Änderungen notwendig werden – und dies geschieht fast immer. Rational agierenden Unternehmen bleibt nichts anderes übrig, als diesen Weg zu gehen, solange öffentliche Ausschreibungen so unflexibel verlaufen. Sicherlich liegt hierin eine Ursache für die Tatsache, dass die Kosten von öffentlichen Projekten im Nachhinein oft völlig aus dem Ruder laufen.

GWB, VgV, VOL, VOF und VOB – in Ansätzen moderner als viele denken

Verdingungsordnung für Leistungen (VOL), Verdingungsordnung für freiberufliche Leistungen (VOF), Vergabe- und Vertragsordnung für Bauleistungen (VOB), das klingt für Nichtjuristen und Menschen außerhalb von Vergabeabteilungen fremd, antiquiert, vielleicht sogar abstoßend. Es hilft nichts: Wer IT erfolgreich gestalten will, der muss kurz mit uns eintauchen in die Welt des Vergaberechts.

Die Verdingungsordnungen wurden in paritätisch von Vertretern der öffentlichen Hand und der Wirtschaft besetzten Verdingungsausschüssen entwickelt. Die erste Fassung der VOB stammt bereits aus dem Jahr 1926.

Zu den ursprünglichen Aufgaben einer Verwaltung zählen die Vergabe von Bauaufträgen und die Beschaffung von Waren. Seit ehedem geht man im Grundsatz davon aus, dass sich jede Dienstleistung oder Ware aufgrund von Leistungsverzeichnissen exakt beschreiben lässt. Die Ausschreibung definiert den Auftrag bzw. seine einzelnen Bestandteile, der Bieter teilt einen Preis pro Einheit mit. Der preisgünstigste Anbieter gewinnt. Bei Standarddienstleistungen oder -waren ist dies tatsächlich kein Problem. Hierfür wurden **VOB** und **VOL** geschaffen.

Vergaberecht

Für unterschiedliche Leistungen und Produkte gibt es unterschiedliche Vergabeverfahren. Das deutsche Vergaberecht kennt bislang die öffentliche Ausschreibung[47], die beschränkte Ausschreibung[48] und die freihändige Vergabe[49]. Unter Einfluss des europäischen Vergaberechts gelten für das europaweite Vergabeverfahren das offene Verfahren[50], das nicht offene Verfahren[51] und das Verhandlungsverfahren[52].

Bei komplexen Vorhaben und Beschaffungsvorgängen ist die übliche Vorgehensweise der Anwendung der VOL nicht in allen Fällen optimal, gleichwohl üblich. Komplexe IT-Beratungsleistungen werden im Einzelfall wie ein Stück Seife oder ein Kilometer Autobahn eingekauft. Jedoch: Es geht auch anders und besser. Dafür sorgt die **VOF**. Das F steht für „freiberufliche Leistungen". Gemeint sind Dienstleistungen, die „typischerweise" von Freiberuflern erbracht werden. Die VOF ist die jüngste Verdingungsverordnung; sie stammt aus dem Jahr 1997 und wurde aufgrund einer EU-Richtlinie erlassen. Sie kommt dann zur Anwendung, wenn Gegenstand der Vergabe von (Dienst-)Leistungen eine Aufgabe ist, deren Lösung nicht vorab eindeutig und erschöpfend beschrieben werden kann. Eine solche Leistung liegt vor, wenn das Resultat nicht im Vorhinein festliegt bzw. wenn es sich um eine geistig-schöpferische Leistung für eine Aufgabe handelt, deren Lösung sich erst durch diese Leistung entwickelt. Insofern ist die VOF eine Antwort des Vergaberechts auf die veränderten Anforderungen in einer komplexeren Welt.

---

[47] Sie richtet sich grundsätzlich an die Öffentlichkeit, d. h. einen unbeschränkten Kreis von Bietern.
[48] Bei dieser wählt der Auftraggeber nach bestimmten Kriterien einen Kreis von Bietern aus, die er dann zur Abgabe von Angeboten auffordert.
[49] Innerhalb dieser Vergabeform erteilt der Auftraggeber einem Bieter den Auftrag, ohne dass zuvor eine Ausschreibung erfolgt.
[50] Das offene Verfahren richtet sich an einen unbeschränkten Kreis von Adressaten und eröffnet keinerlei Möglichkeiten der Verhandlungen nach Angebotsabgabe.
[51] Dieses Verfahren richtet sich an einen beschränkten Kreis von Bietern, der zuvor im Rahmen eines Teilnahmewettbewerbs bestimmt werden soll.
[52] Es gleicht dem nicht offenen Verfahren, ermöglicht jedoch ausdrücklich nach Angebotsabgabe Verhandlungen, z. B. über Ausführungsbedingungen oder den Preis der angebotenen Leistung. Grundsätzlich erfolgt hier zuerst ein öffentlicher Teilnahmewettbewerb mit dem Ziel, circa drei bis zehn geeignete Bieter zu finden. Die Interessenten müssen verschiedene formale Nachweise erbringen und ihre fachliche Qualifikation unter Beweis stellen (meist durch Referenzen). Die im Teilnahmewettbewerb ausgewählten Bieter werden zur Abgabe eines Angebots aufgefordert. Nach deren Eingang werden die Angebote geprüft. Es besteht die Möglichkeit zur Nachverhandlung bzw. Klärung von Fragen. Die nicht berücksichtigten Bieter müssen 14 Tage vor Erteilung des Zuschlags über Namen des berücksichtigten Bieters und Gründe ihrer Nichtberücksichtigung informiert werden.

Die VOF sieht als Vergabeverfahren ausschließlich das „Verhandlungsverfahren" vor. D. h., der öffentliche Auftraggeber darf mit den Bietern verhandeln, was in der VOL (wie auch der VOB) im Regelfall nicht erlaubt ist. Im Bereich der VOL ist ein Verhandlungsverfahren nur zulässig, wenn aufgrund der Natur der Leistungen oder der damit verbundenen Risiken die vorherige Festlegung eines Gesamtpreises nicht möglich ist oder sich die Spezifikationen vorab nicht hinreichend genau beschreiben lassen, um das offene oder das nicht offene Verfahren anwenden zu können, insbesondere bei geistig-schöpferischen Leistungen (§ 3a Nr. 1 Abs. 4 lit. b und c VOL/A; vgl. auch § 3a Nr. 4 lit. c VOB/A)).[53] Die Unterscheidung zwischen dem Anwendungsbereich von VOL/A und VOF erfolgt bei derartigen Leistungen danach, ob es sich um (typischerweise) freiberufliche Leistungen (dann VOF) oder sonstige (gewerbliche oder industrielle) Leistungen (dann VOL/A) handelt.

Wenn Dienstleistungen (Hardwareberatung, Entwicklung von Softwarepaketen und so weiter) ausgeschrieben werden, ist die VOF anwendbar, wenn es sich um Leistungen handelt, die im Rahmen einer freiberuflichen Tätigkeit erbracht oder im Wettbewerb mit freiberuflich Tätigen angeboten werden und wenn die Leistungen vorab nicht eindeutig und erschöpfend beschrieben werden können.

Die Anwendung der VOF beruht auf den Bestimmungen des **Gesetzes gegen Wettbewerbsbeschränkungen (GWB)**.[54] Das GWB ist die Zentralnorm des deutschen Kartell- und Wettbewerbsrechts. Sie stammt aus dem Jahr 1957 und soll einen funktionierenden, ungehinderten und möglichst vielgestaltigen Wettbewerb garantieren. Im Gegenzug bekämpft sie vor allem die Akkumulation und den Missbrauch von Marktmacht sowie die Koordination und Begrenzung des Wettbewerbsverhaltens unabhängiger Marktteilnehmer. Als ein wesentlicher Markt wird seit einigen Jahren auch der öffentliche Sektor in Form des Vergaberechts im GWB geregelt.

Näher spezifiziert werden die gesetzlichen Vorgaben durch die Verordnung über die Vergabe öffentlicher Aufträge (**Vergabeverordnung – VgV**). Sie stammt aus dem Jahr 2001 und legt fest, welche Verfahren einzuhalten sind. Die VgV enthält – mit wenigen Ausnahmen – allerdings keine eigenen Verfahrensregelungen, sondern verweist – je nach Art der Leistung – auf die Bestimmungen der VOL, VOB und VOF.

Bevor man sich an dieses Normengeflecht gewöhnt, an dieser Stelle eine wichtige Nachricht: **Ab 2006 werden voraussichtlich Änderungen des Vergaberechts in Kraft treten.** In Umsetzung der EU-Richtlinien 2004/17/EG und 2004/18/EG wird das Vergaberecht auf nationaler Ebene novelliert. Dabei gehen die derzeit geltenden Regelungen der VOF, VOL und VOB oberhalb der Schwellenwerte voraussichtlich in einer

---

[53] Das Verhandlungsverfahren ist in VOL und VOB die Ausnahme. Es bedarf daher einer vertieften Begründung. Die Wahl des Verfahrensmodus ist dort nicht selten Gegenstand einer gerichtlichen Nachprüfung.

[54] Das GWB ist in diesem Bereich sozusagen die „Obernorm", die der VOF überhaupt erst Geltung verschafft und dieser in jedem Fall vorgeht.

neu gefassten Vergabeverordnung (VgV) auf. Andere Bestandteile der Reform wiederum fließen mit Neuregelungen in das GWB ein. Die Entwürfe einer „Verordnung über die Vergabe öffentlicher Aufträge" vom 18. März 2005 sowie eines Gesetzes zur Neuregelung des Vergaberechts vom 29. März 2005 bedürfen noch der Abstimmung und der Regelung durch den Gesetzgeber. Inhaltlich sind keine radikalen Umwälzungen zu erwarten, jedoch dürfte vieles einfacher und effizienter ausfallen. Darüber hinaus können wesentliche Leistungen im IT-Bereich künftig über den „wettbewerblichen Dialog" ausgeschrieben werden – dazu später mehr.

Für die Anwendung der Regelungen des Vergaberechts gibt die Bundesregierung Leitlinien vor. Das Bundesinnenministerium versucht, mit der Unterlage für Ausschreibung und Bewertung von IT-Leistungen (**UfAB**) den IT-Besonderheiten Rechnung zu tragen. Sie klärt über Vorschriften und Voraussetzungen auf und liefert Handlungsanweisungen. Diese wurde erstmals im Mai 1982 veröffentlicht und 2005 zuletzt aktualisiert. Die UfAB III, Version 2.0 „Grundsätze des Vergabeverfahrens", stellt Bewertungsmethoden vor und gibt Beispiele für die Vergabepraxis. Ziel ist es, IT-Ausschreibungen der Bundesverwaltung weitgehend einheitlich zu gestalten und Kriterien vorzugeben, um die Angebote soweit wie möglich objektiv auszuwerten. Die Koordinierungs- und Beratungsstelle der Bundesregierung für Informationstechnik in der Bundesverwaltung (KBSt), die die UfAB herausgibt, hat in der Neufassung vom 11. März 2005 mehrere neue Module mit „modernen" Lösungen aufgenommen. Sie betreffen z. B. die Zulässigkeit von und den Umgang mit Rahmenvereinbarungen, die Vergabe in Losen und die Mitwirkung externer Dritter bei der Beschaffung bzw. der Ausgestaltung von Ausschreibungen. Klarzustellen bleibt jedoch, dass die UfAB III reine Empfehlungen bzw. Interpretationen des geltenden Rechts liefert und keineswegs den Rang eines Gesetzes oder einer Verordnung besitzt.

Das höchste Ziel: Hochwertige Angebote

Der öffentliche Sektor muss bei der Durchführung von Vergabeverfahren das Ziel verfolgen, qualitativ hochwertige und realisierbare Angebote von zuverlässigen Bietern zu bekommen. Dafür muss allerdings zunächst das zu adressierende Problem korrekt und detailliert beschrieben werden – was, wie berichtet, vor allem bei hochkomplexen Vorhaben schwierig ist. Doch ohne eine klare Definition kann man keine förderlichen, kreativen und effizienten Lösungsvorschläge erwarten. Das klingt trivial, wird aber dennoch leider allzu oft im Alltag ignoriert.

Allem voran steht die Aufgabe, das **bestverfügbare Know-how** nutzbar zu machen, um die Probleme zu definieren und die Anforderungen zu erarbeiten. Schon an dieser Stelle müssen Markt und Kunde zwingend zusammentreffen. Zur besseren Charakterisierung, was dies bedeutet, stellen wir die Ausschreibungsgewohnheiten der „alten" und die Vergabemöglichkeiten der „neuen" Welt in etwas vereinfachten Gegenpolen gegenüber.

Alte Welt

Die mit der Ausschreibung betrauten Mitarbeiter haben vor mehreren Jahren IT-relevante Studiengänge absolviert oder ihr Handwerk durch Weiterbildung erlernt. Seit dem Berufsstart genießen sie mehr oder minder viele Fortbildungen, halten sich aus privatem Interesse auf dem Laufenden und lesen regelmäßig Fachbücher und -zeitschriften. Trotz allen Eifers dieser Kollegen ist die Wahrscheinlichkeit hoch, dass die wirklich innovativen oder auch nur pfiffigen Lösungsansätze von außen, von den Lieferanten kommen, weil deren Erfahrungshorizont breiter ist. Trotzdem nutzt der öffentliche Sektor das Know-how der Anbieter nicht oder höchstens informell, wenn man bei der Problemdefinition mit seinem Latein am Ende ist. (Kaum einer unserer Gesprächspartner hat es versäumt, gerade auf dieses Manko hinzuweisen: Klare Problemdefinitionen sind der Ausnahmefall!) So erwächst die Ausschreibung auf dem unfruchtbaren Feld der Binnensicht, die nur selten den technischen Stand der Dinge erfasst, geschweige denn das neueste Wissen über Trends im globalen IT-Markt. Man kann eben nur beschreiben, was man selbst kennt oder schon einmal gesehen hat.

Neue Welt

Der öffentliche Sektor nutzt kreatives und innovatives Marktwissen schon bei der Vorbereitung der Ausschreibung. Einerseits, um die Anforderungen klarer formulieren zu können, andererseits, um einen Wettbewerb um die besten Ideen anzuregen. Als Grundlage hierfür dient z. B. der „wettbewerbliche Dialog", der durch die Novellierung des Vergaberechts eingeführt wird. Alternativ- und Nebenangebote sind nicht nur zulässig, sondern geradezu erwünscht. Vorgegeben wird nur der Zielzustand, also das, was mit der IT-Lösung erreicht werden soll. Den Anbietern bleibt ausreichend

Spielraum, um eigene Lösungswege vorzuschlagen – der öffentliche Sektor profitiert von der Kreativität und Innovation des Markts.[55]

Eines ist unerlässlich: Sobald eine Beschaffung notwendig wird, also eine Ausschreibung ansteht, sollten sich die Verantwortlichen über die Marktlage und ihre Lösungswege möglichst breit und vorurteilsfrei informieren.[56] Das geht nicht, wenn sich die Beschaffungsabteilungen abschotten. Im Gegenteil: Sie müssen sich öffnen – und das ist auch machbar.

Konkret: So können die Chancen des Vergaberechts genutzt werden

Viel Spielraum für moderne Verwaltungen – daran kann kein Zweifel sein. Am seltensten werden die neuen Möglichkeiten **bei weniger komplexen oder innovativen Projekten** sowie überschaubaren Weiterentwicklungen bestehender Systeme notwendig sein, also

- Wenn die Anforderungen bzw. Spezifikationen im Wesentlichen bekannt sind und
- Wenn in der ausschreibenden Organisation ausreichend Know-how vorhanden ist.

In diesem Fall muss sich eigentlich gar nichts ändern. Neubedarf kann weiterhin in einem Paket ausgeschrieben werden.

Anders sieht es aus **bei Groß- und Größtprojekten**. Sie zeichnen sich dadurch aus, dass

- Die Anforderungen bzw. Spezifikationen noch weitgehend konkretisiert werden müssen

---

[55] All das ist übrigens auch schon vor Einführung des wettbewerblichen Dialogs möglich, vgl. hierzu die Ausführungen zur getrennten Ausschreibung von Planungs- und Umsetzungsphasen.
[56] Es soll auch nicht verschwiegen werden, dass dies in einzelnen Fällen natürlich längst geschieht. Diese Erkenntnis scheint aber in der Breite noch nicht angekommen zu sein.

- Intern kein oder kein ausreichendes Know-how für den Bedarf vorhanden ist
- Hohe Kosten zu erwarten sind.

IT-Projekte lassen sich grundsätzlich, wie in Kapitel 2 beschrieben, in vier Phasen unterteilen:

1. Konzepterstellung und Grobspezifikation
2. Feinspezifikation
3. Umsetzung
4. Betrieb.

Nicht immer lassen sich die Phasen eindeutig voneinander trennen. Vor allem beim so genannten Rapid Prototyping[57] verschwimmen die Grenzen, da hier Spezifikation und Umsetzung eng miteinander verknüpft sind.

Verteilt man die vier typisierten Phasen aber nach der Vergabelogik in kreative Problemlösung und beschreibbare Lieferanforderungen, ergibt sich Folgendes:

- Konzepterstellung und Grobspezifikation lassen sich der Problemlösung zuordnen (Planungsphase). Hier kann die Vergabelogik einer VOF angewendet werden.
- Feinspezifikation, Umsetzung und Betrieb gehören eindeutig zur Lieferung (Umsetzungsphase). Hier kann dann wieder das klassische Instrument der VOL genutzt werden. Es bietet sich also an, über eine

---

[57] Das Rapid Prototyping (schnelles Prototyping) ist ein Verfahren innerhalb der Softwareentwicklung, bei dem es darum geht, schnell den Prototypen eines Produkts mit verhältnismäßig geringem Aufwand aus ersten Entwurfsdaten herzustellen, um dann in einem iterativen Prozess die Weiterentwicklung und schließlich die Fertigstellung zu erreichen. Die ständige und insbesondere frühe Rückkopplung mit dem Nutzer soll dabei ein Entwickeln eng am angestrebten Nutzen sicherstellen und so Fehlentwicklungen sowie die Entwicklung von überflüssigen oder nicht praktikablen Funktionalitäten verhindern.

phasenweise Ausschreibung nachzudenken. Darauf wollen wir im Folgenden eingehen.

Effektive Instrumente: Phasenweise Ausschreibung, Funktionalausschreibung und Rahmenvereinbarung

Oben haben wir die unzeitgemäßen Ausschreibungsgewohnheiten von heute beschrieben. Nun wollen wir Wege aufzeigen, die heute schon auf der Grundlage der bestehenden gesetzlichen Regelungen unter bestimmten Voraussetzungen möglich sind.

Schon jetzt eröffnen sich dem öffentlichen Sektor drei Lösungswege für die Ausgestaltung der Vergabeverfahren von IT-Großprojekten: phasenweise Ausschreibung, Funktionalausschreibung und Rahmenvereinbarungen. Sie lassen sich alternativ, aber auch kumulativ verwenden.

Bei der **phasenweisen Ausschreibung** werden die Planungs- und Umsetzungsphase voneinander getrennt. Sie ist die logische und wohl auch am einfachsten anzuwendende Vorgehensweise, und sie ist besonders geeignet für große und komplexe Vorhaben. Wie oben beschrieben, werden Planungsphase (Konzept und Grobspezifikation) sowie Umsetzungsphase (Feinspezifikation, Implementierung und gegebenenfalls Betrieb) jeweils einzeln ausgeschrieben. Die Planungsphase wird in der Regel auf Basis von VOF[58] (idealerweise im Sinne einer Funktionalausschreibung, siehe unten) vergeben, z. B. an IT-Beratungsunternehmen bzw. Beratungsabteilungen der großen IT-Häuser oder Systemintegratoren. Die Umsetzungsphase wird anschließend auf Basis VOL mit einem entsprechenden Leistungsverzeichnis, das durch die vorgeschaltete Planungsphase erarbeitet wurde, direkt an IT-Anbieter oder Systemintegratoren vergeben.

Vorteil der Trennung: Für das gesamte Projekt wird sichergestellt, dass möglichst viel Markt-Know-how einfließt, die Möglichkeiten der VOF werden maximal nutzbar gemacht. Mehr noch: In jeder einzelnen Phase wird so viel Spezialwissen wie möglich einbezogen.

---

[58] Auch im Verhandlungsverfahren nach VOL/A, siehe oben.

Das klingt ideal. Trotzdem ist die VOF in vielen Beschaffungsabteilungen ein ungeliebtes Kind. Grund: Eine zunächst nicht im Detail definierte Leistung zu vergeben, ist möglicherweise aufwändiger als das herkömmliche Prozedere, auf jeden Fall aber erfordert es mehr Mut zur Entscheidung. Viele Bewertungsmaßstäbe sind zudem unscharf, etwa wenn Qualität und Lösungsansatz beurteilt werden müssen. Dies erfordert fachliches Knowhow. Eine Auswertung der Angebote mit dem Taschenrechner, also der vermeintlich objektivsten Entscheidungsform, ist nicht möglich. Darüber hinaus muss ausgeschlossen werden, dass das Beratungsunternehmen, das in die Planungsphase eingeschaltet war, daraus im anschließenden Vergabeverfahren für die Umsetzungsleistung einen Wettbewerbsvorteil ziehen kann.[59] Deshalb raten traditionell geprägte Beschaffungsabteilungen gern davon ab, die Möglichkeiten der VOF zu nutzen. Das ist reines Sicherheitsdenken: Das Althergebrachte ist weniger angreifbar. Wenn Entscheider in Politik und Verwaltung hier nicht mit Sachkenntnis gegensteuern und einfordern, das Vergaberecht in all seiner Modernität und Flexibilität auszuschöpfen, wird der offene oder verdeckte Widerstand der Beschaffer jeden Fortschritt ausbremsen. Ratsam erscheint es, erfahrene externe Vergaberechtler hinzuzuziehen, die wissen, was geht, die das Risiko nicht scheuen und Mitarbeiter an die realen Möglichkeiten des Vergaberechts heranführen.

Eine **Funktionalausschreibung** in Form einer funktionalen Leistungsbeschreibung ist nach geltendem Vergaberecht gemäß § 8 Nr. 2 VOL/A möglich, wenn die Leistung nicht durch „verkehrsübliche Bezeichnungen nach Art, Beschaffenheit und Umfang hinreichend beschreibbar" ist. So kann die Planungsphase in Form einer Funktionalausschreibung gestaltet und vollständig von der Implementierung als der zweiten Phase getrennt werden. Dies setzt natürlich eine gewisse Größe des Gesamtvorhabens voraus. Bei

---

[59] So genannte Vorbefassung oder Projektantenproblematik. Hierzu findet sich neuerdings eine ausdrückliche Regelung in der Vergabeverordnung (VgV), eingeführt durch das so genannte PPP-Beschleunigungsgesetz. Sie lautet: „Hat ein Bieter oder Bewerber vor Einleitung des Vergabeverfahrens den Auftraggeber beraten oder sonst unterstützt, so hat der Auftraggeber sicherzustellen, dass der Wettbewerb durch die Teilnahme des Bieters oder Bewerbers nicht verfälscht wird."

Vergaberecht 119

nicht ganz so großen und komplexen Vorhaben können Planungs- und Umsetzungsphase gesamthaft funktional ausgeschrieben werden.

Leistungsverzeichnis versus Funktionalausschreibung

Das Instrument der „Funktionalausschreibung" ist eine auf den Einzelfall ausgerichtete, optimierte Art der Beschaffung, kurz: eine fast revolutionär unbürokratische Erfindung. Sie kommt nur zu selten zum Einsatz.

Grundlage jeder Vergabe ist die Leistungsbeschreibung. In der VOB – nur für Bauleistungen – gibt es eine „Leistungsbeschreibung mit Leistungsverzeichnis" für den Regelfall und eine „Leistungsbeschreibung mit Leistungsprogramm" als Alternative unter bestimmten Voraussetzungen. In der VOL gibt es die Vorschrift des § 8 Nr. 2 Abs. 1 VOL/A, wonach eine Leistung, die durch verkehrsübliche Bezeichnungen nach Art, Beschaffenheit und Umfang nicht hinreichend beschreibbar ist, auch durch eine Darstellung ihres Zwecks, ihrer Funktion sowie der an sie gestellten Anforderungen beschrieben werden kann; dies wird oft als „funktionale Leistungsbeschreibung" oder „Funktionalausschreibung" bezeichnet. Bei ihr handelt es sich nicht um ein eigenes Vergabeverfahren, sondern um eine Art der Ausschreibung im Rahmen der bestehenden Vergabeverfahren.

Die Funktionalausschreibung verlangt ein „Leistungsangebot nach Zielvorgabe", wobei das Ziel durch die Funktion/Zweckbestimmung beschrieben wird. Der Auftraggeber gibt also den Zweck der fertigen Leistung sowie alle an sie gestellten technischen, wirtschaftlichen und funktionsbedingten Anforderungen vor.

Wo liegt der Unterschied zum klassischen, „konstruktiven" Leistungsverzeichnis? Wie weitreichend die Funktionalausschreibung greift, möchten wir an einem stark vereinfachten und überzeichneten, fachfremden Beispiel – „Planung und Bau einer Kläranlage" – erläutern. Die Zielsetzung einer Kläranlage lautet, das Abwasser zu reinigen und sauberes Wasser zu erzeugen.

- **Leistungsbeschreibung mit Leistungsverzeichnis („konstruktiv").** Der Wasserbetrieb oder Abwasserverband plant die neue Kläranlage bis ins Detail auf Basis des verfügbaren Ingenieurwissens. Dabei greifen die Verantwortlichen höchstens auf die Hilfe eines Ingenieur- und Planungsbüros zurück. Am Ende sind vielleicht mehrere Meter Regalfläche nötig, um die Unterlagen des Leistungsverzeichnisses abzulegen. Auf Basis dieses Papierbergs geben die Bieter ihre Angebote ab. Jeder Planungsfehler und jeder spätere Änderungswunsch führen zu Nachverhandlungen und treiben in der Regel die Kosten in die Höhe. Das Leistungsverzeichnis folgt dem „Bloß nichts ungeregelt lassen"-Prinzip.

- **Leistungsbeschreibung mit Leistungsprogramm („funktional")**. Die Behörde bestimmt die gewünschte Gewässergüte des Flusses, in den die gereinigten Abwässer eingeleitet werden. Sie gibt wesentliche Leitparameter und Funktionen vor (Einbindung der Anlage ins Netz, Genehmigungsvoraussetzungen sowie Preis); daher der Name Funktionalausschreibung. Die beste technische Lösung zu finden, um das Ziel zu erreichen, bleibt den Bietern überlassen – ein weit geöffnetes Einfallstor für Kreativität und Innovation. Ob eine Großkläranlage mit entsprechenden Sammlerkanälen oder mehrere Kleinstanlagen mit dezentralen Zuflüssen, ob biologisch oder sonst wie geklärt wird, das kann der Bieter vorschlagen. Und das hoffentlich auf dem letzten Stand der Technik, also mit den effizientesten Lösungen. Der Bieter steht in der wirtschaftlichen Pflicht, das zu erfüllen, was er versprochen hat. Erreicht er die Gewässergüte nicht, muss er nachbessern, ohne Geld nachzufordern.

Wir haben die Funktionalausschreibung der Einfachheit halber idealtypisch dargestellt. Es erscheint uns wichtig, das Potenzial dieser Variante einer Leistungsbeschreibung mit Leistungsprogramm klar zu erkennen und mehr als bisher geschehen nutzbar zu machen.[60]

Der Vorteil einer Funktionalausschreibung für die erste Projektphase ist es, die **Expertise des Markts** nutzbar zu machen, um die beste Lösung zu finden[61]. Aber auch im Projekt- und Änderungsmanagement (vgl. Kapitel 8) liefert dieses Verfahren einen hohen Nutzen, da der Auftraggeber bei Risiken und Qualitätsproblemen flexibler reagieren kann. So lassen sich kostspielige Änderungsnotwendigkeiten bei einer gesamthaften Ausschreibung leichter vermeiden, da der Lieferant ja die Lieferung einer von ihm selbst spezifizierten Problemlösung zugesagt hat und nicht die Komponenten

---

[60] Dabei sei an dieser Stelle bereits darauf hingewiesen, dass die ausdrücklichen Vorschriften über die Funktionalausschreibung bzw. funktionale Leistungsbeschreibung nach VOL und VOB in der derzeitigen Form in der Novelle des Vergaberechts nicht mehr enthalten sind. Das novellierte Vergaberecht sieht jedoch insbesondere in § 14 Abs. 2 und 4 VgV Entwurf vor, dass die technische Spezifikation durch den Auftraggeber in Leistungs- oder Funktionsanforderung festgelegt werden kann. Letzteres entspricht dann dem, was heute als Funktionalausschreibung bezeichnet wird.

[61] Die Anzahl der aufzufordernden Bieter ist nur in der VOB (§ 8 a Nr. 2 und 3) geregelt. Dies gilt analog aber auch für die VOL: mindestens drei Bieter beim Verhandlungsverfahren bei komplexen Projekten und beim nicht offenen Verfahren mindestens fünf.

eines IT-Systems. D. h., dass Lieferanten auf dieser Basis auch stärker in die wirtschaftliche Pflicht genommen werden können.

Angebote aufgrund einer Funktionalausschreibung bzw. des wettbewerblichen Dialogs (siehe unten) zu erstellen, ist für die Bieter allerdings ein sehr aufwändiger Prozess, der erhebliche Ressourcen erfordert, wenn das Angebot gut werden soll. Es reicht nicht mehr aus, die Preise für die Posten in den Leistungsverzeichnissen abrufen zu können. Wenn der Auftraggeber qualitativ hochwertige Angebote bekommen möchte, muss er diesem Umstand Rechnung tragen. Aus diesem Grund sieht die VOL vor, dass Angebote auf Funktionalausschreibungen, bei denen der Bieter Entwürfe, Pläne, Zeichnungen, Berechnungen oder andere Unterlagen auszuarbeiten hat, zu vergüten sind.[62] Damit die Honorare nicht ausufern, bestimmt er in einem vorgeschalteten Teilnahmeverfahren drei, vielleicht auch vier besonders qualifizierte Anbieter, die er zur Einreichung von Offerten auffordert. Wichtig ist, dass der Auftraggeber hierfür bereits ein Team installiert hat, das mit den Anbietern fachlich (und nicht prozessual) über Lösungsvarianten nachdenkt und notwendige Detailinformationen über Rahmenbedingungen, Ausgangssituationen, bestehende Systeme und so weiter ausgearbeitet hat. Wer glaubt, sowohl auf kompetente Fachteams als Partner für die Anbieter als auch auf eine Vergütung für das Angebot verzichten zu können, der sollte von einer Funktionalausschreibung und dem künftig möglichen wettbewerblichen Dialog (siehe unten) lieber absehen. Die angemessene Realisierung eines großen IT-Projekts ist dann aber in Frage gestellt.

Der Gestaltungsspielraum, den die Bieter im Rahmen der Funktionalausschreibung erhalten, führt zwangsläufig dazu, dass sie unterschiedliche Lösungsansätze für die eine Aufgabe vorlegen. Um die Angebote abwägen zu können, ist es notwendig, konkrete Wertungsparameter in den Ausschreibungsunterlagen vorzugeben und so einen Vergleichsmaßstab zu schaffen.

---

[62] Die Vergütung von Angeboten ist schon heute gemäß § 20 Nr. 2 Satz 2 VOB/A und § 20 Nr. 2 Abs. 1 Satz 2 VOL/A vorgesehen, und zwar zwingend („ist vorzusehen"), wird aber häufig nicht umgesetzt. Bieter können z. B. eine gerichtliche Nachprüfung beantragen, wenn keine Vergütung vorgesehen ist und sie deshalb von der Abgabe eines Angebots abgehalten werden.

Ausblick. Vergleichbare bzw. sogar weiter gehende Regelungen als die Funktionalausschreibung[63] trifft künftig der bereits erwähnte „wettbewerbliche Dialog" (siehe unten), der es dem öffentlichen Auftraggeber ermöglicht, im Rahmen eines Dialogs zu ermitteln, wie seine Bedürfnisse am besten erfüllt werden können und welche Funktionsanforderungen zur Erreichung des angestrebten Ziels bzw. Zwecks aufgestellt werden müssen.

Als dritte Option bietet sich an, **Rahmenvereinbarungen** mit ausgewählten Lieferanten zu treffen, um strategische Partnerschaften zwischen Kunde und Lieferant herzustellen. Die Parteien verständigen sich auf die Rahmenbedingungen des Vertrags, z. B. das zu erreichende Ziel, die Kosten für die Mitarbeitertage sowie das Limit für die Gesamtkosten. Ein Team, das sich aus Vertretern von Kunde und Lieferant zusammensetzt, managt schließlich die Ausgestaltung des Rahmenvertrags im Tagesgeschäft. Nach geltendem Recht sowie aktueller Rechtsprechung müssen die Rahmenverträge allerdings entweder bereits alle konkreten Vertragsbedingungen (Art, Menge, Preis, gegebenenfalls Preisgleitklausel und nicht nur Rahmenbedingungen[64]) enthalten, oder aber es muss vor jedem Leistungsabruf ein erneuter Wettbewerb – entweder unter den Unternehmen, mit denen ein Rahmenvertrag besteht, oder offen unter allen Wettbewerbsteilnehmern – durchgeführt werden. Der Rahmenvertrag bietet daher nicht die Möglichkeit, sich lediglich auf bestimmte Eckdaten zu verständigen und den Rest dann in bilateraler Absprache zu klären.[65]

Rahmenvereinbarungen sind unter dem heute geltenden Recht bzw. der aktuellen Rechtsprechung nicht unumstritten. Hier wird die Neufassung der Vergabeverordnung ab 2006 für Klarheit sorgen und Rechtssicherheit gewährleisten – die Vergaberichtlinie der EU lässt Rahmenvereinbarungen ausdrücklich zu. In der VOL/A ist keine explizite Regelung für Rahmenvereinbarungen festgeschrieben. Dennoch scheinen sie nach gültiger Urteilslage unter Berücksichtigung bestimmter Regeln möglich zu sein.[66] Sie

---

[63] Oder das „Leistungsverzeichnis mit Leistungsprogramm".
[64] Vgl. VK Bund, Beschluss vom 20. Mai 2003, Az. VK 1 - 35/2003.
[65] Vgl. Kammergericht Berlin, Beschluss vom 15. April 2004: 2 Verg 22/2003 – IT-Hardware, VergabeR 6/2004, S. 762 ff.
[66] Ebda.

setzen aber – sofern dem Leistungsabruf nicht noch ein gesonderter Wettbewerb unter den Rahmenvertragspartnern vorangeht – immer voraus, dass die spätere Abnahmeverpflichtung und die konkreten Vertragsbedingungen bereits klar beschrieben wurden, um zu verhindern, dass die Wettbewerbsregeln umgangen werden.

Wichtig bleibt festzuhalten: Rahmenverträge müssen im Grundsatz nicht an der aktuellen Rechtslage scheitern. Sie werden allerdings in der heutigen Behördenkultur nur unzureichend genutzt. Der öffentliche Sektor in Deutschland sichert sich oft eher durch eine im Einzelnen geregelte vertragliche Ausgestaltung bis zur Erstarrung hin ab, anstatt – wie z. B. in den USA – sich auf das Risikomanagement nach Abschluss des Kontrakts zu konzentrieren. Die Fähigkeit, Verträge nicht nur zu verwalten, sondern zu leben und zu gestalten, ist als Führungsqualität hierzulande noch nicht besonders stark ausgeprägt. Insofern muss ein Umdenken stattfinden. Bis dies geschehen ist, sollten Rahmenverträge nur dort zum Einsatz kommen, wo es bereits ein entsprechend starkes Management gibt oder man gewillt ist, die entsprechende Kompetenz aufzubauen.

Doch es gibt positive Signale. So widmet die KBSt des Bundesinnenministers in ihrer Neufassung der Unterlage für Ausschreibung und Bewertung von IT-Leistungen (UfAB III Version 2.0) zum ersten Mal ein eigenes Kapitel der Gestaltung von Rahmenverträgen.[67] Dabei sprechen die Autoren zwar keine ausdrückliche Empfehlung aus, dieses Instrument zu verwenden. Doch allein die Wahl des Themas und die Beschreibung, dass und unter welchen Voraussetzungen solche Vereinbarungen zulässig sind, sind bemerkenswert. Schließlich handelt es sich bei der UfAB um den für die Bundesverwaltung maßgeblichen Leitfaden für die Ausschreibung von IT-Leistungen.

---

[67] Modul 4.4 der UfAB III Version 2.0, S. 41.

Blick in die Zukunft: Was die EU-Richtlinie bringt – neue Instrumente

Man mag über die Brüsseler Bürokratie geteilter Meinung sein, aber die EU-Richtlinien zum Vergaberecht sind ein Schritt in die richtige Richtung. Endlich werden schlagkräftige Instrumente kodifiziert und neue Wege eröffnet. Die EU-Richtlinie muss bis spätestens zum 31. Januar 2006 in deutsches Recht umgesetzt werden. Ein Element der Reform – die Einführung des „wettbewerblichen Dialogs" – wurde bereits durch das so genannte PPP-Beschleunigungsgesetz von 2005 umgesetzt. Im Übrigen erfolgt die Umsetzung in Deutschland erst nach Inkrafttreten der geplanten umfassenden Neuregelung des Vergaberechts, voraussichtlich ab 2006; bis dahin gelten weiter die bisherigen Regelungen.

Wettbewerblicher Dialog

Die wichtigste Innovation für die Vergabe von IT-Großprojekten ist die Einführung des wettbewerblichen Dialogs. Hierbei handelt es sich um eine neue Vergabeart, die die Abwicklung besonders komplexer Projekte erleichtern soll. Der wesentliche Unterschied zum herkömmlichen Vorgehen besteht darin, dass im Prozess die Dialog- und Verhandlungsphase voneinander getrennt werden. Zunächst wird miteinander gesprochen, erst viel später rücken die konkreten Angebote in den Vordergrund. Der öffentliche Auftraggeber kann durch den wettbewerblichen Dialog vorab ermitteln, wie seine Bedürfnisse am besten erfüllt werden. In der Praxis beginnt das neue Vergabeverfahren mit einer europaweiten Bekanntmachung, die einer (vereinfachten) funktionalen Ausschreibung ähnelt. Anschließend darf die öffentliche Institution mit einer Vielzahl von Unternehmen in mehreren Phasen verhandeln, um die ideale Lösung für ihren Bedarf zu ermitteln. Diese wird schließlich in der „endgültigen Leistungsbeschreibung" dargelegt, die dann den Unternehmen als Grundlage dient, um verbindliche Angebote einzureichen. Schließlich muss die Institution den Auftrag an die Firma vergeben, deren Offerte am wirtschaftlichsten ausfällt.

Die Regelungen zum wettbewerblichen Dialog sehen vor, dass öffentliche Auftraggeber den teilnehmenden Unternehmen (wie heute schon bei der funktionalen Ausschreibung) die Kosten erstatten, wenn sie verlangen, dass die Firmen für den Dialog Entwürfe, Pläne, Zeichnungen, Berechnungen oder andere Unterlagen ausarbeiten. Die Vergütung solcher Leistungen in der Dialogphase ist auch notwendig. Denn nur wenn die Dialogphase angemessen entlohnt wird, können die Bieter ausreichend Kapazität freisetzen, um die bestmöglichen Lösungen und Leistungen zu liefern. Der Einsatz zahlt sich zudem durch eine höhere Qualität der Ausschreibungsunterlagen und der später eintreffenden Angebote aus. Die Regelungen zum wettbewerblichen Dialog nehmen in gewisser Weise auch die Gedanken der Funktionalausschreibung auf. Künftig werden Aufträge oberhalb der Schwellenwerte, bei denen der öffentliche Auftraggeber die angestrebte Problemlösung zu Anfang nicht ausreichend präzise beschreiben kann, mittels wettbewerblichen Dialogs vergeben. Der öffentliche Auftraggeber gibt also seine Ziele und den Zweck bzw. die Funktion der Leistung an, die Bieter suchen im Rahmen der Dialogphase zusammen mit dem Auftraggeber nach einer adäquaten Lösung.

Auch das bisherige Vergaberecht kannte den Dialog im Rahmen des Verhandlungsverfahrens. Insofern ist der wettbewerbliche Dialog der Sache nach lediglich eine bestimmte, vergleichsweise formalisierte und erweiterte Ausgestaltung des Verhandlungsverfahrens. Allerdings mit dem Unterschied, dass der Auftraggeber beim wettbewerblichen Dialog ausdrücklich berechtigt ist (und sogar der Sinn des Verfahrens darin liegen kann), sich die Ideen und Konzepte einzelner Bieter zu Eigen zu machen und sie im weiteren Verfahrensverlauf (auch) anderen Bietern zur Angebotsabgabe zu unterbreiten. Dies ist zwar auch heute beim Verhandlungsverfahren teilweise gängig, aber keineswegs üblich und rechtlich nicht unproblematisch. Die Handlungsspielräume der Auftraggeber werden daher in einem wichtigen praktischen Punkt erweitert. Darüber hinaus lässt sich die Anwendung des wettbewerblichen Dialogs im Einzelfall leichter begründen, was das Vorgehen vereinfacht und die Verfahrenswahl auch weniger angreifbar macht.

Der wettbewerbliche Dialog stellt ein **eigenständiges Vergabeverfahren** dar. Jetzt muss nur sichergestellt werden, dass die Möglichkeiten des wettbewerblichen Dialogs in der Praxis nicht karikiert werden. Bisher schon restriktiv agierende Vergabe- und Beschaffungsabteilungen werden hierdurch nicht automatisch risikofreudiger. Die Erstellung hochwertiger Angebote wird künftig noch aufwändiger. Doch wer glaubt, die Bieter hierfür nicht bezahlen zu müssen, verkennt, dass kein auch noch so großes Unternehmen es sich leisten kann, in ein Verfahren mit nicht abzuschätzendem Ressourceneinsatz und ungewissem Ausgang zu gehen. Und wenn doch, wird sich an der Angebotsqualität gegenüber heute nichts ändern, und es wird weiterhin primär der Preis entscheiden.

Rahmenverträge/Rahmenvereinbarungen

Wie bereits geschildert, sind Rahmenverträge auch heute schon in Grenzen und unter engen Voraussetzungen zulässig. Die Neuregelung des Vergaberechts wird hier mehr Spielraum, insbesondere aber auch mehr Klarheit und Rechtssicherheit bringen. Insbesondere die derzeit vergleichsweise große Unsicherheit über die konkreten Ausgestaltungsmöglichkeiten soll dadurch beseitigt werden. Ziel ist es, auch den Einsatz dieses Instruments langfristig zu fördern[68].

* * *

Das deutsche Vergaberecht verliert bei genauem Hinsehen viel von seinem Schrecken. Es ist flexibler, schlanker und moderner als erwartet und bietet künftig neue, noch flexiblere Instrumente. Dass die Handelnden den Vergabeprozess dennoch meist als schwerfällig und restriktiv empfinden, liegt auch an ihnen selbst. Sie nutzen bisher ihre Freiräume nicht aktiv und legen das geltende Recht oft allzu eng aus. Um sich von den gefühlten Fesseln zu befreien, ist Leadership auch im Vergabeprozess gefragt. Der Gesetzgeber hat entscheidende Verbesserungen zur Ausgestaltung eines modernen Vergaberechts in Deutschland geschaffen; weitere Verbesserungen stehen in Kürze bevor. Sie müssen entsprechend genutzt werden.

---

[68] Details hierzu finden sich im Anhang.

7. Beziehungswandel: Vom Lieferantenmanagement zur partnerschaftlichen Zusammenarbeit

Eine partnerschaftliche Zusammenarbeit von öffentlichem Auftraggeber und privatwirtschaftlichem Auftragnehmer bietet viele Chancen. Der Auftraggeber kann sein Risiko und seine Kosten reduzieren und gleichzeitig Flexibilität gewinnen. Der Auftragnehmer kann seine Kundennähe und damit die Kundenloyalität erhöhen. Er kann den Einsatz seiner Ressourcen besser planen und damit den Grad der Wirtschaftlichkeit erhöhen. Schließlich können beide vom Wissenstransfer profitieren.

Eine solche Partnerschaft soll einen IT-Auftragnehmer nicht zum Hoflieferanten machen. Sie ist daher grundsätzlich mit dem Vergaberecht – z. B. in Form eines Rahmenvertrags – zu vereinbaren.

Grundvoraussetzung für die gute Zusammenarbeit ist eine enge Kooperation der Mitarbeiter von Auftragnehmer und Auftraggeber. Einfache Instrumente wie ein reger Mitarbeiteraustausch zwischen privatwirtschaftlichen IT-Anbietern und öffentlichen IT-Abnehmern können das Zusammenspiel bereits immens erleichtern und sollten ausgebaut werden. Sie können helfen, ein gemeinsames Verständnis zu schaffen, das aktiv Sprachbarrieren überwindet. Die Zusammenarbeit sollte auf einer Interessenkongruenz basieren, die trotz der unterschiedlichen Zielsetzungen sicherzustellen ist. Trotz allen Vertrauens sollte es auch geeignete Kontrollmechanismen für die Partnerschaft geben.

Um die Chancen einer Zusammenarbeit vollständig auszunutzen, sollten IT-Lösungsanbieter eine mitgestaltende Rolle einnehmen – schließlich geht es um nicht weniger als die Steigerung bzw. Absicherung der Wettbewerbsfähigkeit des beschäftigungsmäßig größten Sektors.

Insbesondere Erfolgsbeispiele aus Großbritannien zeigen, dass verantwortungsvolle Partnerschaft, Mitgestaltung und wettbewerbsorientierte Wirtschaftlichkeit gut zusammenpassen. Auf Jahrhundertreformen des föderalen Systems sollte die partnerschaftliche Zusammenarbeit nicht warten, auch wenn dadurch manches noch leichter ginge.

Die Zielsetzung: Partner statt Hoflieferant

Das Vergaberecht kommt aus einer Denkwelt, in der bewusst Distanz zwischen öffentlichem Auftraggeber und dem in der Regel privatwirtschaftlichen Auftragnehmer geschaffen wird. Um eine solche Distanz zu ermöglichen, müsste der Auftragnehmer Lieferant eines klar vorgegebenen Gewerkes von IT-Produkten und -Dienstleistungen sein, das einen wohl definierten Nutzen stiftet, indem es klar definierte Ziele erfüllt. Leider sieht die Realität deutlich anders aus. Vielfach können weder das Produkt oder die Dienstleistung noch der Nutzen bzw. das Ziel bereits am Anfang eines Projekts klar und abschließend definiert werden.

Es ist daher ein **tiefes gemeinsames Verständnis** von Kunde und Lieferant notwendig. In jeder Phase der Projektzusammenarbeit – insbesondere in der zielbestimmenden Vorphase – brauchen Lieferant und Kunde dieses Verständnis: für die zu erreichenden Ziele, für die spezifischen Anforderungen, für die involvierten „Stakeholder", für die Mitarbeiter der anderen Partei – allen voran den Projektleiter – und für die Methoden, Verfahren und Werkzeuge, die man gemeinsam einsetzen will. Ein solches tiefes Verständnis kann am besten in einer partnerschaftlichen Zusammenarbeit wachsen.

Eine **partnerschaftliche Zusammenarbeit** zwischen öffentlichem Auftraggeber und privatwirtschaftlichem Auftragnehmer bedeutet, gemeinsam ein Ziel zu verfolgen. Sie basiert auf gegenseitigem Respekt vor meist komplementären Fähigkeiten und Kompetenzen und zeichnet sich durch ein hohes Maß an gegenseitigem Vertrauen aus. Die deutliche Mehrheit unserer Gesprächs- und Interviewpartner empfindet eine solche Form der Zusammenarbeit als überlegen gegenüber einer nüchternen Kunden-Lieferanten-Beziehung.

Aber fast jeder fürchtet auch die drohende Rute des Vergaberechts, das „Hoflieferantenbeziehungen" explizit ausschließen will und jedwede Form

Beziehungswandel 129

der Zusammenarbeit im Wesentlichen auf maximal vier Jahre begrenzt[69]. Die Kritiker vermeintlicher „Kungeleien" zwischen Auftraggeber und Auftragnehmer verweisen zu Recht auf unschöne Fälle der wettbewerbsvermeidenden Verbandelung von Kunden und Lieferanten.

Anzustreben ist ein auf Stabilität und Familiarität setzendes Kooperationsmodell, das Wettbewerbsgedanken – wo immer angezeigt – voll berücksichtigt und dem Vergaberecht gerecht wird. Es soll aber auch unproduktive Kleinteiligkeit vermeiden, wenn Vorteile aus einem besseren Risiko-Kosten-Abgleich und Wissenstransfer überwiegen.

Eine solche Partnerschaft ist auch innerhalb des Vergaberechts möglich: Kunde und Lieferant können einen länger laufenden Vertrag, oft ein **Rahmenvertrag**, abschließen. Ein solcher Rahmenvertrag kann eine begrenzte Anzahl eng verwandter Teilgewerke umfassen, die in der Regel ohnehin ein logisches Gesamtprojekt im Sinne unseres nutzer- und nutzenorientierten Projektbegriffs (vgl. Kapitel 2) darstellen. Je nach Aufgabenstellung kann ein solcher Vertrag einen Zeitraum von 6 bis 18 (in selteneren Fällen auch 36 bis 48) Monaten umfassen. Wenn richtig praktiziert, stellt eine solche vertrauensvolle (Kunden-Lieferanten-) Partnerschaft ein neues Interaktionsmodell dar, das klar zum beiderseitigen Vorteil ist („Win-Win-Modell").

Die Vorteile: Weniger Risiko und Kosten, mehr Wissen und Flexibilität

Die vertrauensvolle Partnerschaft bietet für den Kunden aus dem öffentlichen Sektor die Chance, sein Risiko und seine Kosten zu reduzieren und seine Flexibilität zu erhöhen. Er erreicht eine **Reduzierung des Risikos**, dass die IT-Lösung nicht bzw. schlecht funktionieren wird, denn schließlich sitzt der Anbieter mit im gleichen Boot und hat von daher ein starkes Interesse, nicht mit unterzugehen.

Darüber hinaus erreicht der Kunde eine **hohe Flexibilität,** auf notwendige Änderungen kurzfristig zu reagieren. Bei Themen, die sich aufgrund ihrer

---

[69] Vgl. Anhang zu ergänzenden Details zum Vergaberecht.

Einzigartigkeit nur schwer standardisieren lassen, ist eine solche Flexibilität besonders hilfreich und wertvoll. Dennoch sollten die Partner darauf achten, dass die Änderungen wirklich nötig und zeitlich angemessen vertretbar sind – unter Umständen auch einvernehmlich erst später vorgenommen werden (siehe Änderungsmanagement, Kapitel 8).

Des Weiteren können, abhängig von Breite und Tiefe der Zusammenarbeit, aus der vertrauensvollen IT-Partnerschaft für den Kunden substanzielle **größen- und erfahrungsbedingte Kostenvorteile** resultieren. Unter dem Strich liegt also in der partnerschaftlichen Zusammenarbeit ein beachtlicher Risiko-Kosten-Abgleich für den Auftraggeber.

Aber auch der Lieferant gewinnt seine Vorteile aus einer solchen proaktiven statt reaktiven Kundeninteraktion. Sie erhöht die Kundennähe und die damit verbundene Kundenloyalität. Zudem kann er den Einsatz seiner Ressourcen besser planen, sein Risiko, später Rechtsstreitigkeiten auszufechten, senken und damit den Grad der Wirtschaftlichkeit erhöhen. Diese Vorteile haben aber – wie oben beschrieben – auch einen Preis: Der Lieferant übernimmt in dieser partnerschaftlichen Zusammenarbeit auch einen Teil der Risiken, die sonst der Kunde alleine tragen würde.

Schließlich profitieren beide – Kunde und Lieferant – von dem möglichen **Wissenstransfer**. Ein solcher Austausch findet natürlich zwischen miteinander wohl bekannten Mitarbeitern der verschiedenen Organisationen leichter statt als ohne diese Vertrautheit.

Natürlich ist eine solche Zusammenarbeit zwischen Kunden und Lieferanten insbesondere bei großen Projekten von Bedeutung. Aber auch Interaktionen in einem überschaubaren (Teil-)Projekt profitieren in der Regel von den Grundgedanken partnerschaftlicher Zusammenarbeit. Allerdings zeigt sich der Nutzen der Zusammenarbeit erst ab einer bestimmten kritischen Masse. Diese kritische Masse für die jeweilige Situation auszumachen, ist eine der vornehmsten Aufgaben der Führungskräfte des ausschreibenden Auftraggebers und ihrer Pendants bei den IT-Lösungspartnern. Die General Sourcing Agency (GSA) der US-Bundesbehörden liefert ein Beispiel für eine Einheit, in der der Kunde Einkaufsmacht bündelt, um eine solche kritische Masse zu erreichen.

Von der Privatwirtschaft lernen: Lieferanten einbinden

Bei der partnerschaftlichen Zusammenarbeit kann der öffentliche Sektor von der Privatwirtschaft lernen. Über die letzten zehn, fünfzehn Jahre hat sich in den Industrien, die im harten Wettbewerb zur Entwicklung innovativer Produkte gezwungen sind, ein Prozess etabliert, der „Early Supplier Involvement" (ESI, „Frühe Lieferanteneinbindung") genannt wird. Danach werden Lieferanten zum frühestmöglichen Zeitpunkt in die Produktentwicklung einbezogen. Diese Methode, die in den achtziger Jahren in der japanischen Automobilindustrie erprobt wurde, ist in vielen Branchen mittlerweile zum Standardmodell für die Zusammenarbeit avanciert. Viele IT-Anbieter beispielsweise praktizieren sie mit ihren Zulieferern. Diese Erfahrungen können auf die Kooperation zwischen öffentlichem Auftraggeber und seinen IT-Lieferanten übertragen werden.

Early Supplier Involvement (ESI) entspricht vergabetechnisch am ehesten ein wettbewerblicher Dialog (angemessen honoriert) mit mehreren potenziellen Partnern im Vorfeld einer gemeinsamen Entwicklung. Besteht schon ein Rahmenvertrag mit einem Partner bezüglich verwandter Entwicklungsthemen, wird man im Sinne von ESI darauf zurückgreifen (vgl. Kapitel 6).

Die folgende Abbildung listet die zwölf wesentlichen Faktoren für eine erfolgreiche Zusammenarbeit entsprechend dem Early Supplier Involvement auf:[70]

---

[70] J. Nihtilä/F. Bidault, Sensitivities of Shared Product Development, in: D.A. Marchand/T.H. Davenport/T. Dickson (Hrsg.), Mastering Information Management, FT Prentice Hall, 2000.

Wesentliche Faktoren erfolgreicher Zusammenarbeit zwischen Kunden und Lieferanten in gemeinsamen Entwicklungen
❶ Mitarbeiter des Lieferanten sind Mitglieder/Teilnehmer im Team des Kunden
❷ Es besteht eine direkte funktions-/organisationsübergreifende Kommunikation
❸ Lieferant und Kunde haben gemeinsame Trainings
❹ Lieferant und Kunde haben ein gemeinsames Informationssystem mit einem gemeinsamen Begriffsverzeichnis
❺ Einige Mitarbeiter vom Lieferanten und Kunden arbeiten dauerhaft in gemeinsamen Räumlichkeiten
❻ Technologie wird gemeinsam genutzt
❼ Formale Prozesse zur Stärkung vertrauensvoller Zusammenarbeit sind aufgesetzt
❽ Informationen über die Anforderungen des Kunden werden gemeinsam genutzt
❾ Informationen über Technologien werden uneingeschränkt gemeinsam genutzt
❿ Lieferant und Kunde teilen sich physische Assets (Equipment und anderes mehr)
⓫ Formale Vereinbarungen zur Teilung von Risiken und Nutzen liegen vor
⓬ Einigung zwischen Lieferant und Kunde über beiderseitige Leistungsmessung liegt vor

Quelle: J. Nihtilä/F. Bidault, Sensitivities of Shared Product Development, in: D.A. Marchand/T.H. Davenport/T. Dickson (Hrsg.), Mastering Information Management, FT Prentice Hall, 2000

Diese zwölf Faktoren können auf vier Erfolgsvoraussetzungen einer erfolgreichen partnerschaftlichen Zusammenarbeit verdichtet werden:

- **Menschen zusammenführen.** Es sollten gemeinsame Teams von Kunden und Lieferanten gebildet werden. Diese Teams sollten in gemeinsamen Räumlichkeiten arbeiten und in gemeinsamen Trainings weitergebildet werden.

- **Sprachbarrieren überwinden.** Mitarbeiter, Führungskräfte und Entscheider müssen lernen, die gleiche Sprache zu sprechen. Insbesondere müssen die Lieferanten lernen, die Anforderungen des Kunden zu verstehen.

- **Systeme und Technologien gemeinsam nutzen.** Kunden und Lieferanten sollten auf einer gemeinsamen Software- und Hardwarebasis arbeiten. Die technischen und informatorischen Möglichkeiten des einen Partners sollten von den Mitarbeitern des anderen Partners genutzt werden können.

- **Vertrauen schaffen und Controlling etablieren.** Vertrauen ist gut, Kontrolle ist besser. Die Basis der Partnerschaft sollte in formalen Vereinbarungen festgehalten werden und durch regelmäßige Leistungsmessung kontrolliert werden.

Neben diesen Erfolgsvoraussetzungen, die in der Privatwirtschaft wie im öffentlichen Bereich gelten, sind im öffentlichen Bereich noch zwei weitere Aspekte von besonderer Bedeutung:

- **Interessenkongruenz sicherstellen.** Die Interessen von privatem Lieferanten und öffentlichem Kunden können stark abweichend sein. Hier gilt es, einen sinnvollen Ausgleich herzustellen.

- **Zukunft mitgestalten.** Durch eine partnerschaftliche Zusammenarbeit allein werden die Chancen zur weiteren Professionalisierung des öffentlichen Sektors nicht ausgenutzt. Für die IT-Lieferanten gilt es, die Nachfrage proaktiv mitzugestalten – nicht im Sinne einer Manipulation, sondern als partnerschaftliche Unterstützung.

Im Folgenden vertiefen wir diese sechs Erfolgsvoraussetzungen im Zusammenwirken von IT-Lieferanten und öffentlichen Kunden. Abschließend gehen wir auf die Entwicklungen in Großbritannien ein, die in vielen Aspekten Vorbild für Deutschland sein können.

Menschen zusammenführen

Eine effektive, organisationsübergreifende Teamarbeit ist das Erfolgsrezept Nummer eins. Die Zusammenarbeit wächst und gedeiht am besten, wenn es menschelt. Technokratisch angelegte bzw. motivierte Systemverbünde sind hingegen eher zum Scheitern verurteilt, da sich hier kleinste Missverständnisse rasch zu Projektkrisen aufschaukeln können.

Wie bereits beschrieben, sind bei einem IT-Projekt der Projektleiter und sein Team von besonderer Bedeutung. Dies gilt natürlich auch für die Zusammenarbeit von öffentlichem Auftraggeber und privatwirtschaftlichem Auftragnehmer. Damit eine fruchtbare Zusammenarbeit entsteht, sollten gemeinsame Teams von Kunden und Lieferanten gebildet werden. Diese Teams sollten **in gemeinsamen Räumlichkeiten** – am besten beim Kunden vor Ort – arbeiten. Sie sollten **in gemeinsamen Trainings** weitergebildet werden. Bei der Ausgestaltung der Trainings sollte sowohl das Wissen des öffentlichen Kunden als auch des IT-Lieferanten eingehen. Ein gutes gemeinsames Training startet mit Themen, die gegenseitige Familiarität schaffen und in praktischen Fallstudien sukzessive die Andersartigkeiten der Partner überwinden helfen. In der Privatwirtschaft wird der Gedanke der gemeinsamen Teams oft konsequent weitergedacht, um besser mit Kundenfirmen zusammenzuarbeiten: So werden einige Mitarbeiter – in der Regel einvernehmlich – abgeworben, um das Verständnis für den Kunden zu erhöhen und die Basis für eine Zusammenarbeit zu verbessern. Im öffentlichen Sektor ist diese Prozedur erstaunlicherweise noch weitgehend ungenutzt. Man stößt eigentlich nur beim Militär darauf, wo Auftragnehmer oft ehemalige Offiziere oder andere Sicherheitsstufenträger beschäftigen, und das nicht immer ganz freiwillig – der Staat will es so. Außerhalb der Bundeswehr sind Beispiele rar gesät: Microsoft hat z. B. den ehemaligen Berliner Senator Wolfgang Branoner in die Chefetage geholt, SAP hat mit Jürgen Bender und Torsten Koß zwei Führungskräfte in seinem Public Sector mit Berufserfahrung aus der öffentlichen Verwaltung. Harald Lemke, der heute Staatssekretär der Hessischen Landesregierung ist, hat die Privatwirtschaft bei Nixdorf und IBM kennen gelernt.

Sprachbarrieren überwinden

Kaum jemand schreibt oder spricht über sie, obwohl sie schon mancher Produktentwicklung in der Industrie den Garaus gemacht haben: Sprachbarrieren. Ein gemeinsames Verständnis zwischen Kunden und Lieferanten scheitert oft daran, dass unterschiedliche Organisationen unterschiedliche Begriffe verwenden. Ob bei Namensgebungen, Schlüsselverzeichnissen, Strukturierungsmerkmalen oder Dokumentationsstandards: Sie sprechen verschiedene Sprachen. Sie verwenden unterschiedliche Terminologien und meinen doch dasselbe. Oft sind diese Terminologien tief verwurzelt, so dass schon eine neue Nummerierung von Dokumenten auf Unverständnis stößt. Außenstehenden, die mit einer Begriffswelt nicht vertraut sind, tun sich Verständnishürden auf, die sie nicht einmal sofort bemerken. Im Gegenteil: Es kann passieren, dass man monatelang aneinander vorbeiredet, bis man entdeckt, dass die gleiche Vokabel im spezifischen Kontext eine völlig andere Bedeutung hat.

Ein Beispiel soll dies verdeutlichen: Im Rahmen verschiedener Projekte eines für mehrere Bundesländer tätigen IT-Dienstleisters hat das Wort „Einkommen" für erhebliche Verwirrungen gesorgt. Der externe Dienstleister verstand unter Einkommen zunächst seine Bezüge aus dem Projekt. Die Verwaltung verwandte dagegen gleich eine Vielzahl unterschiedlicher Einkommensbegriffe innerhalb des Steuerrechts, des Bafög oder der Arbeitslosenversicherung. Dazu kamen die jeweils bundeslandspezifischen Interpretationen des Begriffs. Es galt also, zunächst einmal eine gemeinsame Sprache zu erlernen.

Damit eine Kooperation gelingt, ist ein Minimum an gemeinsamer Informations- und Dokumentenstruktur notwendig, derer sich alle Beteiligten eines Projekts bedienen können. Dieses Depot sollte auch ein kleines Lexikon enthalten, in dem die wesentlichen Begrifflichkeiten explizit definiert und über einen formalen Autorisierungsprozess abgesegnet worden sind. Werden gleiche Begriffe bereits mit unterschiedlichen Bedeutungen in den Begriffslexika der Anwendungssysteme verschiedener Organisationen hinterlegt, so ist das auch meist der Beleg, dass praktisch Unterschiedliches gemeint ist – und umgekehrt, wenn scheinbar unterschiedliche Begriffe „technisch identisch" definiert abgelegt sind. Hier bleibt einem nichts anderes übrig, als in die Details der Begriffsdefinitionen einzusteigen und gegebenenfalls Übersetzungstabellen und gemeinsame „Datenwarenhäuser" anzulegen.

Derartige **gemeinsame Begriffsdefinitionen** können für den Lieferanten eine signifikante „Anfangsinvestition" darstellen, die für die Abwicklung eines einzelnen Auftrags schwer zu rechtfertigen ist. Hier sind Phantasie und Mut gefordert, in eine längere Zusammenarbeit zu investieren. Über Zeit kann dann ein gemeinsames Begriffsverzeichnis zum gemeinsamen Wissensnetzwerk heranreifen.

In diesem Synchronisierungsprozess der Sprachen gilt es natürlich, die richtige Balance zwischen notwendiger Begriffsabstimmung und übertriebener Definitis zu finden. Aber: Die Gefahr der Überkommunikation ist meist gering, das Risiko dauerhafter Fehlkommunikation dagegen stets vorhanden.

Systeme und Technologien gemeinsam nutzen

Kunden und Lieferanten sollten in gemeinsamen Projekten auf einer gemeinsamen Software- und Hardwarebasis arbeiten, damit die technischen und informatorischen Möglichkeiten des einen Partners voll von den Mitarbeitern des anderen Partners genutzt werden können. Das klingt wie eine Selbstverständlichkeit, doch die Ausschreibung des Auftraggebers aus dem öffentlichen Sektor muss dies auch zulassen. Leider wird heute häufig in den Ausschreibungsvorgaben ausgeschlossen, dass auf der Plattform, auf der der privatwirtschaftliche Partner beste Erfahrungen und Referenzen vorzuweisen hat, aufgesetzt werden kann. Stattdessen gibt man sich neue Methoden, Verfahren und Entwicklungswerkzeuge vor, die dann zwar gemeinsam sind, aber nur begrenzt Lernerfahrungen nutzen. Dies sollte in der zukünftigen Ausschreibungspraxis als Vereinfachung bzw. Auswahlkriterium stärker Berücksichtigung finden. Nur so werden gemeinsame, bewährte Lernplattformen erfolgreiches Early Supplier Involvement gewährleisten.

Vertrauen schaffen und Controlling etablieren

Vertrauen, nicht Misstrauen, zählt zu den wichtigsten Erfolgsfaktoren für eine IT-Zusammenarbeit. Vertrauen meint den grundsätzlichen Glauben, dass ein Individuum (bzw. eine Organisation) sich so verhält, dass sie der gemeinsamen Sache dient – selbst oder sogar gerade wenn unvorhergesehene Umstände eintreten. Vertrauen spielt eine maßgebliche Rolle und ist durch nichts zu ersetzen. Je riskanter ein gemeinsames Unterfangen, umso wichtiger wird es, dass sich die Partner nahezu uneingeschränkt aufeinander verlassen können. Vertrauen kann man in Sekunden oder über Nacht verlieren – die kleinste Indiskretion bzw. Unprofessionalität reicht dafür aus. Deshalb sind zuverlässige Partner auch ein enorm wertvolles Gut, zumal der Aufbau von Vertrauen zwischen ganzen Organisationen ein langwieriger, fragiler und teurer Prozess ist.

Dies mag wie ein altmodischer oder romantischer Appell klingen, ist aber ernst gemeint. Die Zeiten, in denen man an die Ehrlichkeit, Integrität und Kompetenz seiner Geschäftspartner nur glauben konnte, sind vorbei. Aufgrund des heute nahezu perfekten Informationsflusses kann dieser Glaube zunehmend durch nachweisbares Wissen ersetzt werden. Ein Kooperationsmodell besteht aber nicht nur aus wohl definierten Transaktionen, sondern viel stärker aus mannigfaltigen Interaktionen und Relationen unter Menschen. Diese Beziehungen sind enorm komplex in ihrer interorganisatorischen Verwobenheit und können schwerlich alle „vermessen" werden. Um eine gute Zusammenarbeit sicherzustellen, ist hier Vertrauen auch künftig unabdingbar.

Sowohl die gemeinsame Entwicklung von Produkten als auch von IT-Lösungen bedürfen daher eines sorgfältigen Designs der Zusammenarbeit. Dies beginnt bei der Auswahl und Vorbereitung der Teammitglieder und mündet in ein dauerhaftes, geduldiges Monitoring aller Faktoren, die für die Kooperation wichtig sind. Nur die beste Vorbereitung stellt sicher, dass auch leiseste Bedenken oder Vorurteile hinsichtlich der Leistungsfähigkeit der Partner frühzeitig auf den Tisch kommen und offen besprochen werden können.

Ein Lieferant muss sich natürlich fragen, inwiefern ständige Nachforderungen im Verlaufe des Projekts – mit dem Ziel, spitz kalkulierte Einstiegspreise nachträglich wettzumachen –, mit einer vertrauensvollen Zusammenarbeit zusammenpassen. Umgekehrt kann es nicht sein, dass der Kunde ständig neue Anforderungen einbringt und kostenlos erfüllt bekommt – eine vernünftige Balance muss gerade in diesem Punkt gefunden werden (vgl. Kapitel 8 zu beidseitig fairem Änderungsmanagement).

Partnerschaften bergen Abhängigkeitsrisiken. Oft werden die wirtschaftlichen Vorteile die Risiken überwiegen. Allerdings muss der öffentliche Auftraggeber die Partnerschaft managen. Beim Outsourcing von Geschäftsprozessen (siehe dazu die später dargestellten Beispiele aus Großbritannien) gewinnt der öffentliche Kunde Freiheit. Er muss sich nicht mehr um Prozesse kümmern, die für ihn strategisch unwichtig sind und womöglich nur viel zu teuer zu erledigen wären. Eine solche geschäftliche Partnerschaft ist aber durch wettbewerbsfähige Servicelevelvereinbarungen abzusichern.[71] Ein Minimum an Controllingressourceneinsatz ist für die regelmäßige

---

[71] Zum Thema Servicelevelvereinbarungen vgl. z. B. D. Brown/S. Wilson, The Black Book of Outsourcing, Wiley, 2005.

Überprüfung der Einhaltung der Servicelevelvereinbarungen auftraggeberseitig unabdingbar. Ist man dauerhaft unzufrieden, müssen solche Business-Ehen auch nicht ewig halten: Die britische Steuerbehörde beispielsweise hat erfolgreich ihr gesamtes ursprüngliches Servicepartnerkonsortium Accenture/EDS durch Cap Gemini/Fujitsu ausgetauscht.

Interessenkongruenz sicherstellen

Noch bevor sich die Teams zusammenschweißen und sich das gegenseitige Vertrauen einstellt, bedarf es einer Selbstverständlichkeit: der vollen Übereinstimmung der Interessen beider Seiten. Dies ist allerdings gerade in der Zusammenarbeit zwischen öffentlichen Auftraggebern und privaten Auftragnehmern nicht immer gewährleistet. Der Auftraggeber neigt gerade kurz vor Wahlterminen dazu, Mehrwert stiftende wirtschaftliche Pläne mit medien- bzw. öffentlichkeitswirksamen Vorhaben zu kreuzen. In diesem Fall muss der privatwirtschaftliche Partner auf der Hut sein, nicht in populistische Leistungs- und Terminversprechen hineingezogen zu werden, die von vornherein keine Chance haben, gehalten zu werden – jedenfalls nicht mit den veranschlagten Leistungs-, Budget- und Terminzielen.

Ein prominentes Beispiel ist hier Toll Collect. Der Vertrag über das Lkw-Erfassungssystem wurde zwei Tage vor der Bundestagswahl 2002 mit anspruchsvollsten Zielen, die natürlich auch politisch motiviert waren, verkündet. Die Erfüllung der Vorgaben führte zu ernsthaften Auseinandersetzungen zwischen dem Kunden und den Lieferanten. Erst im zweiten Anlauf wurde das Projekt zum Erfolg. Wichtige Ursachen für den Erfolg im zweiten Durchgang waren, dass der Leistungsumfang deutlich reduziert wurde und der Terminplan dadurch realistisch wurde.

Es bleibt offen, inwieweit der Auftragnehmer unter dem Druck praktisch und politisch in der Lage ist, Nein zu sagen. Fest steht aber, dass es immer besser ist, eine ernsthafte Auseinandersetzung über die nicht voll kongruente Interessenlage zu suchen, als den Ärger auf später zu verschieben. Leider beherzigen das die Beteiligten nicht immer – deshalb ist Interessenkongruenz nicht selbstverständlich.

Zukunft mitgestalten

Die partnerschaftliche Zusammenarbeit von Kunden der öffentlichen Hand und Lieferanten der Privatwirtschaft können wie beschrieben für beide von Vorteil sein. Es ist möglich, durch eine solche Zusammenarbeit den öffentlichen Sektor weiterzuentwickeln. Es bestehen allerdings weitere, bisher vielfach ungenutzte Möglichkeiten. Um diese zu erschließen, sollten die IT-Lieferanten ihre Rolle bei der Weiterentwicklung des öffentlichen Sektors grundsätzlich überdenken. Um die Chancen zur weiteren Professionalisierung des öffentlichen Sektors vollständig auszunutzen, wird es notwendig sein, dass IT-Lieferanten in eine Position gelangen, wo sie die **Nachfrage proaktiv mitgestalten** können. Dabei geht es nicht um Manipulation, sondern um partnerschaftliche Unterstützung.

Die IT-Lieferanten sollten ihre Kernkompetenzen und Erfahrungen mit anderen Kunden der öffentlichen Hand und Kunden der Privatwirtschaft einbringen. Der privatwirtschaftliche Mitgestalter kann seinen Auftraggeber so insbesondere in Fragen der Wirtschaftlichkeit bestimmter Vorhaben erziehen. Angenommen, eine Kommune will ein E-Government-Projekt für eine elektronische Signatur auflegen und rechnet dabei mit der vollen Akzeptanz und Zahlbereitschaft der breiten Bevölkerung. Wäre es da nicht die Pflicht des Partners, seinem Auftraggeber beizubringen, dass der einfache Bürger mit seinen 1,5 Amtsbesuchen im Jahr vermutlich nicht bereit ist, so viel Geld für eine elektronische Signatur zu zahlen? Im Gegensatz etwa zu Rechtsanwälten, Notaren oder Immobilienmaklern, die dadurch eine Menge Zeit und Geld sparen könnten und deshalb bereit wären, angemessen zu investieren.

Die Lieferanten stehen in der Pflicht, die Besonderheiten der öffentlichen Hand zu verstehen und zu hinterfragen. So gibt es strukturell bedingte Phänomene der öffentlichen Hand, die bei IT-Anbietern und -Beratern Kopfschütteln auslösen. Warum, fragt man sich, unterscheidet sich die IT für die Serviceprozesse sehr ähnlich operierender Behörden in einem Bundesland oder einer Gemeinde oft deutlich? Warum wird in unterschiedlichen Bundesländern oder Städten für gleiche Fragestellungen das Rad individuell und neu erfunden? Die Antwort ist in der Regel das föderale System der Bundesrepublik und das Autonomiestreben der Kommunen.

Dies mag für strategische IT-Investitionen sinnvoll und erstrebenswert sein, um den Standortwettbewerb zwischen den Ländern und Gemeinden über die IT anzufachen – so er denn gewünscht ist. Für operative IT-Investitionen in vergleichbare Servicedienste erscheint die Vielfalt hingegen gesamtwirtschaftlich wenig sinnvoll, um nicht zu sagen verschwenderisch.

IT-Anbieter betrachten diesen Zustand mit einem lachenden und einem weinenden Auge. Als Steuern zahlende Bürger wünschen sie sich sicher mehr Kosten senkende Einheitlichkeit und Harmonie bei der IT. Als Unternehmer dagegen müssen sie an Umsatz und Gewinn denken – und leben von dieser vermeintlichen Vergeudung. Doch dieses Denken ist zu kurz angelegt und muss dringend über das Geschäftsjahr des Unternehmens, an dessen Ende die Umsatzprämien verteilt werden, hinausreichen. Im Rahmen einer partnerschaftlichen Mitgestaltung gilt es, diese Besonderheit nicht auszunutzen, sondern zu hinterfragen und dabei zu helfen, Missstände zu bereinigen. Anbieterseitige Anreizsysteme mit mehrjährigem Horizont und Ausrichtung auf nachhaltig erzielte Vereinheitlichung bzw. Harmonisierung scheinen angezeigt. Wir wissen, das ist leichter gesagt als getan und zählt zu den großen Herausforderungen für IT-Anbieter in den nächsten Jahren.

In Deutschland wird eine mitgestaltende Rolle bisher nur von einzelnen Anbietern und häufig auch erst ansatzweise wahrgenommen. Das Unternehmen IBM spielt durch seinen kräftigen Einsatz bei D21 und BundOnline 2005 bzw. Deutschland Online eine mitgestaltende und tragende Rolle. Dies gilt insbesondere für die Zusammenarbeit mit dem Bundesministerium des Inneren. Auch SAP hat mindestens bei den großen deutschen kommunalen Verwaltungen reichlich Potenzial, mitzugestalten. So konnte SAP bereits in über 250 Kommunen mit seiner Software den betriebswirtschaftlichen Standard setzen. T-Systems und Siemens Business Services haben ebenfalls viel Potenzial zur Mitgestaltung der öffentlichen IT-Landschaft Deutschlands.

Aber nicht nur die Lieferanten erfüllen in Deutschland noch nicht den vollen Anspruch an eine Mitgestaltung. Die Kunden bieten ihnen dafür oft nicht annähernd ausreichende Möglichkeiten.

Auch hier können die öffentlichen Auftraggeber noch von der Privatwirtschaft lernen: Während bei rein operativen Servicebeziehungen für zunehmend kommoditisierende IT-Infrastrukturdienste der Preis das maßgebliche Kriterium für die Zusammenarbeit darstellt, setzt eine Kunden-Lieferanten-Partnerschaft in der Privatwirtschaft bei strategischen IT-Themen (womit sich die einzelne Behörde auch gegenüber dem Kunden differenzieren kann) deutlich stärker auf die Kompetenzen und Erfahrungen, die der Partner für IT-Services und/oder -Produkte einbringt. Die in einer solchen strategischen Zusammenarbeit entstehenden Abhängigkeiten muss der Auftraggeber über die Zeit ausbalancieren, da er selbst ein starkes Interesse am Auf- bzw. Ausbau der differenzierenden Fähigkeiten hat.

Für die IT-Anbieter wäre eine derartige strategische Nachfrage aus dem öffentlichen Sektor wünschenswert. Nur so haben sie die Chance, ihre Angebote qualitativ stärker zu differenzieren und sich eher über Nutzen- bzw. Wertbeiträge abzusetzen. Diese Nachfrage nach strategischer IT-Unterstützung setzt natürlich eine höhere Risikobereitschaft beim Auftraggeber voraus, denn die Einkaufsentscheidung wird meist vielschichtiger und damit schwieriger.

Voraussicht, Mut und Durchsetzungsfähigkeiten für solche strategischen IT-Investitionen werden in der Privatwirtschaft honoriert; im öffentlichen Bereich dominieren hier meist noch Zurückhaltung und Vorsicht. Ein bisschen mehr Courage, die Chancen zu nutzen, die der servicedifferenzierende IT-Einsatz bietet, ist hier wünschenswert. Als Kunde der öffentlichen Hand kann man eine solche Entwicklung nur begrüßen, stellt sie doch sicher, dass der Dienstleistungsgedanke stärker in den Vordergrund tritt.

Beispiel Großbritannien: Partnerschaftliche Zusammenarbeit und Mitgestaltung

Großbritannien ist in Bezug auf eine Partnerschaft von öffentlichen Kunden und IT-Lieferanten weiter entwickelt als Deutschland. Hier füllen viele Anbieter (so z. B. Accenture, Atos Origin, Cap Gemini, Capita, EDS, IBM GS, Microsoft, Oracle, SAP und SBS) eine mitgestaltende, vertrauensvoll partnerschaftliche Rolle gegenüber ihren öffentlichen Auftraggebern aus.

Diesen Zustand zu erreichen, hat allerdings Jahre der guten Zusammenarbeit gebraucht. Erst musste die gemeinsame Überzeugung wachsen, dass man auf diese Weise deutlich mehr bewirken und bewegen kann, als wenn man mit geschäftlicher Nüchternheit kooperiert und der Kunde die Risiken weitgehend alleine tragen muss.

In Großbritannien haben mehrere Behörden ihren IT-Servicepartnern wichtige IT-Systeme, aber auch Anwendungen und sogar ganze Verwaltungsprozesse komplett anvertraut (siehe auch Kapitel 10 und 11 zu Government Process Outsourcing). Die öffentlichen Institutionen sehen keine Notwendigkeit, solche Aufgaben selbst wahrzunehmen. Die Auslagerung der Abteilung für die Vergabe und Verwaltung der digitalen Pässe liefert ein gutes Beispiel für diese erstaunliche Öffnung (vgl. detaillierte Beschreibung in Kapitel 10). Auch die Mitgestaltung durch die Privatwirtschaft wird hier gerne angenommen. So hat die Stadt London für die Innenstadt eine Straßenmaut eingeführt, die neue Einkommensquellen erschließt und völlig neue Steuerungsmöglichkeiten schafft. Möglich wurde dies durch das Nutzen eines neuen IT-Systems.

Straßenmaut in der Londoner Innenstadt („Congestion Charging Scheme")[72]

Der Bürgermeister von London hat ein zentrales Problem: die Verkehrsbelastung, insbesondere in Central London. Für ihn ist es eine wichtige Aufgabe, Staus zu reduzieren, die Fahrzeiten in der Innenstadt zu verkürzen und die Qualität der Infrastruktur zu verbessern. Um diese Ziele zu erreichen, sollte für die Innenstadt eine Straßenmaut, das so genannte Congestion Charging Scheme, eingeführt werden. Die Frage war nur: Wie macht man das gut, schnell und sicher? Die Anforderungen waren hoch. Schnell hatte man sich entschieden, den gesamten Prozess an einen privaten Anbieter zu vergeben.

Die Einführung dieser Maut liefert eine echte Erfolgsgeschichte für das Business Process Outsourcing (BPO; vgl. Kapitel 10) an einen privaten Partner. Das System ist bis dato das größte IKT[73]-Projekt in Großbritannien und das größte Verkehrsmanagementprojekt weltweit. Es wurde im Rahmen einer Public-Private Partnership (PPP) entwickelt und umgesetzt – und zwar termingerecht in einer geradezu atemberaubenden Geschwindigkeit: Zwischen Vertragsunterzeichnung und Inbetriebnahme im Februar 2003 lagen

---

[72] Central London Congestion Charging Scheme – Impact Monitoring, Summary Review, Transport for London, 2005; Presseerklärungen von Capita.
[73] Informations- und Kommunikationstechnologie.

gerade einmal elf Monate. Privater Partner des öffentlichen Transport for London (TfL) ist die Capita Group Plc. Capita ist mit einem Umsatz von rund 1,9 Milliarden Euro (2004) und einem Marktanteil von rund 26 Prozent der größte BPO-Dienstleister in Großbritannien.

Das Londoner City-Mautsystem funktioniert grundlegend anders als das deutsche Autobahn-Mautsystem Toll Collect – sowohl konzeptionell als auch technologisch. Die Maut gilt nur in dem durch die Inner Ring Road definierten Innenstadtbereich. Dieser Bereich hat eine Fläche von rund 21 Quadratkilometern; das sind rund 1,3 Prozent der Fläche von Greater London. Der Verkehr wird sowohl innerhalb der Innenstadt als auch an den 174 Ein- und Ausfahrten dieses Bereichs durch 230 Kameras überwacht. Darüber hinaus gibt es mobile Kontrolleure. Die fest installierten Kameras fotografieren die Nummernschilder aller passierenden Fahrzeuge (Automatic Number Plate Reader, ANPR). Durch die so genannte X-Wave-Technologie können die Nummernschilder auch bei schlechten Wetterbedingungen gelesen werden. Die erfassten Nummernschilder werden mit einer Datei sämtlicher Einfahrerlaubnisse abgeglichen. So wird die Gebührenpflicht der Verkehrsteilnehmer ermittelt. Die Bilder der erfassten Nummernschilder werden chiffriert und digital codiert, um die Fälschungssicherheit zu gewährleisten.

Einfahrerlaubnisse können beispielsweise für einen Tag, eine Arbeitswoche oder ein Jahr erworben werden. Die Gebühr für einen Tag betrug bis Mitte 2004 fünf Pfund; danach wurde die Gebühr auf acht Pfund angehoben. Mautzeiten sind täglich zwischen 7.00 und 18.30 Uhr. Von der Mautpflicht sind beispielsweise Behinderte, Taxis, Busse, Motorräder oder Notfallfahrzeuge ausgenommen. Umweltfreundliche Fahrzeuge mit Gas- oder Stromantrieb sind ebenfalls freigestellt. Anwohner zahlen eine um 90 Prozent reduzierte Gebühr. Die Bezahlung kann per Telefon (persönlicher Ansprechpartner oder Spracherkennung), Internet, SMS oder bei ausgewählten Händlern (Shops, Kioske, Tankstellen) erfolgen. Alles in allem keine unbeherrschbare Aufgabe, aber doch eine Vielzahl komplexer Anforderungen an die Umsetzung.

Der Vertrag mit Capita läuft über fünf Jahre und kann um zwei Jahre verlängert werden. Als Vertragsvolumen werden 230 Millionen Pfund angegeben. Dem Vertrag zufolge ist Capita für den gesamten Geschäftsprozess zuständig: Kundenbetreuung in Multikanal-Servicecentern, die eine Gebührenzahlung per Telefon, Internet oder auch SMS ermöglichen; Kontrolle des Verkehrs über Kameras; Durchführen der Backoffice-Verwaltungsprozesse und Management eines Händlernetzwerks, das Gebührenzahlungen bei Händlern wie Shops, Kiosken oder Tankstellen ermöglicht. Um es deutlich zu sagen: Der gesamte Geschäftsprozess ist hier ausgelagert. Hoheitliche Aufgabe hin oder her.

Capita ist nicht als einziges Privatunternehmen an dem System beteiligt. Für die Entwicklung wurde Mastek, ein indisches Systemintegrationsunternehmen, von Capita als Technologiepartner ausgewählt. Mastek hat dieses bis zum damaligen Zeitpunkt weltweit größte .NET-Projekt maßgeblich implementiert und erhielt von Microsoft dafür eine Auszeichnung. Der Aufbau der vollen Entwicklungstruppe von Mastek in drei Monaten von zehn auf etwa 80 Mitarbeiter wäre ohne den indischen „Backbone" von Mastek in der Zeit sicher nicht möglich gewesen. Initial Electronic Security Systems (IESS) ist für die Aufstellung und die Wartung der Kameras zuständig. Das Vertragsvolumen betrug hier rund acht Millionen Pfund. Die Kameras sind mit der Datenbank durch ein Telekommunikationssystem verbunden, das von COLT Telecommunications und BT RedCare Vision entwickelt und zur Verfügung gestellt wurde.

Wie steht es nun um den Nutzen aus dem Projekt? Durch die Einführung der Maut wurde die Verkehrslage deutlich verbessert. Rund ein Jahr nach Einführung waren Verkehrsstaus in der Innenstadt um 30 Prozent reduziert worden (höchstens ein kleiner Anteil dieser Verbesserungen kann auf den Rückgang des Verkehrsaufkommens durch ein Nachlassen der wirtschaftlichen Entwicklung zurückgeführt werden). Die Verzögerung je Fahrkilometer konnte von 2,3 Minuten um 20 bis 40 Prozent reduziert werden. Durch die Erhöhung der durchschnittlichen Geschwindigkeiten um 25 Prozent konnte neben dieser Reisezeitreduzierung auch eine Verminderung der Luftverschmutzung erreicht werden. Außerhalb der Mautzone wurde der Verkehr nicht erhöht; in der Nähe der Mautzone konnte der Verkehr vielmehr im Mittel um 2 Prozent reduziert werden. Die Wartezeiten an Bushaltestellen aufgrund von Verspätungen oder Ausfällen gingen stadtweit um über 20 Prozent, in der Mautzone um über 30 Prozent zurück.

Der Service ist auf einem hohen Niveau stabil. Über 90 Prozent der Fahrzeuge werden von den Kameras erkannt. Das Callcenter in Coventry, das sowohl Zahlungen verwaltet als auch Fragen und Beschwerden beantwortet, hat jeden Monat zwischen 250.000 und 300.000 Anrufer. Die Qualität wird regelmäßig gemessen (z. B. auch durch Testkunden, so genannte Mystery Shopper). Die durchschnittliche Wartezeit bei einem Callcenter-Anruf liegt ständig unter 20 Sekunden. Weniger als 1 Prozent der Anrufer legen auf, bevor sie einen Ansprechpartner erreichen. Nur 0,01 Prozent aller Rechnungen sind fehlerhaft. Täglich werden etwa 96.000 Zahlungseingänge bearbeitet. Es wird erwartet, dass zwischen 130 und 150 Millionen Pfund Erlöse zur Verbesserung der Verkehrsinfrastruktur genutzt werden können.

Ein vergleichbares System wurde bereits im Oktober 2002 von der walisischen Stadt Durham eingeführt. Ähnliche Systeme gibt es auch in Singapur, den Niederlanden und Schweden. Bristol (2006) und Edinburgh (2007) wollen auch eine solche Innenstadtmaut einführen. Andere Städte wie Manchester, Leeds, York oder Bath prüfen ebenso wie Hongkong die Übertragbarkeit des Systems. Die Frage, ob Capita dort Dienstleister werden wird, ist Spekulation. Sicher ist aber, dass sich der Dienstleister im Falle London eine respektable Empfehlung geschrieben hat.

Manche IT-Partner sitzen in Großbritannien aufgrund ihrer technologischen Expertise und Reputation beim Kunden des öffentlichen Sektors im wahrsten Sinne des Wortes mit am Tisch: z. B. zu Themen wie „Neue Sicherheitstechniken".

Die öffentliche Hand in Großbritannien ist ein großer Verfechter von **standardisierten Softwarepaketen**, wie sie der private Sektor schon seit längerem nutzt. So ist Oracle UK beispielsweise präferierter Partner in ausgewählten Anwendungsgebieten des Kundenbeziehungsmanagements, der

Buchhaltung und des Einkaufs und hat mittlerweile gemeinsame Teams für Einkaufslösungen mit öffentlichen Kunden gebildet. Diese Lösungen und Verfahren sollen in absehbarer Zeit weiter vereinfacht und standardisiert werden.

Darüber hinaus hat Premierminister Tony Blair ein Programmbüro eingerichtet, das sich unter anderem der Interfunktion der verschiedenen IT-Lösungen in Verwaltungen und Behörden widmet und IT-Dienstleister zertifiziert.

E-Government Interoperability Framework (eGIF)[74]

Großbritannien hat früher und umfassender als andere Nationen mit E-Government im eigentlichen Sinne Zeichen gesetzt. Im Oktober 2000 verabschiedete die Regierung das E-Government Interoperability Framework (eGIF), um den unterschiedlichen IT-Systemen des öffentlichen Sektors eine störungsfreie Kommunikation zu ermöglichen. Dieser Schritt resultierte einerseits aus Abstimmungsschwierigkeiten zwischen öffentlichem Kunden und privatwirtschaftlichen Lieferanten, andererseits ist er als weise, vorausschauende Entscheidung zu bewerten. Im Einzelnen soll eGIF Folgendes erreichen:

- Schaffung einer 24-Stunden-Non-Stop-Regierung
- Bekämpfung von Bürokratie in der Regierung
- Nahtloser Informationsfluss zwischen öffentlichen Einrichtungen
- Risikoreduzierung bei IT-Projekten im öffentlichen Sektor.

Hinter eGIF steht das Office of the e-Envoy, ein Teil des Delivery and Reform Team des Premierministers, angesiedelt direkt im Kabinett. Dies zeigt bereits: Interoperabilität ist in Großbritannien zur Chefsache erklärt worden. Der Fokus des e-Envoy liegt auf der Qualitätsverbesserung der öffentlichen Dienstleistungen und langfristigen Kostensenkungen. Im Vordergrund steht, Dienstleistungen der Regierung zu vereinheitlichen. Der Kundenbedarf dient dabei als Richtschnur. Der e-Envoy ist dafür verantwortlich, dass

- Alle Dienstleistungen der Regierung bis 2005 elektronisch verfügbar sind
- Die Schlüsseldienstleistungen eine hohe Benutzerquote erreichen.

---

[74] Interoperability Presentations, E-Government Unit, CabinetOffice; VNUnet Newswire, 9. Mai 2003; Presswire, 11. Oktober 2000; Computer Weekly, 18. Mai 2004.

> Das Office of the e-Envoy hat das National Computing Centre[75] im Mai 2004 in einem Dreijahresvertrag über 1,2 Millionen Pfund dazu verpflichtet, die Konformität von Dienstleistern und Regierungseinrichtungen mit dem eGIF-Framework zu bewerten und bescheinigen. Dadurch ergibt sich eine erhebliche Erleichterung für die Anwender. Sie wissen sofort, welcher Dienstleister qualifiziert ist, Systeme zu liefern, die mit eGIF kompatibel sind.[76]

* * *

Wir meinen, die Partnerschaft von Kunde und Lieferanten ist wichtige Basis für den Erfolg von IT-Management im öffentlichen Sektor. Bei entsprechender Änderung der Grundeinstellungen und progressiver Handhabung des Vergaberechts ist eine vertrauensvolle partnerschaftliche Zusammenarbeit möglich – erstrebenswert ist sie allemal. Die Beispiele aus Großbritannien belegen das. Bei der Partnerschaft darf es aber nicht bleiben. Die Mitgestaltung durch die IT-Lieferanten ist eine erforderliche und legitime Rolle für kompetente IT-Lösungspartner, die auf den öffentlichen Sektor setzen. Gerade in Zeiten, in denen der Standort Deutschland, der sich zur Hälfte aus dem öffentlichen Sektor zusammensetzt, mehr Innovationen und eine höhere Wettbewerbsfähigkeit braucht, ist dieser Anspruch zumindest für die führenden IT-Produkt- und Serviceanbieter nicht überzogen.

---

[75] Großbritanniens führende IT-Mitgliederorganisation für Unternehmer, Dienstleister und Regierungsbehörden. Ihr erklärter Fokus sind effektives IT-Management und -Betrieb. Das National Computing Centre beschreibt sich als „Social Enterprise".

[76] Die ersten zertifizierten Dienstleister waren im Juni 2005 Atos Origin, Cable & Wireless, Computacenter, Fujitsu Services, LogicaCMG, Microsoft, Tata Consultancy Services, Thales, Unisys and Xansa.

8. Das Chaos verhindern: Änderungsmanagement

Von Änderungsmanagement spricht man, wenn Umgestaltungen nach Projektstart erforderlich sind und diese gemanagt werden müssen. Ziel ist es, das Projekt trotzdem in geordneten Bahnen erfolgreich zum Ziel zu führen.

Die Eigenheiten des öffentlichen Sektors entstehen durch das besondere Umfeld. Sie sind politisch geprägt (Entscheidungsstau, Vorgaben ohne Kenntnis von IT-Möglichkeiten), von Strukturen bestimmt (hohe Komplexität des Sektors, Gesetzes- und Verordnungslage, haushaltsorientierte Bereitstellung von Mitteln, kaum betriebswirtschaftliche Druckmittel), von Prozessen geleitet (keine Koordination von Änderungsanforderungen, kein Annahmeschluss). Außerdem finden bestimmte Managementfähigkeiten keine ausreichende Anwendung (Risikomanagement, Projektmanagement).

Um diese Eigenheiten, die IT-Projekte behindern können, auszuräumen, bieten sich folgende Lösungen an:

- *Bei **politisch bedingten** Problemen: Schaffung von Entscheidungsvoraussetzungen; Einbindung wesentlicher Betroffener; Rückendeckung durch die Leitungsebene; zurückhaltende Auslegung, was beispielsweise in einer ersten Programmversion nach Gesetzes- oder Verordnungslage enthalten sein muss*

- *Bei **strukturell bedingten** Problemen: autonomes Projektbudget und kameralismusferne Projektorganisation; eine Person hat das letzte Wort; Entscheidungslegitimation durch (politisch) verabschiedete Projektcharta oder Geschäftsordnung; Einrichtung relevanter Gremien, die über die Berücksichtigung oder Nichtberücksichtigung von Änderungsanforderungen entscheiden („Change Board")*

- Bei **prozessbedingten** Problemen: Annahmeschluss für Änderungsanforderungen zumindest an Version 1; Steuerung der Dienstleister durch nur einen verantwortlichen Ansprechpartner

- Bei **fähigkeitsbedingten** Problemen: IT-erfahrene Projektleiter seitens des Auftraggebers; sektorerfahrene Projektleiter seitens der Lieferanten; Erfahrung für den Umgang mit ausgefeilten Nachverhandlungsstrategien der Lieferanten aufbauen oder zukaufen.

Ist ein Projekt im Kern falsch oder schlecht definiert, wird in der Phase des Veränderungsmanagements über den – gegebenenfalls ersatzlosen – Abbruch bzw. eine Intensivheilung entschieden, die in der Regel das System auf seine „lebensnotwendigen" Funktionen reduziert.

Änderungsmanagement: Chance zum Umdenken

SACWIS, das im vorigen Kapitel vorgestellte Softwareprojekt Floridas, wird nach 15-jähriger Projektlaufzeit im Jahr 2005 die ursprünglich budgetierten Kosten fast um das Siebenfache überschreiten: 250 Millionen statt geplanter 32 Millionen US-Dollar. Diese Summe hätte durch ein geschicktes Änderungsmanagement sicher entscheidend verringert werden können. Es gibt auch hierzulande genügend Beispiele für eine ähnliche Misswirtschaft. Doch sie bringen keinen Erkenntniszugewinn, also belassen wir es bei dem amerikanischen Beispiel als Pars pro Toto.

Bisher haben wir uns damit beschäftigt, wie man Projekte richtig definiert, aufsetzt, vergibt und handhabt. Die nächste Herausforderung liegt im Management von Veränderungen im Projektverlauf. IT-Experten nennen dies Change Management oder Change Request Management[77] – und

---

[77] Manchmal auch als Konfigurationsmanagement bezeichnet, was dann wiederum Change Management als einen Bestandteil neben z. B. Versionsmanagement hat. Dies ist aber für die Zwecke des Buches nicht so entscheidend. Daher werden Änderungsmanagement oder Change Management synonym für das Management von Änderungen nach Projektstart benutzt, auch wenn dies strengen Definitionen nicht ganz standhalten mag.

meinen damit etwas völlig anderes als etwa Verwaltungsreformer darunter verstehen würden. Es geht um neue und wechselnde Anforderungen an die IT, die im Laufe des Projekts nach dessen Start (aber vor der Einführung) aufkommen. In dieser Phase liegen die Erfordernisse erfolgreicher IT-Projekte und die Verharrungskultur des öffentlichen Sektors vermutlich am weitesten auseinander.

Die Zielsetzung von Änderungsmanagement, wie wir diesen Teil des Projektmanagementprozesses nun nennen wollen, lässt sich auf zwei wesentliche Punkte reduzieren, die für den öffentlichen Sektor ebenso gelten wie für die Privatwirtschaft:

- **Änderungsanforderungen und -wünsche filtern.** Nur die unabdingbar notwendigen Änderungen werden zugelassen, alles andere wird herausgefiltert.

- **Änderungsanforderungen geordnet und kontrolliert einbringen.** Der Prozess der Identifikation, des Einbringens von Änderungsanforderungen und der Feststellung, was wirklich neu ist und was gegebenenfalls unter die Gewährleistung des Lieferanten fällt, ist klar strukturiert und folgt eindeutigen Regeln.

Worauf ist zu achten beim Änderungsmanagement? Man braucht kein Softwareentwickler zu sein, um eine Vorstellung davon zu haben, dass bestimmte Projekte wie ferngesteuert ins Chaos streben: Heerscharen von Entwicklern brüten an Programmen und Dokumenten. Alles ändert sich laufend, und alles ist miteinander verwoben.

Dennoch gibt es Methoden, solche Entwicklungsprozesse zu koordinieren und zu kontrollieren. In der einschlägigen Literatur finden sich hierzu viele hilfreiche Prozeduren.[78] Wir wollen sie in diesem Kapitel nicht replizieren, sondern die Besonderheiten des öffentlichen Sektors herausarbeiten. Harald Lemke, Staatssekretär und CIO der Hessischen Landesregierung, bringt es

---

[78] Besonders geeignet für einen Kurzüberblick ist unter anderem P. Eilfeld/ K. Schaal/A. Schekelmann, Konfigurationsmanagement, in: J. Siedersleben (Hrsg.), Softwaretechnik – Praxiswissen für Softwareingenieure, Hanser, 2. Auflage, München, 2003.

auf den Punkt: „Die binäre Brutalität der IT widerspricht im Projektverlauf vollständig den Grundlogiken politischen Handelns." IT ist brutal, weil sie die Entscheidungslogiken des öffentlichen Sektors auf brutale Weise beantwortet: Schwammiger Konsens, unpräzise oder zu späte Entscheidungen, willkürliche Terminsetzungen – all das wird bestraft mit Kostenexplosionen, maximalen Verzögerungen und im schlimmsten Fall Nichtfunktionieren durch Überfrachtung und Überkomplexität. Die Welt der IT ist schwarz und weiß, sie kennt die Gnade der Zwischentöne nicht.

Sollte man also aufgeben bzw. damit leben? Eindeutig nein. Eher macht dies Hoffnung. IT-Projekte können nämlich gerade auch deshalb ein wunderbares Disziplinierungsinstrument sein: Für frühzeitige, zügige und eindeutige Entscheidungen und Priorisierungen Also nutzen wir die IT doch lieber in diesem Sinne. Auch das geht.

Spezifische Herausforderungen für erfolgreiches Änderungsmanagement im öffentlichen Sektor

Die Spezifika des öffentlichen Sektors lassen sich grob in vier Teilbereiche gliedern: Sie sind politisch, strukturell, prozess- oder fähigkeitsbedingt.

Politisch bedingt

Politisches Diktum. Meist passiert es nicht aus böser Absicht, aber es passiert: Ein Politiker hat sich in einem öffentlichen Statement auf etwas festgelegt und kann später nicht ohne Gesichtsverlust davon wieder Abstand nehmen. Oder er glaubt, im Hinblick auf einen wichtigen Termin (z. B. Wahlen, Vertragsverlängerung oder Sommerloch) etwas sagen zu müssen. Auch kann ein neues Gesetz einen Termin festlegen, der keine Rücksicht auf IT-Notwendigkeiten nimmt. Nahezu all das kann auch in der Privatwirtschaft passieren. Dort treiben die Bekanntgabe des Quartalsergebnisses, die notwendige Erfolgsmeldung vor der Jahreshauptversammlung oder die Vertragsverlängerung des Vorstands zum Handeln. Dennoch scheint das Phänomen in der Politik ausgeprägter und die Ignoranz gegenüber Ratschlägen der eigenen IT-Manager – so es welche gibt – beständiger zu sein. Politiker scheuen sich eher, im Rahmen des Änderungsmanagements Fehler auch kurzfristig zu korrigieren – was Gesichtsverlust mit sich bringen kann. In diesem Fall ist aber auch wieder der erfahrene Projektleiter gefragt, der sensibel ist für die politische Praxis. Er kann abschätzen, ob er sich unnötigerweise aufs Glatteis begibt oder ob er mutig und ohne Scheu das Ruder umwerfen muss.

Entscheidungskoma. Keine Entscheidungen, unzureichende oder unpräzise Entscheidungen, zu späte Entscheidungen – drei Krankheiten, unter denen der öffentliche Sektor leidet. Beim Änderungsmanagement von IT-Projekten können sie tödlich sein. Hier werden kurzfristige Beschlüsse gebraucht, am besten startet das Projekt gleich mit einem „Entscheidungsvorrat" für Eventualfälle. Während der öffentliche Sektor von Pragmatismus geprägt ist, wo aus Kompromissgründen manchmal die zweitbeste Lösung zur besten wird, gilt das für IT-Projekte nicht. Fünf gerade sein zu lassen, das funktioniert nicht. Hier müssen klare Entscheidungsregeln vorgesehen werden. Entscheider müssen umdenken. Sie müssen entscheiden oder Entscheidungskompetenz delegieren. Ein Verstecken in Mitzeichnungsschleifen geht nicht.

Strukturell bedingt

Komplexität des Sektors. Keine Frage, der öffentliche Sektor ist außerordentlich komplex und folgt eigenen Regeln, wie jeder Novize in Behörden und Verwaltungen schnell feststellt. Die hohen Klippen haben wir an vielen Stellen des Buches beschrieben. Die Implikation für das Änderungsmanagement ist einfach: die Komplexität wächst exponentiell, wenn neue Anforderungen aufkommen. Das macht strukturiertes Arbeiten umso wichtiger.

Gesetzes- und Verordnungslage. Verwaltungsverfahren resultieren aus den Vorgaben des Gesetzgebers und der Rechtsprechung. Das macht es umso schwerer, neue IT-Lösungen in Form mehrerer aufeinander aufbauender Programmversionen (Releases) einzuführen. Üblicherweise werden für die erste Version nur Basisanforderungen berücksichtigt, dann wird nach und nach der Rest der Anforderungen eingebaut. Gesetzliche Vorgaben aber müssen wahrscheinlich bereits in der ersten Version abgebildet sein, wodurch die Komplexität dieser Stufe steigen kann.

Haushaltsorientierte Bereitstellung von Mitteln. Dieses Verfahren ist typisch sogar im fortgeschrittenen Kameralismus und fatal für Projekte jeglicher Art, nicht nur IT-Projekte. Tendenziell wird eher zum Jahresende Geld freigegeben („Dezemberfieber"), über das Haushaltsjahr hinaus vermag niemand zu planen und beschließen. Das Änderungsmanagement erfordert allerdings kurze Entscheidungszyklen, teils sicher auch die Umschichtung von Mitteln. Stop and Go verträgt sich nicht mit Softwareentwicklung. Die Projektorganisation sollte deshalb möglichst kameralismusfern aufgestellt sein.

Kaum betriebswirtschaftliche Druckmittel. Wer klar machen kann, dass das meiste Geld im Chaos von Änderungserfordernissen verschwindet, wird Zustimmung ernten, wenn er ein schlagkräftiges Änderungsmanagement einrichten will. Jeder weiß: Bei IT-Projekten kostet jeder Tag der Nichtentscheidung viel Geld. In Behörden und Verwaltungen mag diese Botschaft zwar pauschal auf der Leitungsebene angekommen sein, die Verluste lassen sich jedoch bis heute mangels betriebswirtschaftlicher Kostenrechnung nur selten einem Verantwortlichen ankreiden. Deshalb entsteht auch kein echter Druck, der zum Handeln zwingt.

Prozessbedingt

Kein Annahmeschluss bei Anforderungen. Für ein erfolgreiches IT-Projekt ist es irgendwann erforderlich, die Diskussion zu beenden und eine erste Version der Software zu erstellen. Dafür müssen die Verantwortlichen einen Annahmeschluss für neue oder veränderte Anforderungen festlegen. Das ist verständlicherweise nicht ganz einfach. So wurden die Gesetzesentwürfe für die Riester-Rente ständig weiterentwickelt, während das zugehörige IT-Projekt bei der Bundesversicherungsanstalt für Angestellte – notwendigerweise – längst begonnen hatte. Wegen solcher Parallelprozesse wird jeder Annahmeschluss unscharf, aber letztlich muss man mit einer ersten Version, die unstrittige Basisfunktionalitäten enthält, loslegen. Das Verständnis für den notwendigen Annahmeschluss ist im öffentlichen Sektor noch nicht sehr ausgeprägt.

Keine Koordination von Änderungsanforderungen. Insbesondere bei Projekten, die mehrere Fachressorts oder sogar Bundesländer betreffen, mangelt es oft an einer koordinierten Aufnahme von Änderungswünschen. Man begnügt sich mit der Moderation, manchmal ist nicht einmal die vorhanden. Die Lieferanten müssen oft lange auf den Konsens der beteiligten Stellen warten, sollen aber rechtzeitig und zum vereinbarten Preis liefern. Sie werden verwirrt durch nicht abgestimmte Informationen der Beteiligten, und nicht selten sind diese Informationen so falsch wie die meisten Resultate einer „Stille Post"-Kommunikation. Die Freude über Zusatzaufträge wird schnell von der Verzweiflung über die Kakofonie des Auftraggebers abgelöst.

Fähigkeitsbedingt

Risikoabwälzung statt Risikomanagement: Die Unkultur der Vertragsmentalität. Der öffentliche Sektor hat nie wirklich gelernt, Risiken aktiv zu managen. Stattdessen hat er die Fähigkeit ausgeprägt, bei besonders komplexen Vertragswerken möglichst viel Risiko auf den Vertragspartner abzuwälzen. Neuerdings fordern die Behörden und Verwaltungen offensichtlich in starkem Maße sogar eine unbegrenzte Haftung. Nur selten bringen die Bieter den Mut auf, solche Knebel nicht zu akzeptieren. Zu groß scheint die Gefahr, aus formalen Gründen auszuscheiden. Dabei müsste das „Nein" viel öfter zu hören sein, um klar zu machen: So geht es nicht! Jeder Vertrag ist nur so gut, wie er gemanagt wird. Stattdessen glaubt die öffentliche Hand, alle Unwegsamkeiten mit einer hohen Regelungsdichte im Vertrag wegdelegieren zu können. Aber wem nutzt es, im Nachhinein Versäumnisse und Fehler einzuklagen? Ist es nicht sinnvoller, gemeinsam den Geist des Vertrags zu leben und gemeinsam den Erfolg zu managen?

Projektmanagement. Alle Ausführungen in Kapitel 5 treffen ohne Abstriche auch auf die Phase des Änderungsmanagements zu.

Lösungsansätze: Das Richtige für jeden Sektor

Nun wollen wir herausfiltern, wie spezifische Lösungsansätze für die Phase des Änderungsmanagements aussehen können. Die folgende Abbildung liefert eine Übersicht:

Spezifische Ansätze für die Phase des Änderungsmanagements

Ursachen	Problemausprägung	Lösungsansätze im Änderungsmanagement
Politik	• Entscheidungskoma • Politische Vorgaben	• Rückendeckung und Commitment (durch alle Phasen hinweg notwendig) • Entscheidungsvorrat schaffen und wesentliche Stakeholder auch informell einbinden • Zurückhaltende Auslegung, was im ersten Release nach Gesetzes- oder Verordnungslage enthalten sein muss
Struktur	• Besondere Komplexität des Sektors • Gesetzes- und Verordnungslage • Haushaltsorientierte Mittelbereitstellung • Kaum betriebswirtschaftliche Druckmittel	• Autonomes Projektbudget mit der Möglichkeit des Mittelvorziehens sowie der Mittelübertragbarkeit über Jahressscheiben hinaus • „Letztes Wort": Einer verantwortet **und** entscheidet • Change Board, Dissensforen und ähnliche Einheiten des Änderungsmanagements einrichten und leben • Change Request Management und organisatorisches Change Management synchronisieren
Prozess	• Kein Annahmeschluss bei Anforderungen • Keine Koordination von Änderungsanfragen	• Annahmeschluss für Anforderungen an Version 1 beschließen • Nur ein Ansprechpartner für den Dienstleister: Die Koordination über Ressorts oder Bundesländer hinweg kann nicht von dem geleistet werden, der hinterher die Rechnung schreibt
Fähigkeiten	• Risikoabwägung statt Risikomanagement – die Unkultur der Vertragsmentalität • Projektmanagement	• IT-erfahrene Projektleiter • Sektorerfahrene Projektleiter auf Lieferantenseite • „Counter-Claiming" lernen

Quelle: McKinsey

Zunächst einmal gilt für die Phase des Änderungsmanagements das Gleiche wie für sämtliche anderen Phasen der Projektarbeit: Das Projekt und der Projektleiter brauchen die Rückendeckung und Zusagen des **politisch Verantwortlichen** (vgl. Kapitel 1). Darüber hinaus ist es wesentlich, schon zum Projektstart mit einem **Entscheidungsvorrat** ausgestattet zu sein – z. B. Priorisierungen von Funktionalitäten, Abstimmung eines Priorisierungsrasters zur Bewertung auftretender Änderungsanforderungen, Festlegung eines großzügigen Ermessensspielraums des Projektmanagers. Es kann sich auch lohnen, relevante Stakeholder formell und informell in den Prozess einzubeziehen.

Am besten kommt man zum Ziel, wenn das Projekt über ein **Pauschalbudget** mit den entsprechenden Controllingmechanismen geführt wird. Allen Beschäftigten in der Verwaltung sind das Dezemberfieber, die fehlende Übertragbarkeit von Mitteln und die mangelnde gegenseitige Deckungsfähigkeit von Ausgabetiteln keine Freude – für IT-Projektleiter mit angespannten Arbeits- und Zeitplänen sind sie Gift. Es kann nicht jede ausgabenrelevante, jedoch kurzfristig notwendige Entscheidung durch das Jonglieren zwischen Ausgabetiteln und Jahresscheiben verzögert werden. Ein Projektleiter muss nach unseren Vorstellungen ohnehin schon viel an Voraussetzungen mitbringen. Die Fähigkeit zu kameralistischen Kunststücken muss nicht auch noch dazugehören.

Notwendig ist vermutlich aber auch eine **milde Auslegung** dessen, was auf Basis **von Gesetzen oder Verordnungen** in einem ersten Release wirklich enthalten sein muss. So kann z. B. für weniger relevante Bestandteile von Fachanwendungen eine Callcenter- oder Faxlösung als vorübergehender „Workaround" zuverlässiger und besser sein als die Überfrachtung der Software.

Auf jeden Fall bedarf die Phase des Änderungsmanagements einer geeigneten **Entscheidungsstruktur**: In aller Regel übernimmt dies neben dem in größeren Zeitabständen tagenden Lenkungsausschuss ein **Änderungskontrollausschuss**, im Fachjargon **Change Board oder Change Request Board** genannt. In diesem Ausschuss finden sich sowohl Vertreter des Auftraggebers (z. B. Projektleiter, CIO, IT-Leiter) als auch des Lieferanten. Er entscheidet über die Annahme sowie über die Priorisierung von Änderungsanforderungen. Neben dem Board haben sich weitere Einrichtungen bewährt, z. B. Dissensforen, in denen umstrittene Fragen diskutiert werden. Hier hat z. B. die Stadt München bei der Einführung des Neuen Kommunalen Rechnungswesens gute Erfahrungen mit einfachen Mitteln gemacht. Standards und für alle gültige Regeln des Rechnungswesens wurden im ersten Schritt in Foren eingebracht, die mit einem Steuerer und je einem Nutzer aus allen Referaten besetzt wurden. Nach bis zu dreiwöchiger Vorbereitungszeit und einigen Schulungen, die bei besonders schwierigen Fällen stattfanden, musste das Forum eine einstimmige Entscheidung treffen. Schlug sie fehl, mussten als zweite Entscheidungsebene innerhalb von weiteren drei Wochen Kleinarbeitsgruppen tragfähige Lösungen finden. War auch dies nach mehreren vergeblichen Klärungsrunden am Ende nicht möglich, entschieden das Personalreferat, die Kämmerei und der Projektleiter in „letzter Instanz". Sie hatten dafür maximal sieben Tage Zeit und mussten nur ein einziges Mal einschreiten. Weit über 90 Prozent auch sehr komplizierter Regelungen konnten in den Foren schon abschließend entschieden werden. Ein Erfolg dieses Modells war auch, dass die Spielregeln konsequent eingehalten und Einwendungen in den Foren ernst genommen wurden.

Ist das IT-Projekt Bestandteil oder Voraussetzung einer Verwaltungsreform, müssen sich Technik und Verwaltung ebenfalls verknüpfen. Das **Change Management der IT und das Change Management der Organisation müssen zusammenkommen**. Historisch gesehen bewegt sich die Kommunikation zwischen beiden Seiten auf einer Einbahnstraße: Die IT erhält den Auftrag, bestehende Verwaltungsprozesse zu automatisieren; Verwaltungsreformüberlegungen entstehen unabhängig von Kenntnissen über IT-Möglichkeiten bzw. -Notwendigkeiten. Andererseits lohnt es sich für die IT immer, die Nutzer in die Überlegungen mit einzubeziehen – und zwar weit über die Absprache von Standards hinaus. Idealerweise bilden sich gemischte Teams. So hat sich bei der Einführung des IT-Systems für die rheinland-pfälzische Polizei (RIVAR) gezeigt, dass ohne die Rekrutierung erfahrener Außendienstbeamter der Projekterfolg unmöglich gewesen wäre. Nur sie wissen nämlich, was die Polizisten „draußen" wirklich bewegt, was ihnen hilft und was die IT vor allem leisten muss. Sie haben auch ein Gefühl dafür, wenn dem Projektteam von dem einen oder anderen Verhinderer etwas vorgemacht wird, und können dies entsprechend abwehren. Diese Form der Kooperation hat sich so bewährt, dass inzwischen ein „echter" Polizist die Leitung des IT-Projekts übernommen hat. Wenn das Änderungsmanagement im Team so funktioniert, dann bilden das Change Board und der Lenkungsausschuss nur noch die Sicherheitsnetze für den Konfliktfall.

Die typischen **prozessbedingten Probleme** können nur durch eindeutige Spielregeln beseitigt werden. Sie tauchen auf, wenn etwa die Beteiligten derart unkoordiniert arbeiten, dass die Lieferanten widersprüchliche, verspätete, unpräzise oder schlicht keine Inputs erhalten. Grundsätzlich sollte gelten:

- Es gibt nur **einen relevanten Ansprechpartner** für Lieferanten. Dieser konsolidiert sämtliche Änderungsanforderungen, Kommentare und Anregungen der Beteiligten. Diese Konzentration dient beiden Seiten: Die Lieferanten müssen nicht am Wirrwarr der Informationen verzweifeln, und die Auftraggeber sparen Geld, weil sich die Lieferanten nicht selbst umfangreiche Änderungsaufträge zusammendefinieren können.

- Es gibt einen **klar kommunizierten Annahmeschluss für Änderungsanforderungen**. Ein großes Entwicklungsteam, das täglich oder stündlich mit neuen Ideen oder Anforderungen versorgt wird, gerät sonst schnell ins Schlingern – und das Gesamtprojekt rutscht ins Chaos ab. Ausnahmen sind erlaubt – wenn sie der Lenkungs- oder Änderungskontrollausschuss absegnet.

Bei sehr großen Projekten kann es sinnvoll sein, dass sich die Projektgruppe eine **Geschäftsordnung** oder **Projektcharta** verleiht, die mit den politischen Entscheidern abgestimmt bzw. durch Kenntnisnahme oder Zustimmung von den relevanten parlamentarischen Gremien abgesegnet wird. Auf diese Weise lässt sich beispielsweise die Übergabe von Entscheidungskompetenz auf Zeit legitimieren und die Grenzen von Ermessensentscheidungen innerhalb des Projektrahmens definieren.

Das Phänomen der **Risikoabwälzung oder Absicherungsmentalität** ist aus unserer Sicht im öffentlichen Sektor tief verwurzelt: Die Kultur der Ermessensentscheidung, ohne die kein aktives Risikomanagement funktioniert und die die deutsche Verwaltung einst auszeichnete, ist teilweise auf der Strecke geblieben. Man könnte lange darüber sinnieren, warum. Der Bedarf nach Absicherung sitzt jedoch tief und ist nicht über Nacht wegzubekommen. Wer das Projektziel im Auge hat, darf sich nicht auf Schuldzuweisungen zurückziehen, sobald der Weg holprig wird. Sich bis ins Kleinste abzusichern, hat in Behörden und Verwaltungen noch nie etwas Positives bewirkt. Im Gegenteil: Wer Erfolg haben will, muss das kontrollierte Risiko suchen. Im Rahmen des Änderungsmanagements muss der Vertrag mit dem privaten Dienstleister jeden Tag neu gelebt werden. Und hier ist wieder das Wunderkind namens Projektleiter gefragt, der sich auf die volle

Rückendeckung der Politik verlassen kann (damit sei wieder auf Kapitel 5 verwiesen). Aber auch die Lieferanten stehen hierbei in der Pflicht, gute eigene Projektleiter mit Erfahrung im öffentlichen Sektor heranzubilden.

Letztlich ist es unabdingbar, dass die öffentlichen Auftraggeber die Kunst beherrschen, mit den ausgefeilten Nachverhandlungsfähigkeiten der Dienstleister umzugehen. Diese wandeln nämlich Änderungsanforderungen gern in abrechnungsfähige Zusatzleistungen um. Die Fachwelt nennt das „Claiming", die Reaktion des Auftraggebers „Counter-Claiming" – ein erfahrener CIO sollte dies beherrschen. Wenn nicht, lässt sich die Fähigkeit auch bei Freiberuflern einkaufen. Die folgende Abbildung zeigt, wie der Umgang mit Kundenwünschen und der geschäftliche Erfolg von Lieferanten korrelieren (vgl. auch Kapitel 7):

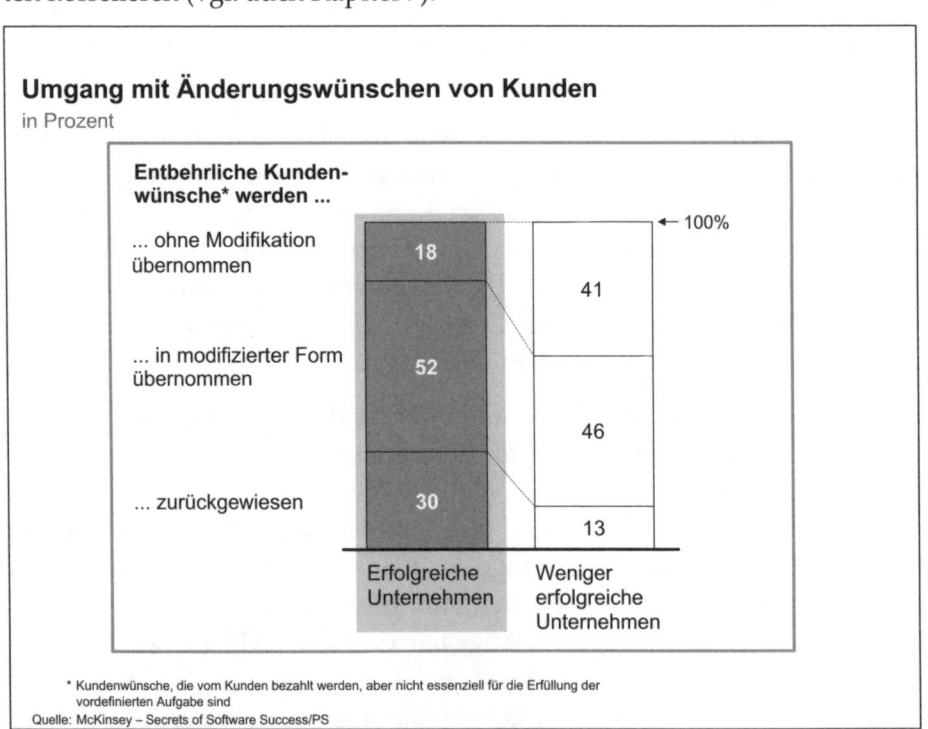

Umgang mit Änderungswünschen von Kunden
in Prozent

Entbehrliche Kundenwünsche* werden ...	Erfolgreiche Unternehmen	Weniger erfolgreiche Unternehmen
... ohne Modifikation übernommen	18	41
... in modifizierter Form übernommen	52	46
... zurückgewiesen	30	13

* Kundenwünsche, die vom Kunden bezahlt werden, aber nicht essenziell für die Erfüllung der vordefinierten Aufgabe sind
Quelle: McKinsey – Secrets of Software Success/PS

Auf der nächsten Abbildung ist zu sehen, dass wirklich erfolgreiche Lieferanten sich diese Änderungen auch bezahlen lassen:

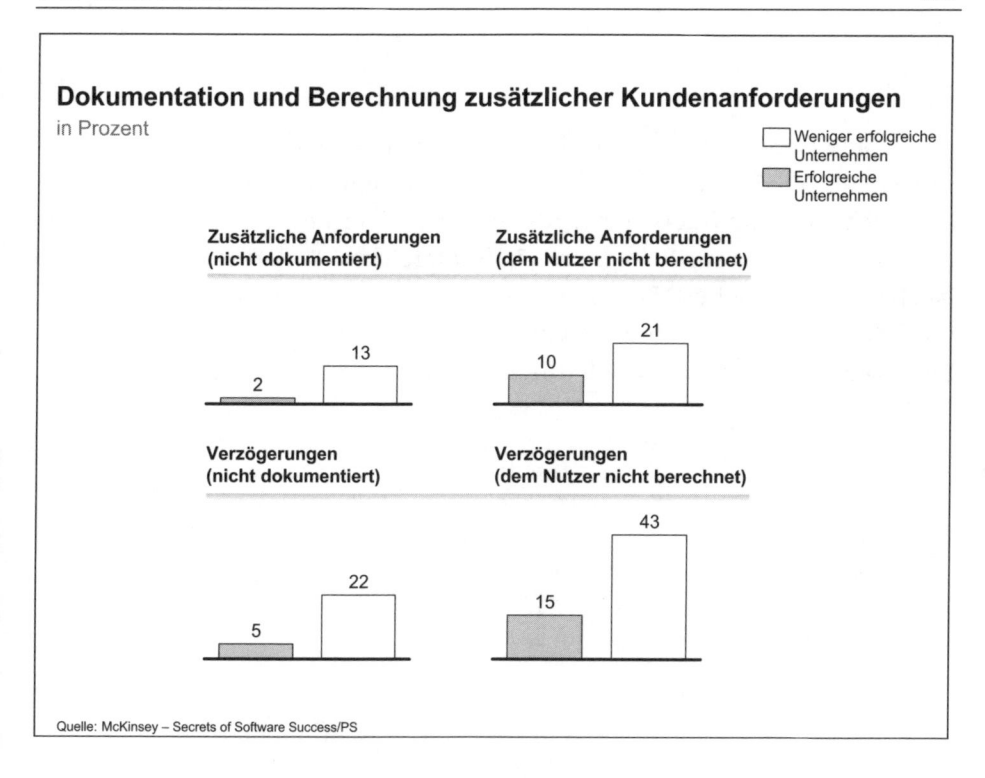

Dokumentation und Berechnung zusätzlicher Kundenanforderungen
in Prozent

☐ Weniger erfolgreiche Unternehmen
■ Erfolgreiche Unternehmen

Zusätzliche Anforderungen (nicht dokumentiert): 2 / 13

Zusätzliche Anforderungen (dem Nutzer nicht berechnet): 10 / 21

Verzögerungen (nicht dokumentiert): 5 / 22

Verzögerungen (dem Nutzer nicht berechnet): 15 / 43

Quelle: McKinsey – Secrets of Software Success/PS

Abbruch oder Intensivstation?

Wenn das Änderungsmanagement versagt, weil das Projekt schon in der Spezifikationsphase völlig falsch aufgesetzt wurde, dann kommen zwei Entscheidungen in Betracht: Vollständiger Abbruch oder Wiederbelebung, im Fachjargon „Desaster Recovery". Zum Abbruch gehört Mut, zur Wiederbelebung Können. Wie in einer Intensivstation wird man sich zunächst darauf beschränken, die lebensnotwendigen Funktionen aufrechtzuerhalten. Bei der Einführung des Arbeitslosengelds II beispielsweise sicherten die Verantwortlichen erst einmal die Auszahlung der Ansprüche – alles andere war sekundär. Und Toll Collect wurde nach dem Beinahe-Scheitern auf seine wesentlichen Funktionalitäten gestutzt – die Maximallösung in die Zukunft verschoben.

* * *

Der größte Hebel zur Vermeidung von Projektdesastern liegt also im Änderungsmanagement. Gleichzeitig ist dies das am wenigsten ausgeprägte Fähigkeitsprofil im öffentlichen Sektor. Ein fähiger Projektmanager ist zwar die Voraussetzung für Erfolg. Für ein erfolgreiches Änderungsmanagement ist aber auch vertieftes IT-Wissen, viel Erfahrungswissen, aber auch Wissen im Umgang mit hoch professionell agierenden Lieferanten gefragt. Dies muss gegebenenfalls punktuell durch Externe abgedeckt werden.

9. Zielgerade: Die Vorteile realisieren

Nachdem ein IT-Projekt geplant und umgesetzt worden ist, wartet eine neue Herausforderung auf die Verantwortlichen: Sie haben die Aufgabe, den Nutzen zu heben, den das Projekt mit sich bringen sollte. Sie müssen dafür sorgen, dass die anvisierten Effektivitäts- und Effizienzsteigerungen zu Buche schlagen, z. B. Prozesse schneller, kostengünstiger oder fehlerärmer verlaufen. Möglich auch, dass sie neue Dienstleistungen ins Angebot der öffentlichen Institution aufnehmen müssen. Wichtig ist in allen Fällen, Nutzen und Kosten von Anfang bis Ende eines IT-Projekts konsequent zu messen. Nur was quantifiziert wird, kann auch kontrolliert werden.

Teilweise wird argumentiert, im öffentlichen Sektor sei es nur schwer oder erst nach langer Zeit möglich, mit Hilfe von Effektivitäts- und Effizienzsteigerungen die Kosten zu senken. Dies liege an der Unkündbarkeit von Personal, den Handschellen des Haushaltsrechts oder der Schwierigkeit, Nutzen im öffentlichen Kontext überhaupt zu beschreiben und zu erfassen. Trotz dieser Hindernisse ist es aber möglich, auch im öffentlichen Sektor spürbare Verbesserungen kurz- und mittelfristig zu erreichen, nämlich durch:

1. *Die Einführung eines **strategischen Personalmanagements**. Damit kann frei werdendes Personal neu und angemessen zugeordnet, für neue Aufgaben zielgerichtet qualifiziert bzw. unter Umständen auch abgebaut werden. Das steht natürlich nicht im Pflichtenheft des IT-Experten, sondern ist, wie die IT selbst, Chefsache.*

2. *Das **Teilhaben an Kostenreduktionen**. Wer Geld spart, sollte nicht mit gekürzten Budgets bestraft, sondern mit zusätzlichen Mitteln belohnt werden.*

3. *Die **Einsetzung eines Programm- bzw. Umsetzungsbüros**. Ein solches Büro bzw. Team macht es möglich, auch bei komplexesten Projekten den Überblick zu behalten. Darüber hinaus erlaubt es, nach konkreten Wirkungsgrößen zu steuern.*

4. Die **stetig angepasste Wirkungskontrolle**. Da sich Dinge im Verlaufe des Projekts verändern, muss auch die erwartete oder bereits eintretende Wirkung immer wieder aktuell kontrolliert werden. Es ist eine stetige Zielverfolgung und gegebenenfalls auch -anpassung über Zeit erforderlich.

5. Die **richtige Veränderungsgeschwindigkeit**. Jedes Projekt bedeutet in der Konsequenz Veränderung von Strukturen, Prozessen und Fähigkeiten. Die sich daraus ergebenden Anpassungen müssen sich an der Verdauungsgeschwindigkeit, d. h. der Veränderungsfähigkeit der Organisation und der Nutzer orientieren.

Nutzeninkasso: Den Projektnutzen realisieren

Ein Projekt ist nur dann beendet – vor allem erfolgreich beendet –, wenn das gesteckte Ziel erreicht, der alte Prozess vollständig abgelöst und der Nutzen realisiert ist. Dies nennen wir **Nutzeninkasso**. So wie im Finanzwesen mit dem Inkasso der Einzug einer Forderung erreicht wird, muss in einem IT-Projekt der angestrebte Vorteil oder Nutzen eingefordert und eingefahren werden.

Allzu häufig haben Verwaltungen während der Projektlaufzeit beispielsweise neue Kosten aufgebaut, ohne die alten konsequent abzustellen – ein Phänomen, das auch aus der Privatwirtschaft bekannt ist. Im öffentlichen Sektor kommen noch weitere Komplikationen hinzu.

Effektivitäts[79]- und Effizienzgewinne[80] sind im privaten wie im öffentlichen Sektor von gleich hoher Bedeutung.[81] In der Praxis tauchen aber nicht selten Probleme auf, wenn es gilt, derartige Verbesserungen bei der öffentlichen Hand umzusetzen. So folgen nicht automatisch Einsparungen im Budget,

---

[79] „Die richtigen Dinge tun", also nach Erreichung der richtigen Ziele streben.
[80] „Die Dinge richtig tun", also die Ziele in der richtigen Art und Weise, d. h. schnell, günstig und qualitativ richtig anstreben.
[81] Details hierzu finden sich in Kapitel 3; es lässt sich sogar argumentieren, dass Gesichtspunkte der Effektivität wegen der „Höherwertigkeit" der betroffenen Güter im öffentlichen Sektor noch wichtiger sind.

wenn der Personalbedarf sinkt. Auch lassen sich Reduktionen bei den Sachkosten nicht ohne Weiteres in andere Ausgabetitel umleiten. Die Bremsklötze des öffentlichen Sektors wirken sich hier besonders kraftvoll aus. Die Realisierung des angepeilten Nutzens stockt: Das Personalrecht ist unflexibel; Haushalte und Wirtschaftlichkeitsbetrachtungen lassen selten eine Berechnung über Jahreshorizonte hinaus zu.[82] Damit muss sich ein Projekt oft noch innerhalb desselben Haushaltsjahres „rentieren", damit es sich „lohnt". Eine meist unlösbare Aufgabe. Es fehlen produktbezogene Haushalte, die Aussagen über tatsächliche Kosten einer Leistung erlauben.

Kündigungen auszusprechen, ist in Behörden und Verwaltungen meist nicht erwünscht oder gar unmöglich: Beamte können nicht entlassen werden; für die Angestellten bestehen vielfach Bestandsgarantien. Die typischen Hilfsmittel zur Personalreduktion, also etwa die Frühverrentung oder die angereizte Fluktuation[83], sind häufig ausgeschöpft. Prominente Beispiele für so genannte Personalüberhänge sind die Deutsche Telekom mit rund 20.000 Mitarbeitern oder das Land Berlin mit mittelfristig wahrscheinlich rund 6.000 Mitarbeitern.

Sind die Sachkosten erst einmal gedrückt, ist meist die erste Etappe erreicht: die Einsparung. Wie aber das frei gewordene Geld nutzen? Dies gestaltet sich oft schwierig. Als Argument wird vielfach angeführt, dass zweckgebundene Ausgabetitel nicht auf andere Haushaltspositionen umgewidmet werden dürften, d. h., wer einspart, der hat eigentlich nichts davon.

Doch nicht nur die Umsetzung ist im öffentlichen Sektor problematisch, sondern auch das Controlling. Vielfach sind die Managementsysteme des öffentlichen Sektors nicht in der Lage, die wesentlichen Erfolgskennzahlen abzubilden – selbst wenn sie einmal definiert wurden. Es fehlen Werkzeuge und Fähigkeiten, die in der Privatwirtschaft inzwischen weitgehend selbstverständlich sind. Es mangelt öffentlichen Einrichtungen häufig an dem

---

[82] Zwar haben 13 von 16 Bundesländern zur Prozessvereinfachung und Steigerung der Verwaltungseffizienz inzwischen Doppeljahreshaushalte, aber eine wirklich langfristige Finanzplanung wird auch durch diese nicht ermöglicht.

[83] Angereizte Fluktuation beschreibt das Fördern von Personalfluktuation durch finanzielle und andere Anreize. Beispielhafte Instrumente können sein: Frühverrentung, Abfindung, Altersteilzeit.

notwendigen Überblick über die Zahlen. Entsprechend schwer ist es, Projekterfolge umfassend zu betrachten und nachzuverfolgen.

Nicht immer ist es einfach, den Nutzen durch konkrete Zahlen zu beschreiben. Die Empfehlung zur Durchführung von Wirtschaftlichkeitsbetrachtungen in der Bundesverwaltung (WiBe 4.0)[84] beispielsweise gibt zwar für mögliche Nutzensteigerungen Bewertungskriterien an; diese sind aber häufig nur qualitativer Natur. Eine Formulierung wie „Die Qualität der telefonischen Auskünfte wird verbessert" ist für eine wirkungsvolle Bewertung unzureichend. An dieser Stelle muss man sich dazu zwingen, die Verbesserung konkret zu beziffern, z. B. „Die telefonischen Auskünfte werden besser mit der Folge, dass sich die Anzahl von Nachfragen und Nachbearbeitungen um zehn Prozent reduziert". Nur so wird ein anschließendes Nutzencontrolling möglich.

Sind die quantitativen Kriterien einmal definiert, muss man sich auf ein **Messsystem** einigen. Derzeit wird die betroffene Fachseite dafür zu häufig nicht mit ins Boot geholt. Vielmehr definieren die Beteiligten im Rahmen des IT-Projekts eine Berechnungsmethode für den Nutzen. Diese Berechnungen geschehen daher oft aus der Perspektive des IT-Fachmanns und daher ohne ausreichend tiefe Kenntnis der Prozesse sowie der Herausforderungen in der Anwendung. Die Kollegen, die Finanzbeamten etwa oder die Schalterbeamten des Bürgerbüros, die später unter den neuen Bedingungen arbeiten müssen, bleiben außen vor. Mit der Folge, dass sie die Berechnungsmethode nicht akzeptieren und sie in der Praxis nicht angewendet wird. Das Nachhalten oder Controlling des Nutzens, der sich aus dem Projekt ergeben sollte, läuft damit ins Leere oder liefert fehlerhafte Ergebnisse.

Um den Nutzen von IT-Projekten zu erschließen, müssen sowohl die Umsetzung selbst als auch das Controlling der Umsetzung verbessert werden. Im Weiteren stellen wir **fünf Lösungsansätze** vor, mit denen dies möglich wird:

---

[84] Herausgegeben von der KBSt, aufbauend auf den Vorschriften des § 7 Bundeshaushaltsordnung (BHO); vgl. hierzu Kapitel 3.

Zielgerade

Spezifische Lösungen für die Nutzenrealisierung im öffentlichen Sektor

❶	Strategisches Personalmanagement	Trennen von Prozessveränderungen und personeller Realisierung (z. B. Einführung innovativer, sektorspezifischer Ansätze wie Beschäftigungsgesellschaften)
❷	Teilhaben an Kostenreduktionen	• Ermöglichung gegenseitiger Deckungsfähigkeit von Ausgabetiteln • Steuerung über Budgets
❸	Programm-/ Umsetzungsbüro	Gebündelte Steuerung von IT- und Verwaltungsmodernisierung
❹	Zielverfolgung über Zeit	Einbinden der Wirkungskontrolle in das Projektcontrolling
❺	Organisationsanpassungen	Anpassung der Veränderungsgeschwindigkeit an Bedarf und Belastbarkeit von Nutzer und Organisation

Quelle: McKinsey

1. Strategisches Personalmanagement

Viele Unternehmen können den tatsächlichen Personalbestand nicht an ihren eigentlichen Bedarf angleichen. Dies gilt vielfach in der Privatwirtschaft; es gilt aber insbesondere im öffentlichen Bereich. So dürfen Beamte nicht entlassen werden, betriebsbedingte Kündigungen – auch für Angestellte und Arbeiter – sind oft ausgeschlossen. Die verbleibenden klassischen Instrumente des Personalabbaus (Altersteilzeit, Vorruhestand, angereizte Fluktuation und so weiter) sind meist weitgehend ausgeschöpft.

Wen wundert es, dass die Verwaltungsmodernisierung meist dort ins Stocken gerät, wo die klassischen Mittel der Personalanpassung am Ende sind. Die öffentliche Verwaltung behilft sich dann, indem sie Stellen als „künftig wegfallend" oder „k. w." deklariert. Das bedeutet: Irgendwann wird der Beschäftigte die Stelle verlassen, dann wird sie nicht wieder besetzt. Dieses Vorgehen ist aber nicht dazu geeignet, Verwaltungsprozesse schnell und nachhaltig zu verbessern, denn die Mitarbeiter verbleiben an ihren Arbeitsplätzen. Dabei ist es gerade wichtig, sie aus den veralteten Strukturen zu lösen. Nur so können die Dienststellen „aufatmen" und Pläne für neu geordnete und schlankere Prozesse umsetzen. Sollte für den Notnagel „k. w."-Stelle keine konstruktive Alternative gefunden werden, ist die Verwaltungsreform zum Scheitern verurteilt.

Wie in den vorherigen Kapiteln beschrieben, ist es bereits eine schwierige Aufgabe, als Konsequenz eines IT-Projekts die Prozesse zu verändern und den Personalbedarf zu reduzieren. Darüber hinaus ist es aber ebenso notwendig wie auch schwierig, sich der Realität zu stellen und den personellen Bestand dem Bedarf anzugleichen. Dieses Management des Personalüberhangs ist eine Aufgabe für sich. Es erfordert andere Fähigkeiten, Instrumente und Kompetenzen, als sie in der Projektorganisation eines IT-Projekts oder der Linienorganisation einer Fachabteilung vorhanden sind. Es empfiehlt sich daher, das „Personalüberhangmanagement"[85] in eigener Verantwortung einer entsprechenden Stelle zu übergeben.

Personalüberhangmanagement. In Deutschland wurden jüngst verschiedene Ansätze eines Personalüberhangmanagements erprobt. So gründeten ehemals öffentliche Institutionen eigene Beschäftigungsorganisationen wie die DB Vermittlung (Deutsche Bahn) oder Vivento (Telekom). Das Land Berlin hat das Zentrale Personalüberhangmanagement (ZeP) mit vergleichbaren Funktionen ins Leben gerufen. Der Personalüberhang wird hier jeweils durch eine eigene Beschäftigungsorganisation betreut. Diese Organisationen verfolgen zwei Ziele: Zum einen gilt es, mit den überschüssigen Mitarbeitern **einen Deckungsbeitrag zu erwirtschaften**; zum anderen sollen sie nach Möglichkeit **in den freien Arbeitsmarkt vermittelt werden**. Grundgedanke eines zentralisierten Personalüberhangmanagements ist stets, dass die Kostenstelle der Personal abbauenden Stelle sofort entlastet wird; die Verantwortung für die Realisierung der Potenziale liegt bei der Beschäftigungsorganisation.

---

[85] Gemeint ist hiermit das Zusammenfassen und „Managen" von im Rahmen von Umstrukturierungen frei werdenden Kapazitäten – häufig als „k. w." eingeordnete Angestellte und Beamte – in einer eigenständigen Verwaltungseinheit. Mehr dazu im Verlauf des Kapitels.

Erfolgreiche **Beschäftigungsorganisationen** im privaten Sektor oder zumindest außerhalb des Kernbereichs des öffentlichen Sektors können ihre Kosten bis zu 40 Prozent decken. D. h., 40 Prozent der Personalkosten für Personalüberhang werden durch kostenreduzierende bzw. umsatzerhöhende und ergebnisverbessernde Maßnahmen eingespielt. Wichtige Voraussetzungen, um solche Deckungsbeiträge zu erwirtschaften, sind attraktive Qualifikationsprofile der Personalüberhangkräfte und breite Einsatzmöglichkeiten für sie.

Dem **Einsatz von Personalüberhangkräften** sind aber in öffentlichen Beschäftigungsorganisationen rechtliche und ordnungspolitische Grenzen gesetzt. Zum einen dürfen Beamte und im öffentlichen Dienst Beschäftigte nur beschränkt anderweitig eingesetzt werden. Zum anderen dürfen – womöglich sogar subventionierte – Personalüberhangkräfte aus dem öffentlichen Sektor keine Leistungen offerieren, die bereits im freien Arbeitsmarkt angeboten werden. Wenn der Staat sie also beispielsweise als Gärtner in Konkurrenz zu Privatunternehmern einsetzen würde, käme das einem staatlich geförderten Verdrängungswettbewerb gleich, der weder zulässig noch erwünscht ist. Mitarbeiter aus dem Personalüberhang dürfen daher nur solche Leistungen erbringen, die nicht durch den freien Arbeitsmarkt abgedeckt werden können oder nicht durch die öffentliche Hand finanzierbar sind – letztlich gilt hier die gleiche Direktive wie für die Ein-Euro-Jobber[86], die den Arbeitskräften des freien Markts nicht die Arbeit stehlen sollen. Private Beschäftigungsorganisationen unterliegen diesen Beschränkungen nicht.

Das Konzept der Beschäftigungsorganisation kann trotzdem auch im Kernbereich des öffentlichen Sektors erfolgreich angewendet werden. Das Beispiel des **Berliner Zentralen Personalüberhangmanagements (ZeP)** belegt dies. Allerdings können hier nicht die Kostendeckungsgrade wie in der Privatwirtschaft erzielt werden. Schon bei der Konzeption sind andere Schwerpunkte zu setzen: Bei der Umsetzung eines Personalüberhangma-

---

[86] Gemeint sind hier in § 16 Abs. 3 SGB II beschriebene Arbeitsgelegenheiten, bei denen die Beschäftigten zwar keinen Arbeitsvertrag, als Entschädigung für ihren Mehraufwand aber eine Entlohnung oder Entschädigung von meist einem Euro pro Stunde erhalten.

nagements im öffentlichen Sektor darf nicht die Kostensenkung im Mittelpunkt stehen, denn dies würde nicht die notwendige politische und öffentliche Akzeptanz finden. Vielmehr muss das dahinter liegende **Gestaltungsprinzip „Qualifizierung und Vermittlung"** hervorgehoben werden. Eine Kostensenkung ergibt sich dann quasi erst als Nebenprodukt, wenn entweder – im ordnungspolitisch zulässigen Rahmen – zusätzliche Deckungsbeiträge erwirtschaftet werden oder frei werdende Stellen intern besetzt werden können. Eine tatsächliche Kostenentlastung ist somit erst über längere Zeiträume zu erzielen und wird aller Voraussicht nach auch nicht die Größenordnung von 40 Prozent, sondern vielleicht nur die Hälfte davon erreichen können.

Land Berlin/Zentrales Personalüberhangmanagement

Das Land Berlin hat zu viel Personal: Schon heute und erst recht in absehbarer Zukunft gibt es mehr Beschäftigte als nötig. Allein im unmittelbaren Berliner Landesdienst waren 2003 rund 135.000 Mitarbeiter tätig. Sie verursachten Kosten von rund 5,6 Milliarden Euro jährlich. Dies ist bereits eine erhebliche Reduktion im Vergleich zum Wiedervereinigungsjahr 1990, in dem 220.000 Menschen, d. h. etwa jeder sechzehnte Bewohner im unmittelbaren Landesdienst tätig war. Gelänge es dem Land, 3.000 weitere Stellen zu streichen, könnte der Haushalt um rund 125 Millionen Euro im Jahr entlastet werden. Allerdings sind die Standardinstrumente zum Personalabbau (z. B. Altersteilzeit, Abfindungen) längst ausgeschöpft. Berlin suchte deshalb einen neuen und zukunftsweisenden Ansatz, der von der Verwaltung wegführt – hin zu einem echten Management des Personalüberhangs.

Seit Sommer 2004 versetzt das Land Berlin alle Dienstkräfte, deren Aufgaben weggefallen sind, in das Zentrale Personalüberhangmanagement (ZeP). Betroffen sind davon derzeit rund 3.000 Mitarbeiter, bis Ende 2006 sollen noch einmal so viele hinzukommen. Aufgrund beamtenrechtlicher oder tarifvertraglicher Schutzvorschriften können sie nicht entlassen werden. Für alle diese Menschen sucht das ZeP neue, dauerhafte Arbeitsplätze oder temporäre Arbeitsmöglichkeiten, so genannte Übergangeinsätze.

Alle Überhangkräfte des unmittelbaren Landesdienstes werden von der neuen zentralen Einheit betreut, qualifiziert und vermittelt. Das entsprechende Errichtungsgesetz trat zum 1. Januar 2004 in Kraft. Seitdem ist das ZeP mit 78 Beschäftigten die zuständige Dienstbehörde und Personalstelle für die Überhangkräfte. Zum Vergleich: Bis Ende 2003 hatte Berlin den Personalüberhang dezentral verwaltet – in 48 einzelnen Dienststellen.

Beim Zentralen Personalüberhangmanagement sitzt niemand untätig zu Hause. Dies ist weder den Betroffenen zuzumuten, noch politisch vertretbar. Kernaufgabe des ZeP ist die möglichst schnelle Vermittlung. Sie soll den Überhangkräften neue Entwicklungsperspektiven eröffnen, also neue Aufgaben akquirieren sowie das vorhandene Personal für sie qualifizieren und zugleich einen Mehrwert für das Land schaffen. Unter anderem können die Überhangkräfte Aufgaben wahrnehmen, für die aufgrund der äußerst knappen Landesmittel kein zusätzliches Personal eingestellt werden kann.

Um eine juristische Frage, die sich aufdrängt, gleich mitzubeantworten: Ist so etwas rechtlich überhaupt zulässig? Die Antwort lautet für das Berliner ZeP: Ja.[87] Der Staat (bzw. das Land Berlin) kann tatsächlich einen Beamten zu einer Dienststelle versetzen, deren einzige Aufgabe es ist, ihm eine neue Aufgabe zu verschaffen. Dies wurde im zugrunde liegenden Gesetz so verankert, und die bisher bemühten Gerichte haben geurteilt, dass mit dem „Stellenpool-Gesetz" eine zulässige abschließende Sonderregelung geschaffen wurde; die Mitwirkungsrechte der Personalvertretung sind in diesem Falle durch die Mitsprache der Personalvertretungen der abgebenden Behörde ausreichend gesichert.

Die ersten Bewährungsproben hat das ZeP inzwischen bestanden. So unterstützten 300 Überhangkräfte die Vorbereitung und Durchführung der Europawahlen im Juni 2004 in Berlin. Das Land sparte dadurch circa 1,4 Millionen Euro, weil es für die Wahlen sonst externe Kräfte hätte einsetzen müssen. Das ZeP hat darüber hinaus mit den Programmen „Jump Plus" und „Arbeit für Langzeitarbeitslose" der Bundesagentur für Arbeit erste externe Kooperationsprojekte abgeschlossen. Darüber hinaus unterstützt das ZeP den Aufbau der Ordnungsämter mit derzeit 140 Personalüberhangkräften. Als „Kiezstreife" in Uniform sorgen Beamte dort nun für Ordnung in Berliner Stadtteilen. Schließlich werden für die vorbereitenden Aufgaben zur Durchführung von Hartz IV zurzeit weitere circa 280 Personalüberhangkräfte bereitgestellt, für die auch eine Erstattung von Personalkosten vorgesehen ist. Aber auch zehn Mitarbeiter des höheren Dienstes aus dem ZeP arbeiten derzeit beim Bundeswirtschaftsministerium an Koordinierungsaufgaben im Rahmen von Hartz IV.

Die langfristige Bewertung des Erfolgs des ZeP steht noch aus, aber die Zwischenbilanz ermutigt zur Wiederholung der Idee.

2. Teilhaben an Kostenreduktionen

Jedes Jahr das gleiche Spiel: Der kameralistische Haushaltsplan beschreibt die im Jahr zur Verfügung stehenden Mittel in so genannten Ausgabetiteln. Werden die Titel bis zum Jahresende nicht ausgenutzt, sind die Mittel für die verantwortliche Führungskraft verloren. Vielfach ist es nicht möglich, eingesparte Sachkosten aus einem Ausgabetitel in einem anderen zu nutzen. Als Argument wird oft angeführt, dass **zweckgebundene Ausgabetitel**

---

[87] Detaillierte Darstellungen hierzu in McK Wissen 13 – Public Sector, 4. Jahrgang, Juni 2005.

nicht auf andere Verwendungen umgewidmet werden dürften. Dies stimmt nicht in dieser Absolutheit.

Das haushaltsrechtliche **Bruttoprinzip**[88] besagt, dass alle Einnahmen und Ausgaben mit ihrem vollen Betrag und getrennt voneinander[89] zu buchen sind. Die Buchung ist grundsätzlich in dem Haushaltstitel vorzunehmen, unter dem die Einnahme oder Ausgabe im Haushaltsplan veranschlagt ist. Ein solcher ordnungsgemäßer Einzelnachweis verbietet die Verwendung von Mitteln aus einem Haushaltstitel für einen anderen als den vorgegebenen Zweck; eine Umwidmung von Mitteln ist somit grundsätzlich ausgeschlossen.[90]

Dennoch gibt es Handlungsfreiräume. In Ausnahmefällen ist eine gemeinsame Mittelverwendung aus verschiedenen Haushaltstiteln möglich.[91] Erforderlich ist jedoch, dass der Haushaltsplan die Übertragung zulässt. Dies kann etwa durch Festlegung in den Durchführungsbestimmungen des Haushaltsgesetzes geschehen oder durch Haushaltsvermerk (Übertragungsvermerk) zugelassen werden, wenn es die wirtschaftliche Aufgabenerfüllung fördert.[92] Als weitere haushaltsrechtliche Möglichkeit kann etwa Bundesbetrieben oder Sondervermögen ein Freiraum bei der Vergabe der Mittel eingeräumt werden, da für diese lediglich die Summe der Zuführungen oder der Ablieferungen im Haushaltsplan zu veranschlagen ist.[93] Da eine Umwidmung von bewilligten Mitteln von einer Behörde auch im laufenden Haushaltsjahr beantragt werden kann, heißt dies mit anderen Worten: Die notwendige Freiheit kann für die Behörde jeweils geschaffen werden.

Damit hat eine Behörde wie ein öffentlich-rechtliches Unternehmen Freiräume in der Verwendung ihrer Mittel im Rahmen des Haushaltsplans. Konkret heißt das, dass 100.000 Euro, die im IT-Haushalt frei geworden

---

[88] § 35 Abs. 1 BHO.
[89] Gemäß dem Prinzip der Bruttoveranschlagung in § 15 BHO.
[90] Vgl. auch § 17 Abs. 4 BHO: keine Veranschlagung von Ausgaben für denselben Zweck bei verschiedenen Titeln.
[91] Vgl. § 35 Abs. 2 BHO.
[92] Vgl. § 19 BHO.
[93] Vgl. §§ 26, 87 BHO.

sind, selbstverständlich zur Förderung einer wirtschaftlichen Aufgabenerfüllung anderweitig verwendet werden können, etwa um Büromaterial, Möbel oder Beratungsleistungen einzukaufen. Was die linke Hand gewinnt, darf die rechte in diesem Fall ausgeben.

Das Zögern bei der Umwidmung solcher Ausgabetitel resultiert wohl eher aus einer anderen, nicht ganz abwegigen Überlegung: Wurde das Budget für einen bestimmten Titel binnen eines Jahres nicht ausgegeben, so wird bei der Gestaltung des Haushalts im nächsten Jahr mit großer Sicherheit die Frage auftauchen, warum es denn im letzten Jahr mit 100.000 Euro weniger ging, in diesem Jahr nun aber nicht. Anders gesagt: Ein einmal durch maßvolles Wirtschaften aufgegebenes Budget muss unter Umständen im nächsten Jahr wieder hart zurückerkämpft werden.

Die Beschränkungen bei den Sachkosten liegen also nicht ausschließlich in den Rechtsvorschriften, sondern vielmehr in der **behördlichen Bewahrungsmentalität** im Umgang mit Haushaltstiteln. Dies wird aber noch verstärkt durch ein **restriktives Kontrollverständnis** der jeweiligen parlamentarischen Kontrollgremien. Es scheint fast so, als ob diese sich teilweise nicht mehr von einer konsequenten Ergebnisorientierung, sondern von einer schlichten Ausgabenlogik leiten lassen. In der Konsequenz wird allzu oft das eigentliche Ziel der BHO verfehlt, nämlich eine wirtschaftliche und sparsame Verwendung der Mittel insgesamt sicherzustellen.

Im Zuge der Modernisierung von Verwaltungen muss aber ein solches Bestandsdenken ebenso auf den Prüfstand gestellt werden wie eine veraltete IT-Struktur. Als Lösungsmöglichkeit ist beispielsweise denkbar, dass frei werdende Mittel z. B. zur Hälfte der sparsamen Stelle zur eigenen Verwendung zur Verfügung gestellt werden. Die andere Hälfte verbliebe als echte Kostenreduktion. Durch das Teilhaben an Kostenreduktionen entstünden so ein Anreiz und ein Nutzen für beide Seiten.

3. Programm-/Umsetzungsbüro

Die bisher beschriebenen Instrumente sind dazu geeignet, die personellen und finanziellen Vorteile aus einem IT-Projekt zu ziehen. Allerdings werden sie in vielen konkreten Fällen kaum ausreichen, um umfassende Veränderungsprogramme erfolgreich in Behörden und Verwaltungen umzusetzen: Zu vielseitig sind die Anforderungen, zu komplex sind die Rahmenbedingungen, die zu berücksichtigen sind, zu stark greift die öffentliche Meinung, die teils kurzlebig ist und nicht immer rational entsteht, in den Prozess ein.

Die Privatwirtschaft hat für derartige Unwegsamkeiten eine Antwort gefunden, die sich als schlagkräftiges Werkzeug erwiesen hat: Bei großen Transformationsprogrammen, die aus einer Vielzahl verschiedener Projekte bestehen, wird das Gesamtprogramm von einem **zentralen Programmbüro oder auch Umsetzungsbüro** gesteuert. Dieses Büro koordiniert nicht nur die einzelnen Projekte, sondern es schafft auch Transparenz, ob die Programmziele erreicht werden. Es überwacht den Fortschritt der Konzeption bzw. Umsetzung mit Hilfe von z. B. Meilenstein-, Budget- und Effektcontrolling. Bei wiederkehrenden Abweichungen vom Plan unterstützt das Programmbüro die Projektteams mit Methodenkompetenz und Ressourcen.

In den letzten Jahren hat das Instrument Programmbüro auch erfolgreich Einzug in den öffentlichen Sektor gehalten. So hat Ende der neunziger Jahre die britische Regierung für alle Regierungsbereiche klare Ziele[94] und die so genannte **Delivery Unit** („Liefereinheit") ins Leben gerufen. Diese Delivery Unit ist nichts anderes als ein Programmbüro, wie es seit langem in großen Transformationsprogrammen in der Privatwirtschaft eingesetzt wird.

> **Zielorientierte Steuerung am Beispiel der britischen Delivery Unit**
>
> Die britische Regierung sieht es als eine zentrale Aufgabe an, die Leistungsfähigkeit der öffentlichen Verwaltung zu verbessern. Hierfür hat sie mit den wesentlichen Regierungsbereichen klare Zielpakete vereinbart. Die zentrale Delivery Unit hat dabei die Aufgabe, sicherzustellen, dass diese Versprechungen auch „geliefert" werden. Sie ist direkt beim britischen Premierminister angebunden und evaluiert regelmäßig und systematisch die Zielerreichung.
>
> Um die jeweiligen Zielsetzungen zu erreichen, wurden attraktive Anreize geschaffen. Sie sind zum einen rein monetär, zum anderen beflügeln sie die Beteiligten durch eine höhere Transparenz. Die **monetären Anreize** sind:

---

[94] Public Service Agreements, siehe Abbildung unten und vgl. Kapitel 3.

- Durch die **Einführung der kaufmännischen Buchführung** wurde die Budgetierung von Finanzmitteln verbessert. Mit Hilfe von Abschreibungen kann nun die Zuordnung von Finanzmitteln über die Nutzungsdauer gestreckt werden. Dies ist in der kameralistischen Haushaltsführung nicht möglich; hier werden nur Zahlungsein- bzw. -ausgänge verbucht, ein Bezug zur Nutzungsdauer besteht nicht. Durch diese veränderte Sichtweise gelang ein neuer Fokus auf Asset Management, Immobilienrationalisierung und Investmentplanung, denn hier sind typischerweise lange Nutzungs- bzw. Investitionszeiträume zu berücksichtigen.

- Den Ressorts wurde für ihre **Budgets über drei Jahre volle Sicherheit und Flexibilität** gewährt. So können ungenutzte Ressourcen und eventuelle Effizienzgewinne ins nächste Jahr übertragen und flexibel umgewidmet werden.

- Es gibt einen **Wettbewerb der Ressorts um Ressourcen**. Die Ressorts können sich um Gelder aus einem Extratopf (300 Millionen Pfund im „Efficiency Challenge Fund") bewerben, um für die Restrukturierungskosten eines Effizienzprogramms Zuschüsse der Regierung zu erhalten.

Neben den rein monetären Anreizen wirkt die **Transparenz** motivierend: Die Beteiligten wollen schon aus Ehrgefühl gegenüber den übergeordneten Stellen und ihren Mitstreitern ihre Ziele nicht verfehlen. Wenn der Staatssekretär für Gesundheit die Wartezeit der Herzinfarktpatienten auf eine Operation wie gefordert um 20 Prozent reduziert, will die Justizministerin mit der Aufklärungsrate bei Mordfällen nicht hinter dem Zielplan zurückbleiben. Dieser Wettbewerbseffekt lässt sich freilich nur auslösen, wenn alle Beteiligten ihre Ziele transparent und öffentlich kommunizieren.

Die Zusammenarbeit zwischen den Ressorts und der Delivery Unit folgt dem Prinzip **„Fordern und Fördern"**, das auch in Deutschland in letzter Zeit prominent geworden ist. Die Ressorts werden gefordert: Sie sind zum regelmäßigen Bericht angehalten; dabei werden sie am Grad ihrer Zielerreichung gemessen. Jedes Department muss alle sechs bis acht Wochen bei einem ein- bis zweistündigen „Stocktake" (Fortschrittskontrolle) dem Premierminister berichten. Die Ressorts werden aber auch gefördert: Bei Zielabweichungen unterstützt die Delivery Unit die Ressorts mit ihrer Kompetenz, Probleme zu lösen. Etwa vier bis fünf Mitglieder der Delivery Unit arbeiten eng mit einem Department zusammen. Zunächst werden Lieferpläne („Delivery Plans") erstellt, anschließend die Zielvorgaben und Meilensteine überwacht. Gerät der Prozess ins Stocken, werden die Teilnehmer zu Workshops zusammengerufen - bei Bedarf leitet diese der Premierminister persönlich.

Die Einführung einer solchen Steuerungseinheit – ob sie nun Programmbüro oder Delivery Unit heißt – bietet eine Vielzahl von Chancen: Die unterschiedlichen Initiativen werden gesamthaft koordiniert, die Zielerreichung wird transparent und bei Zielabweichungen kann frühzeitig gegengesteuert werden. Das Konzept kann insbesondere auf komplexe und große IT-Projekte übertragen werden, denn auch diese sind wie beschrieben konsequent über Ziele bzw. Nutzen zu steuern. Voraussetzung dafür ist, nicht die Einführung einer neuen Software als Ziel zu definieren, sondern zu klären: Welchen Zielzustand wollen wir erreichen? Wie soll der Erfolg gemessen werden? Die Definition solcher Ziele als Wirkungsgrößen für ein IT-Projekt haben wir in Kapitel 3 erläutert.

Allerdings muss die öffentliche Hand dafür grundlegend umdenken:

- Von aufwandsorientierten Zielen (Haushalt, Anzahl Personal) umschwenken zu **erfolgsorientierten, öffentlichkeitswirksamen Zielen**, die sich an den Bürgerbedürfnissen und -nutzen orientieren („Wie lange muss ich auf eine Operation warten?", „Wie oft kommt es zu Staus in der Innenstadt?")

- Statt langwieriger Absicherung und Abstimmung **klare Anreize für Ressorts und Leistungserbringer** schaffen, um zu identifizieren und zu erproben, wie sich dezentral das Beste herausholen lässt

- Statt wegen unzureichender Daten die Steuerungsfähigkeit einzubüßen, Transparenz durch ein **„Delivery Cockpit"** installieren, das anhand weniger Kennzahlen Erfolg bzw. erreichten Nutzen darstellt

- Statt Umsetzung und Erfolg dem Zufall zu überlassen, **Leistungssteigerungen konsequent nachhalten und Unterstützung bieten**, um die Probleme in den Kernhandlungsfeldern zu lösen

- Statt eine dezentrale, aber unklare Verantwortung zu belassen, ein **zentrales Programmbüro** etablieren, das klare und transparente dezentrale Verantwortlichkeiten zuordnet und überwacht.

4. Zielverfolgung über Zeit

Nur was quantifiziert wird, kann auch gemessen werden. Das haben wir bereits in Kapitel 3 beschrieben. Die Effizienz- und Effektivitätssteigerungen eines Projekts müssen sowohl vor als auch während der Durchführung anhand einer Wirtschaftlichkeitsbetrachtung bewertet werden; die Wirtschaftlichkeitsbetrachtung muss **regelmäßig aktualisiert** werden.

Wirtschaftlichkeitsbetrachtungen im öffentlichen Sektor gehorchen weitgehend denselben Prinzipien wie auch in der Privatwirtschaft. Sie können deshalb trotz einiger Spezifika, wie z. B. den Vorgaben des Haushaltsrechts, ähnlich wie in der Privatwirtschaft durchgeführt werden[95]. Auf vier Dinge kommt es dabei vor allem an:

- **Sämtliche Nutzenkomponenten müssen berücksichtigt werden**, also einerseits die relativ einfach zu beziffernden Effizienzsteigerungen in den Dimensionen Qualität, Zeit und Kosten, andererseits aber auch Qualitätsverbesserungen durch Anbieten von neuen Leistungen oder Leistungsarten, die häufig schwerer in Zahlen zu fassen sind. Das bedeutet, dass beispielsweise auch die höhere Zufriedenheit des Bürgers oder die geringere Wahrscheinlichkeit von Beschwerden mit Zahlen zu belegen ist.[96]

- Die Methode, Verbesserungen zu messen, muss **von der Organisation akzeptiert** sein. Von besonderer Bedeutung ist, die Modalitäten für die Quantifizierung mit der Fachseite abzusprechen. Nur so kann sichergestellt werden, dass die Vorgaben von ihr umgesetzt und eingehalten werden.

- Wie hoch der Nutzen ausfällt, muss **konkret und fest verankert** werden. D. h., es muss eine organisatorische Einheit bzw. eine Kostenstelle identifiziert werden, bei der der Nutzen anfällt, und eine Person muss sich verantwortlich erklären, diesen Nutzen auch zu heben.

- Der Prozess muss **iterativ** sein, d. h., der Informationszuwachs über Zeit muss zur ständigen Verbesserung, Präzisierung und Neubewertung führen. Die Wirtschaftlichkeitsbetrachtung ist damit nicht nur die Basis für eine einmalige Entscheidung am Anfang eines Projekts, sondern durch das stetige Aktualisieren wird ein konstantes Überwachen des Nutzens möglich.

---

[95] Vgl. hierzu auch die Ausführungen zu Wirtschaftlichkeitsbetrachtungen in Kapitel 3.

[96] Gegebenenfalls müssen also auch die höhere Zufriedenheit des Bürgers oder die geringere Wahrscheinlichkeit von Beschwerden als qualitativer Nutzen in die Bewertung einfließen. Es lässt sich z. B. durchaus berechnen, was eine verbesserte telefonische Erreichbarkeit der Behörde „wert ist": Wie viel mehr Zeit am Telefon steht zur Verfügung? Wie lang ist die durchschnittliche Wartezeit am Telefon? Wie viele Anläufe müssen Anrufer nehmen, bis sie den richtigen Ansprechpartner gefunden haben?

Die Wirtschaftlichkeitsbetrachtung ist also nicht nur einmalig gemäß den genannten Kriterien zu Beginn eines Projekts zu erstellen, sondern sie muss **regelmäßig fortgeschrieben und konkretisiert** werden. Eine erste Definition des zu erwartenden Nutzens haben die Beteiligten bei der Projektdefinition erstellt – dies war im Rahmen der Zieldefinition zu leisten, die wir in Kapitel 3 beschrieben haben. Um den definierten Nutzen, d. h. die Ernte des Projekts, aber auch wirklich einzufahren, muss ein regelmäßiges Nutzencontrolling erfolgen. An dieser Stelle wird ein Projekt oft zum zweiten Mal unbequem. Denn es werden nicht nur neue Prozesse geschaffen und Zuständigkeiten verändert, sondern jetzt muss man sich tatsächlich von lieb gewonnenen Prozessen oder Organisationseinheiten trennen – und dabei wird man auch noch beobachtet.

Die Wirtschaftlichkeitsbetrachtung muss also in den verschiedenen Projektphasen wiederkehrend überprüft und gegebenenfalls angepasst werden. Dies gilt insbesondere im Rahmen der Grobkonzeption, in der eine erste Verfeinerung erfolgt; es gilt aber auch in den weiteren Projektphasen wie Erarbeitung von Detailkonzept, Realisierung und Pilotierung – kontinuierlich ist die Wirtschaftlichkeitsbetrachtung zu verfeinern und zu fundieren. Dabei müssen insbesondere die folgenden Fragen beantwortet werden:

- **Zielerreichung analysieren.** Ist das Projekt auf Kurs? Werden die definierten Soll-Zustände erreicht?

- **Ursachen aufdecken.** In welchen Nutzendimensionen weichen die Ist-Werte von den Soll-Werten ab? Welche Ziele haben sich warum nicht realisieren lassen? Wo liegen die Ursachen für das Abweichen bzw. Fehlschlagen?

- **Ziele hinterfragen.** Stimmen die Erfolgsindikatoren noch, die für das Projekt definiert wurden? Muss der angestrebte Soll-Zustand, an dem der Erfolg in der Frühphase des Projekts festgemacht wurde, eventuell verändert werden?

- **Maßnahmen ableiten.** Was muss geschehen, um wieder möglichst schnell auf Kurs zu kommen? Welche Maßnahmen sind erforderlich, um den gegebenenfalls neu definierten Soll-Zustand zu erreichen?

Zielgerade

5. Organisationsanpassungen

Wer möchte, dass sich der Nutzen eines IT-Projekts realisieren lässt, muss den Veränderungsprozess an die Geschwindigkeit bzw. **Lernfähigkeit der Organisation** anpassen. Die veränderten Prozesse müssen schließlich von Menschen ausgeführt werden. Im Mittelpunkt stehen die Fragen: Wie schnell können sie umlernen, sich neu einstellen? Wie kann ihnen bei der Umstellung geholfen werden?

Der Anspruch an die Umsetzung von IT-Projekten ist oft hoch. Aufbau- und Ablauforganisation werden neu ausgerichtet, Hierarchien umgekrempelt und insbesondere die Anforderungen an die Mitarbeiter von einem Tag auf den anderen radikal verändert. Dies ist in jedem Umfeld schwer zu bewältigen – nicht nur im öffentlichen Sektor. Hier freilich stellen solche Veränderungsprozesse besondere Herausforderungen dar: Vielfach sind die Mitarbeiter – ob nun Angestellte oder Beamte – nur in sehr spezifischen Fachbereichen geschult; dies kann ihnen Schwierigkeiten bereiten, sich in einem neuen Aufgabenbereich zurechtzufinden. Die Mitarbeiter sind verunsichert, überfordert und schließlich demotiviert.

Häufig verschärfen die IT-Experten dieses Dilemma, weil sie die Nutzer oft außen vor lassen bzw. zum Objekt der Veränderung degradieren, anstatt sie inhaltlich einzubinden und zu motivieren. Bei der Umsetzung eines Projekts in die Praxis richten sie sich oft strikt nach den Anforderungen der IT; sie versuchen, das Problem von der Seite der Lösungen anzugehen, nicht von der Seite der Anforderungen. Beispielsweise wird dann der Projektplan lieber nach Softwaremodulen anstatt nach Fachanwendungen bzw. fachlichen Bedürfnissen gegliedert.

IT-Projekte werden in Unternehmen und Behörden allzu oft verordnet. Die IT-Abteilung gibt sie vor und führt sie verbindlich ein. Man spricht auch von einem „Push" (Druck) der IT-Seite. Nicht selten sollen die Nutzer auf diese Weise diszipliniert werden. Es soll sich ja etwas ändern, etwas besser werden. Wäre es aber nicht besser, das Projekt auf dem Verlangen der Nutzer aufzubauen? Die Einführung ginge so auf die Initiative der Nachfrager zurück; sie erzeugen einen „Pull" (Sog) – z. B., wenn eine neue Fallbearbeitungssoftware für die Steuerveranlagung ansteht. Auch die Sachbearbeiter hätten es gern einfacher und effizienter in ihrem Arbeitsalltag. Sie, aber auch die Bürger selbst, könnten befragt werden, um Anregungen für die Optimierung vorhandener Systeme zu erhalten. Hat der Nutzer die Veränderung gewollt, wird er sie viel leichter akzeptieren.[97]

Nicht nur beim Aufsetzen eines Projekts, auch bei der Einführung sollten die Nutzer ausreichend berücksichtigt werden. Die Veränderungen müssen den Fähigkeiten und Kenntnissen der Nutzer angemessen sein. Um eine Veränderungsgeschwindigkeit sicherzustellen, die dem Nutzerverhalten entspricht, sind insbesondere die folgenden Erfolgsvoraussetzungen zu gewährleisten:

- **Bei der Veränderung der Prozesse muss die Nutzerperspektive, nicht die technische Perspektive eingenommen werden.** Es ist erforderlich, durch die Brille des Nutzers zu schauen und ihn abzuholen. Beim Neuen Kommunalen Rechnungswesen der Stadt München wurden beispielsweise die Projektarbeitsgruppen mit einem Projektmitarbeiter und einem Kollegen der Fachseite besetzt, um sicherzustellen, dass sich beide Parteien gleichermaßen mit der neuen Lösung identifizieren, sie gleich gut kennen und sie von den Bedürfnissen beider Seiten bestimmt ist.

- **Die Umsetzung der tatsächlichen Veränderungen muss in einer für die Organisation angemessenen Geschwindigkeit erfolgen.** So findet der Umbau der Bundesagentur für Arbeit beispielsweise in kleinen Schritten statt. Es wurden zunächst nur zehn Pilotagenturen ausgewählt, die die Pläne erprobten. Dies war einerseits wichtig, um die Richtigkeit der Konzepte zu belegen. Andererseits konnte aber auch nur so unter der Belegschaft ein Bewusstsein entstehen, dass die anvisierten Änderungen tatsächlich erstrebenswert sind und funktionieren.

---

[97] Dies darf nicht darüber hinwegtäuschen, dass viele Prozessveränderungen, die auf IT basieren, nur als „Push" gestaltbar sind, weil sie eben notwendige Änderungen sind, für die sich nicht ohne Weiteres ein Bedarf der Nutzer konstruieren lässt.

Zielgerade 179

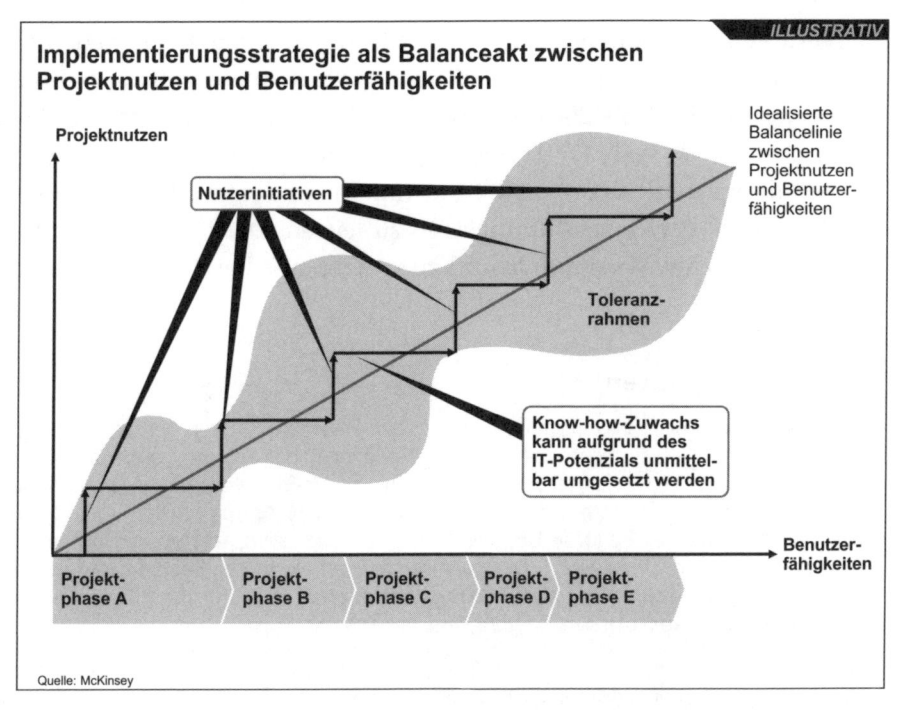

Implementierungsstrategie als Balanceakt zwischen Projektnutzen und Benutzerfähigkeiten

ILLUSTRATIV

[Diagramm: Projektnutzen (y-Achse) vs. Benutzerfähigkeiten (x-Achse) mit Projektphasen A–E; Elemente: Nutzerinitiativen, Toleranzrahmen, Idealisierte Balancelinie zwischen Projektnutzen und Benutzerfähigkeiten, Know-how-Zuwachs kann aufgrund des IT-Potenzials unmittelbar umgesetzt werden]

Quelle: McKinsey

- **Die Umsetzungsmodule müssen nach Organisationseinheiten bzw. Fachanwendungen gestaltet werden.** Im Neuen Kommunalen Rechnungswesen der Stadt München wurde beispielsweise der Projektplan nach Organisationseinheiten, d. h. Referaten, geschnitten. Anschließend wurden die in diesen Einheiten identifizierten Geschäftsprozesse priorisiert. Eine aus Sicht der IT vorzuziehende Gliederung nach IT-Modulen wurde hingegen sowohl in der Planung als auch in der Projektarbeit vermieden. Jede Fachabteilung wurde zu einem festen Zeitpunkt komplett auf den neuen Prozess umgeschaltet. So konnte vermieden werden, dass gerade erlernte Vorgänge einer früheren Projektphase erneut verändert werden mussten. Die Umstellung konnte stattdessen von den Fachabteilungen sinnvoll absorbiert und dort auch unterstützt werden.

- **Ohne Schulungen geht es nicht.** Dass neue IT-Prozesse Schulungen der Nutzer erfordern, müsste sich eigentlich von selbst verstehen. Es reicht allerdings nicht aus, die Nutzer in den Umgang mit der Software einzuarbeiten. Sie müssen auch die Prozesse und die Arbeitsabläufe verinnerlichen, um auf Dauer Vorteile zu genießen. Beim Neuen Kommunalen Rechnungswesen in München wurden beispielsweise im Zeitraum von 2002 bis 2004 eigens 39 verschiedene Trainingsmodule entwickelt und von 17 Trainern aus dem Projektteam in etwa 500 Schulungen mit über 5.000 Teilnehmern umgesetzt. Insgesamt waren über 8.900 Personenschulungstage zu leisten. Diese Schulungen haben erheblich zum Verständnis und zur Akzeptanz bei der Fachseite beigetragen.

Kfz-Zulassung Essen

Mitte der neunziger Jahre entschied sich die Stadt Essen im Rahmen der Verwaltungsreform, ihren Kfz-Zulassungsprozess neu zu gestalten: IT-basiert und vollständig papierlos. Essen stand vor der Aufgabe, die Zulassung von einem zweistufigen, papiergebundenen Verfahren, bei dem die Bürger im Amt einen Antrag stellen müssen, der anschließend von der Behörde bearbeitet und bewilligt wird, auf ein einstufiges, papierloses Verfahren umzustellen. Der geplante Nutzen lag in der **Beschleunigung des Bearbeitungsvorgangs**, der **Verkürzung von Wartezeiten** für die Bürger und dem **Reduzieren von Ressourcen**, sowohl Personal als auch Material.

Die Essener starteten das Projekt 1996 gemeinsam mit Oberhausen und Leverkusen – solche Kooperationen sind bei kommunalen Vorhaben mittlerweile typisch. Die Leitung übernahmen Entwickler des Essener Systemhauses ESH und der Informationsverarbeitung Leverkusen IVL, die auf der Fachseite von der Essener Kfz-Zulassungsstelle untertützt wurden. Zunächst beschrieben die Experten den anvisierten Zielzustand der Behörde. Dabei half die Markt- und Nutzenanalyse einer externen Beratungsfirma.

Im Juli 1999 war es so weit: Der Schalter wurde umgelegt. Wer seitdem in Essen ein Auto zulässt, der trifft auf eine völlig neue Art von Verwaltung. Ohne Papier, lange Schlangen und komplizierte Antragstellung. Binnen kürzester Zeit kann er die Zulassungsstelle mit freigegebenen Nummernschildern wieder verlassen.

Bleibt die Frage, inwiefern das Projekt wirklich Nutzen gestiftet hat, die Zielsetzung also erreicht wurde? Antwort: in überzeugender und vor allem nachweisbarer Weise. Heute dauert es nur noch die halbe Zeit, um eine Zulassung zu erhalten. Mit anderen Worten: Benötigte ein Bürger vom Betreten der Behörde im Schnitt gut eine Stunde (oft waren es auch zwei Stunden oder ein ganzer Vormittag), bis er seine Zulassung in der Hand hielt, kommt er heute mit 33 Minuten aus. Durch die Einführung eines Check-in können z. B. viele Bürger die Behörde nach nur ein bis zwei Minuten sofort wieder verlassen. Die Abmeldung oder der Versicherungswechsel werden dort sofort durchgeführt. Ein Warten auf den Schalterbeamten oder ein Weg durch das Haus entfallen.

Zielgerade 181

Kfz-Zulassung Essen brachte deutliche Effizienzsteigerung

Zusätzlich: Ermöglichung von neuen Dienstleistungen wie Kfz-Zulassung vor Ort (Effektivitätsgewinn)

Kosten
- Reduzierung von Personalkosten; jetzt Besetzung überwiegend mit Halbtagskräften
- Umstellung auf papierloses Verfahren und so Reduzierung von Archivlagerflächen und Materialkosten

Qualitätsdefizite
- Deutliche Reduzierung von Reklamationen/ Wiederkehrern

Zeit
- Verkürzung der Durchlaufzeit von circa 60 auf 33 Minuten
- Vollständiger Wegfall der Nachbearbeitung

Quelle: McKinsey

Diese Effizienzsteigerung wirkte sich auch äußerst positiv auf die Behörde aus. Die Arbeitszeit der Mitarbeiter außerhalb der Öffnungszeiten, die früher benötigt wurde, die circa 1.000 täglichen Antragsvorgänge[98] abzuarbeiten, konnte auf ein Minimum reduziert werden. So lässt sich die Zulassungsbehörde heute überwiegend mit Halbtagskräften betreiben – bei konstant gehaltenen Öffnungszeiten. Durch das frei werdende Personal entstanden neue Spielräume für Services, die bis dato gar nicht geleistet wurden. Beispielsweise stattete man eine Gruppe von Zulassungsbeamten mit Laptops aus und schickte sie am Wochenende zum „wilden" Automarkt in Essen-Nord, auf dem vorwiegend Kunden aus den Ländern des ehemaligen Ostblocks in großer Zahl Gebrauchtwagen kauften. Die dort campenden Autokäufer mussten früher regelmäßig bis zum Wochenanfang auf ihre Abmeldungs- oder Ausfuhrpapiere warten. Nun jedoch konnten Beamte sie mobil abfertigen, so dass der Automarkt viel von seinem Wildwuchs verlor. Nicht zuletzt schrumpfte auch der Papierbedarf in der Behörde, was den Etat schonte und den Bedarf an Archivregalen dauerhaft reduzierte.

---

[98] Darin sind auch Sammel- und Mehrfachanträge durch private Dienstleister und Firmen enthalten, so dass die tatsächliche Anzahl an Zulassungen deutlich höher liegt.

Warum das Essener Beispiel so erfolgreich war, lässt sich eindeutig ausmachen: Wenige Leute konnten viel entscheiden. Die Entscheider auf der IT- und Fachseite zeigten ein hohes Engagement, die Anwender der Fachseite unterstützten das Projekt nach Kräften. Ein guter Draht zur Politik war vorhanden, insbesondere bot der IT-begeisterte Oberbürgermeister viel Rückhalt. Als Katalysator wirkte, dass die Politik im Zeitraum des Beginns des Projekts ohnehin auf Kostenreduktionen in der Verwaltung gedrängt hatte, so dass die Verwaltung Erfolge vorweisen musste. Kostenreduktionen bedeuten – nicht nur, aber auch –, beim größten Kostenblock anzusetzen: Personalkosten. Aber auch das klar definierte Ziel, formuliert als anvisierter Nutzen, erwies sich in diesem Fall als unabdingbarer Erfolgsfaktor. Ein weiterer lag bereits im Ansatz des Projekts: man erkannte die Chance, im Rahmen der Einführung der neuen IT-Unterstützung die **gesamten Abläufe und Organisationsstrukturen zu überdenken und zu verändern** – anstatt sie nur zu automatisieren.

Wir wollen nicht verschweigen, dass auch das Essener Projekt seine schwarzen Stunden hatte. In den ersten Tagen nach der Online-Schaltung im Juli 2000 beispielsweise fuhr die Datenbank immer wieder nach einigen Stunden wie von Geisterhand runter. Ursache war, dass die Rechner auf einer veralteten Releaseversion liefen – was bei allen Tests nicht aufgefallen war –, die unter Maximallast die Selbstabschaltung verursachte. Aber die spürbaren und nachhaltigen Verbesserungen durch das Projekt haben diese Kinderkrankheit schnell hinter den dauerhaften Erfolg zurücktreten lassen.

* * *

Auch im öffentlichen Sektor können IT-Projekte also einen nachweisbaren Nutzen erbringen. Allerdings ist es unabdingbar, diesen Nutzen durch Wirtschaftlichkeitsbetrachtungen zu belegen. Die Effizienzsteigerungen müssen sowohl bei den Personalkosten (Beschäftigungsgesellschaften) als auch bei den Sachkosten (Ausgabetitelverschiebungen) durch neue Konzepte und Tabubrüche in Kostenreduktionen umgesetzt werden. Langfristig wird es notwendig sein, auch im öffentlichen Sektor umfassende Transformationsprogramme zentral und transparent zu steuern (Delivery Unit und Delivery Cockpit). Wesentlich ist aber ein Umdenken: Transparenz statt Abteilungsdenken und Herrschaftswissen – nur so wachsen Verantwortung und Motivation.

10. IT-Management: Mehr als die Summe der Projekte

Wenn alle einzelnen IT-Projekte erfolgreich gemanagt werden, ist das Thema IT-Management im öffentlichen Bereich noch nicht beendet. Es gilt, ein Multiprojektportfolio und die IT als Ganzes zu steuern. Wie das Management eines IT-Projekts ist das Gesamtmanagement der IT einer öffentlichen Einrichtung schwieriger als in der Privatwirtschaft. Insbesondere die kameralistische Haushaltslogik und die stark politisch geprägten Entscheidungsstrukturen und -prozesse des öffentlichen Sektors erschweren das Management der IT.

Trotz der Unterschiede kann die öffentliche Hand auch hier von der Privatwirtschaft lernen. Ein erfolgreiches gesamthaftes IT-Management erfolgt in drei Dimensionen:

- *IT-Strategie (inkl. Projektportfolio und Architektur)*
- *IT-Operations (inkl. Beschaffung bzw. Sourcing) sowie*
- *IT-Organisation (inkl. IT-Governance[99]).*

*Die Definition der **IT-Strategie** sollte auf Basis einer klaren Priorisierung des IT-Projektportfolios erfolgen. Dabei werden die Projekte entlang der Dimensionen Kosten und Nutzen bewertet. Die IT-Architektur darf nicht auf der Ebene von Einzelprojekten strukturiert werden. Vielmehr ist eine strategische Gesamtsicht im Sinne eines Generalbebauungsplans erforderlich. Hier sind technische Standards (z. B. Offenheit, Sicherheit) festzulegen, und eine Wiederverwendbarkeit sollte ermöglicht werden.*

---

[99] „Governance" bedeutet wörtlich übersetzt etwa „Steuerung" oder „Herrschaft" und beschreibt das Steuerungs- und Regelungssystem einer organisatorischen Einheit, z. B. eines Unternehmens oder einer öffentlichen Einrichtung entweder im Allgemeinen oder auf IT bezogen.

*Die **IT-Operations**, d. h. die operative Bereitstellung, der Betrieb und die Pflege von IT-Anwendungen und IT-Infrastruktur, haben eine hohe Bedeutung. Eine Kernfrage ist dabei: selbst machen oder zukaufen? Um deutliche Verbesserungen zu erreichen, sollten Möglichkeiten des Outsourcings geprüft werden. Bislang werden IT-Leistungen in Deutschland nur selten dauerhaft fremdvergeben. Großbritannien macht vor, wie im großen Stil ganze Geschäfts- bzw. Administrationsprozesse fremdvergeben werden können (Business Process Outsourcing, BPO). Es spricht alles dafür, diese Möglichkeiten zur Steigerung der Produktivität auch in Deutschland zu nutzen.*

*Eine optimale **IT-Organisation** im öffentlichen Bereich unterscheidet sich kaum von den privatwirtschaftlichen Erfolgsmodellen. Auch hier gilt: Die Verantwortung für wenige, aber zentrale Aufgaben wie z. B. Standardsetzung, Controlling und IT-Einkauf muss klar geregelt sein. Für die Schlagkraft einer IT-Organisation ist es von zentraler Bedeutung, dass die Gesamtverantwortung für die IT an hoher Stelle gebündelt wird. Dafür ist ein CIO auf erster oder zweiter Führungsebene zu etablieren.*

IT-Portfolio: Weniger ist mehr

Um ein IT-Projekt zum Erfolg zu führen, ist es dringend notwendig, seine Anstrengungen auf die wichtigsten Anforderungen zu fokussieren (vgl. hierzu Kapitel 4). Für ein Portfolio von IT-Projekten gilt der gleiche Grundsatz. Der Grundsatz ist hier sogar noch zentraler, da man wegen des begrenzten Budgets dazu gezwungen wird, sich auf das Wesentliche zu konzentrieren.

Doch was ist das Wesentliche? Im öffentlichen Sektor sind typischerweise um die 90 Prozent der laufenden IT-Aktivitäten und der IT-Investitionen für das Tagesgeschäft fest eingeplant: um den Betrieb von Rechenzentrum und Netzwerkdiensten sicherzustellen, den Service für die Endnutzer anzubieten, laufende Anwendungen zu warten und vieles mehr. Ein Innovationsführer in der Privatwirtschaft steckt nur rund 60 bis 80 Prozent des IT-Budgets in den Erhalt und den Mindestservice. Die Freiheit, in die Erneuerung zu investieren, ist in der Privatwirtschaft deutlich höher ausgeprägt und wird auch häufiger genutzt. Zielsetzung für die öffentliche Hand muss es sein, derartige Freiheitsgrade durch Optimierungen im Portfolio zu erreichen (vgl. Abbildung).

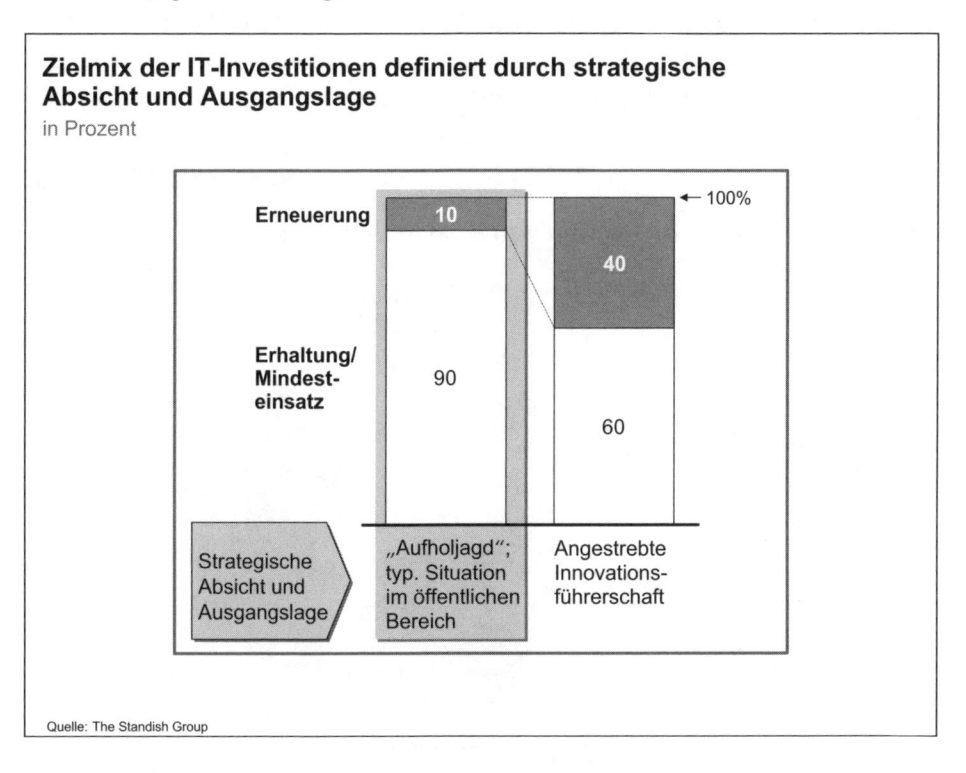

Zielmix der IT-Investitionen definiert durch strategische Absicht und Ausgangslage
in Prozent

	„Aufholjagd"; typ. Situation im öffentlichen Bereich	Angestrebte Innovationsführerschaft
Erneuerung	10	40
Erhaltung/ Mindesteinsatz	90	60

Quelle: The Standish Group

Um zu eruieren, in welche Projekte in einem bestimmten Zeitraum investiert werden soll, wie also das IT-Portfolio am Ende aussehen muss, bedarf es eines **zweistufigen Entscheidungsprozesses**. Zunächst werden die Projekte für sich bewertet („bottom-up"). Diese Einzelprojektbewertung erfolgt nach Nutzen-Kosten-Aspekten, wie wir es in Kapitel 3 beschrieben haben. Anschließend werden die Projekte im Vergleich bewertet, mit Prioritäten versehen und entsprechend geordnet („top-down").

Eine solche **gesamthafte Priorisierung** von Projekten ist in der Regel nicht leicht vorzunehmen. Während die Kosten noch verhältnismäßig leicht abzuschätzen und zu quantifizieren sind, gestaltet sich das beim Nutzen schwieriger. So können Projekte beispielsweise einen klaren Schwerpunkt auf höherer Wirtschaftlichkeit haben. Andere dienen eher dem Standortwettbewerb und haben einen politischen bzw. strategischen Nutzen. Wieder andere verbessern möglicherweise die Servicequalität in Richtung Kunden (Bürger oder Unternehmen). Diese sehr unterschiedlichen Nutzendimensionen müssen in ihrer Bedeutung für eine Gesamtbewertung des Portfolios gegeneinander abgewogen werden, um so eine gesamthafte Priorisierung zu erhalten (vgl. Abbildung).

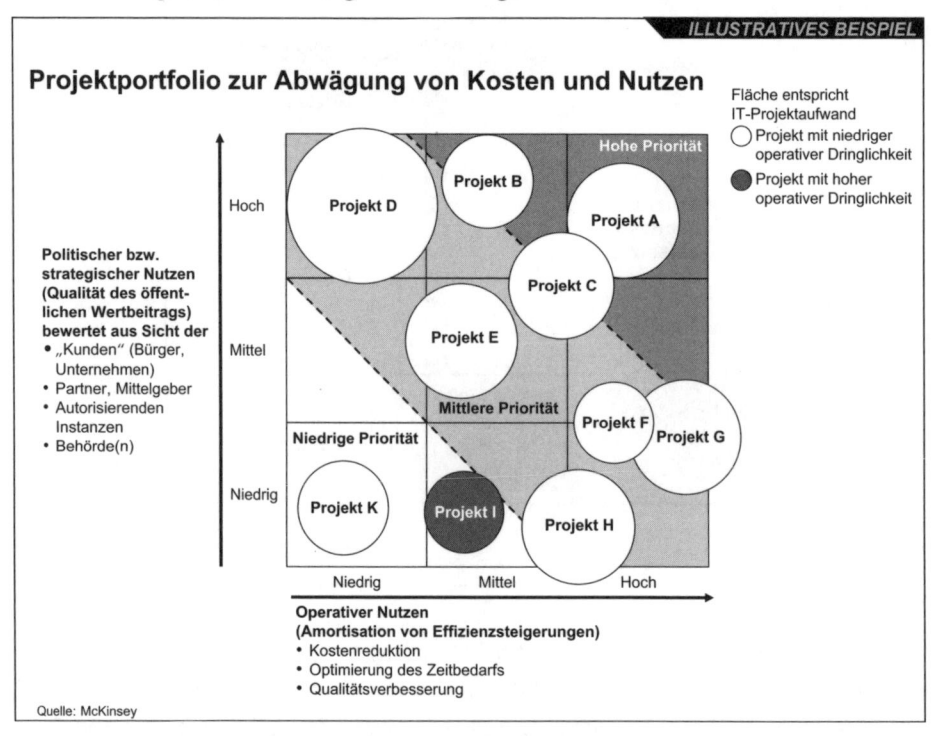

Projektportfolio zur Abwägung von Kosten und Nutzen

ILLUSTRATIVES BEISPIEL

Fläche entspricht IT-Projektaufwand
○ Projekt mit niedriger operativer Dringlichkeit
● Projekt mit hoher operativer Dringlichkeit

Politischer bzw. strategischer Nutzen (Qualität des öffentlichen Wertbeitrags) bewertet aus Sicht der
- „Kunden" (Bürger, Unternehmen)
- Partner, Mittelgeber
- Autorisierenden Instanzen
- Behörde(n)

Hohe Priorität: Projekt D, Projekt B, Projekt A, Projekt C
Mittlere Priorität: Projekt E, Projekt F, Projekt G
Niedrige Priorität: Projekt K, Projekt I, Projekt H

Operativer Nutzen (Amortisation von Effizienzsteigerungen)
- Kostenreduktion
- Optimierung des Zeitbedarfs
- Qualitätsverbesserung

Quelle: McKinsey

In der Privatwirtschaft werden die beschriebenen Bewertungsdimensionen oft noch durch eine weitere ergänzt: Neben Kosten und Nutzen (operativ und politisch-strategisch) beziehen anspruchsvolle Portfoliobewertungen als drittes Kriterium die Nutzen- und Technologierisiken mit ein.[100] Sie

---

[100] Vgl. D. Hoch, Durch Informationssysteme zu Wettbewerbsvorteilen – Chancen und Risiken, in: F. Bliemel (Hrsg.), Das Unternehmen im Wettbewerb – Bausteine zu einer erfolgreichen Marktposition, Erich Schmidt Verlag, Berlin, 1990.

werden in der Regel anhand der Einzelprojekte bemessen und zu einem Gesamtrisiko addiert.

Ein wesentlicher Aspekt der IT-Strategiefindung ist, **Akzente im Projektportfolio** zu setzen. Dabei ist zum einen zu berücksichtigen, dass ein hinreichendes Maß an Erneuerung anstatt reiner Erhaltung vorgenommen wird. Zum anderen gilt es, mit der IT- Strategie auch bei Erneuerungsinvestitionen Schwerpunkte zu definieren. So könnten z. B. Government-to-Business-Projekte mit hohem operativem Nutzen eher publikumswirksamen Government-to-Citizen-Projekten mit begrenztem operativem Nutzen vorgezogen werden.

IT-Architektur: Komplexität durch Standardisierung reduzieren

Den Überblick behalten – das zählt zu den wichtigsten Anforderungen an IT-Organisationen in Behörden wie in der Privatwirtschaft. Was muss, was kann die IT leisten, wie wird sie genutzt, was sollte sie können? Um sich nicht in Details zu verlieren, sollte analog zum Städtebau ein IT-Architekturmodell aufgestellt werden.[101] Der Städtebau liefert hier eine griffige und angemessene Analogie zur IT-Architektur, weil sich dort ähnlich komplexe Konstrukte mit den Straßenverkehrs-, Wasser- und Stromnetzen und Generalbebauungsplänen als Ordnungsparameter finden.[102]

Die Festlegung der IT-Architektur ist ein weiterer wichtiger Aspekt der IT-Strategie. Zur Beschreibung der IT-Architektur haben sich so genannte **Ebenen- oder Schichtenmodelle** durchgesetzt: Sie trennen mehr oder weniger feingliedrig die IT-Infrastruktur von den Anwendungen. Die Anwendungen werden oft zusätzlich in horizontale Querschnittsapplikationen und vertikale funktions- und prozessspezifische Applikationen unterteilt. Durch die bis zu 400 unterschiedlichen Dienstleistungen und Aufgaben

---

[101] Vgl. H. Krcmar, Informationsmanagement, Springer, Berlin, 1997; ferner: L. Ulschmid, IT-Strategien für die öffentliche Verwaltung, Gabler, Wiesbaden, 2003.
[102] Vgl. J. Laartz/E. Sonderegger/J. Vinckier, The Paris Guide to IT Architecture, in: The McKinsey Quarterly No. 3/2000.

einer Kommune entsteht auf der Ebene der funktions- und prozessspezifischen Applikationen in der Regel eine hohe Komplexität. Eine solche Komplexität in einer Kommune und die Duplizierung der Komplexität in jeder weiteren Kommune führen natürlich zu Mehraufwand.

Wichtige Instrumente zur Reduktion der Komplexität sind serviceorientierte Architekturen und Standardisierung. In **serviceorientierten Architekturen** werden Funktionalitäten, die von verschiedenen Anwendungen benötigt werden, in Modulen programmiert (z. B. Drucken, Abrufen von Kundenstammdaten). Diese Module (oder auch Services) werden aus den Anwendungen aufgerufen. Die Architektur kann so in fachspezifische Anwendungen und unterstützende Services gegliedert werden. Ein solcher Architekturaufbau ist insbesondere zur Reduktion der Komplexität bei historisch gewachsenen, sehr heterogenen Softwaresystemen – wie sie typischerweise im öffentlichen Sektor vorkommen – hilfreich.

Auch durch die **Einhaltung von Standards** kann die Komplexität reduziert und der IT-Einsatz wirtschaftlicher gestaltet werden.[103] Gute Standardsoftware ist letztlich nichts anderes als ein programmiertes Referenzmodell, auf das immer wieder zurückgegriffen werden kann. Die Software ist idealerweise flexibel aufgebaut, um eine möglichst hohe Wiederverwendbarkeit zu erzielen. Mittlerweile lässt sich eine ganze Reihe von Beispielen finden, die auf Wiederverwendung setzen. Sie können als Fallbeispiele dienen und aufzeigen, wie sich die Kosten der öffentlichen Hand durch Standardisierung deutlich senken lassen.

Ein Fallbeispiel ist das Projekt Regio@KomM, mit dem sich das Münsterland der Realisierung von E-Government in seinen Organisationen und Kommunalverwaltungen verschrieben hat. Am Prozess zur Erteilung einer allgemeinen Lastschriftermächtigung wird hier vorgeführt, welches Nutzenpotenzial die wiederverwendbare Referenzmodellierung enthält.[104] Die

---

[103] Vgl. L. Ulschmid, IT-Strategien für die öffentliche Verwaltung, Gabler, Wiesbaden, 2003.
[104] Vgl. J. Becker et al., Referenzmodellierung in öffentlichen Verwaltungen am Beispiel des prozessorientierten Reorganisationsprojekts Regio@KomM, in: O.K. Ferstl et al.

beteiligten Gemeinden profitieren von erheblichen Synergieeffekten, die durch den interkommunalen Dialog entstehen. Bis zu 13.000 deutsche Kommunalverwaltungen, deren Aufgabenspektrum sich ähnelt, könnten wiederverwendbare bzw. gemeinsame Referenzprozesse oder IT-Lösungen verwenden – und werden dies hoffentlich auch bald in Angriff nehmen.

Ein weiteres gelungenes Beispiel liefert der SAP-HR-Master. Die Datenzentrale Baden-Württemberg hat mit IBM ein vorkonfiguriertes Personalmanagementtool (den so genannten HR-Master) auf SAP-Software aufgebaut und für den öffentlichen Bereich zugeschnitten. Hier sind bereits maßgebliche Parameter für eine öffentliche Personalverwaltungssoftware voreingestellt und auf Stimmigkeit ausgerichtet, so dass die Software leicht von anderen Kommunen genutzt werden kann. Jede interessierte Kommune kann mit deutlich reduziertem Aufwand die Anwendung ihren genauen Anforderungen entsprechend anpassen – anstatt jede einzelne Einstellung selbst zu überdenken. Die Lösung wird von der Datenzentrale Baden-Württemberg in enger Kooperation und Abstimmung sowie teilweise mit Unterstützung von IBM implementiert. Auch der NKRw-Baukasten von SAP ist ein solcher vorkonfigurierter und vorparametrisierter Standardsoftware-Master, der schnell auf die spezifischen Belange des Neuen Kommunalen Rechnungswesens einzelner Kommunen angepasst werden kann. Dieser Master ist unter anderem die Grundlage des Beratungsangebots der T-Systems.

Mit der Initiative zu Standards und Architekturen für E-Government-Anwendungen (SAGA) – ein Projekt der Koordinierungs- und Beratungsstelle der Bundesregierung für Informationstechnik in der Bundesverwaltung (KBSt) – werden Bundesbehörden neuerdings konkrete technische Standards vorgegeben. Das Bundesinnenministerium (BMI) fördert deren Anwendung in den Behörden der Länder und Gemeinden.

Auch durch BundOnline sollen Effizienzgewinne aus Standardisierungen entstehen (vgl. Fallbeispiel).

(Hrsg.), Wirtschaftsinformatik 2005 – eEconomy, eGovernment, eSociety, Physica-Verlag, Heidelberg, 2005.

Standardisierung auf Bundesebene

Ein konkretes Beispiel für die IT-Architektur im öffentlichen Bereich liefert das Architekturmodell der Bundesverwaltung. Das Dienstleistungsportfolio, das im Rahmen von BundOnline 2005 erstellt wurde[105], weist eine klare Ordnungslogik und Klassifizierung sämtlicher Applikationen des Bundes auf. Acht Dienstleistungstypen reichen aus, um das Universum aller Dienstleistungen zu systematisieren:

1. Allgemeine und Fachinformationen
2. Beratung
3. Vorbereiten von politischen Entscheidungen und Gesetzesvorhaben
4. Zusammenarbeit mit Behörden
5. Allgemeine Antragsverfahren
6. Förderungen
7. Beschaffungsvorhaben
8. Durchführung von Aufsichtsmaßnahmen.

75 Prozent aller Dienstleistungen der Bundesverwaltung können genau drei dieser Typen zugeordnet werden, nämlich 1. Informationsdienste, 5. Antragsverfahren und 6. Abwicklung von Förderungen.

Für die Bereitstellung aller Dienstleistungen sind sechs IT-Architektur-Komponenten als Basiskomponenten spezifiziert worden (die allerdings nur einen Teil der Gesamtfunktionalität abdecken): Zahlungsverkehrsplattform, Datensicherheit, Content Management System, Portal, Formularserver und Callcenter. Diese wiederverwendbaren „Gleichteile" werden weitestgehend zentral bereitgestellt und von allen Behörden gemeinsam genutzt.

Derartige einheitliche semantische und prozessuale Standards sparen Zeit und Geld. Nach der vollständigen Umsetzung von BundOnline 2005 sollen sich Effizienzgewinne von bis zu 400 Millionen Euro pro Jahr in der Bundesverwaltung erzielen lassen. Die daraus resultierenden Einsparungen bei der Wirtschaft, die mit der Verwaltung interagiert, sollen so erheblich sein, dass sich die überschaubaren Anfangsinvestitionen auf Seiten der Betriebe (z. B. für Lesegeräte und Chipkarten für das Arbeiten mit der elektronischen Signatur) schnell rechnen.[106]

---

[105] Vgl. BundOnline 2005, Die E-Government-Initiative der Bundesregierung, in: E. Staudt (Hrsg.), Deutschland online, Springer, Berlin, 2002.
[106] Ebda.

Diese Erfahrungen machen Mut, denn schließlich schaffen sie die Voraussetzungen, damit später einmal umfassendere IT-Infrastrukturen gemeinsam genutzt werden können.

Standards müssen regelmäßig überprüft und aktualisiert werden. Diese Pflege ist eine anspruchsvolle und undankbare Aufgabe. Viele IT-Standards werden von Fangemeinden mit hoher Emotionalität verteidigt. Dies erschwert teilweise eine nüchterne und sachliche Bewertung, welche Technologie unwirtschaftlich ist oder wo mehrere Varianten nebeneinander existieren dürfen.

Durch Standardisierung kann nicht nur die Wirtschaftlichkeit von öffentlichen Einrichtungen erhöht werden. Vielmehr kann in der Standardisierung auch ein **Steuerungsinstrument** für die öffentliche Hand liegen. So könnte sich der öffentliche Sektor immens profilieren, wenn er bei seinen hoheitlichen Aufgaben stets auf Sicherheit abzielen und damit Standards für den Gesamtmarkt setzen würde. Die Probleme bei der Sicherheit der IT sind nach wie vor hoch. Der wirtschaftliche Schaden aus Wirtschafts- und Computerkriminalität macht zwar offiziell nur knapp 2 Prozent am Gesamtschaden aller Verbrechen aus – vermutlich steckt dahinter aber eine hohe Dunkelziffer. 95 Prozent aller Wirtschaftskapitäne halten es für sehr wichtig, einen professionellen Virenschutz einzusetzen, doch nur rund 20 Prozent aller Unternehmen haben solch eine Software in Betrieb.[107] Anspruch und Wirklichkeit klaffen hier weit auseinander. Ein durch die öffentliche Hand etablierter Standard könnte hier Abhilfe verschaffen.

Der Standardisierungsfreude sind allerdings auch Grenzen zu setzen. Nicht alles muss durch die öffentliche Hand geregelt werden. Die Frage, ob Open Source oder Windows den durchschnittlichen Verwaltungs-PC betreiben soll, dürfte nicht zu den Themen mit Regelungsnot gehören – das kann der Markt entscheiden.[108]

---

[107] McKinsey-Recherche; Statistiken ZPD und BKA.
[108] Vgl. dazu vertiefend: H. Schmidpeter, Hat Linux eine Chance auf dem Desktop? – Ein fiktiver Schlagabtausch zwischen Glaubenskriegern, in: sd&m-Magazin („m&IT" 10/2004), S. 12.

IT-Operations: Effizienzhebel nutzen

Mit IT-Operations bezeichnen wir **die Bereitstellung, den Betrieb und die Pflege der IT-Anwendungen und der Infrastruktur**. Dies entspricht im Wesentlichen den Tätigkeiten, die für den Erhalt und den Mindestservice erforderlich sind. Wie oben beschrieben, können diese zwischen 60 und 90 Prozent des IT-Budgets ausmachen. Die Möglichkeiten, innerhalb dieses Kostenblocks zu optimieren, sind groß: Der Unterschied zwischen guten und weniger guten IT-Operations kann leicht einen Kostenunterschied von 20 bis 30 Prozent ausmachen. Beispielhafte Ansatzpunkte, um die Verbesserungspotenziale zu erschließen, sind die Optimierung der Prozesse im Rechenzentrum oder auch die Konsolidierung von Servern. Oft stoßen interne operative Optimierungsansätze aber an die sektorspezifischen Grenzen einer zügigen Umsetzung (z. B. Personalrecht, Vergaberecht, Haushaltsrecht).[109]

Will man also die IT-Operations optimieren, muss eine grundlegende Frage beantwortet werden: selbst machen oder zukaufen? Bislang werden in Deutschlands Behörden nur selten IT-Leistungen dauerhaft fremdvergeben – sieht man von einzelnen Aufträgen zur Softwareentwicklung im Rahmen einer Public-Private Partnership (PPP) einmal ab (vgl. Fallbeispiel weiter unten).

Damit sich ein **Outsourcing** lohnt, müssen einige Hürden genommen werden. Ein externer Dienstleister muss sich enorm anstrengen, um ein wirtschaftliches Geschäftsmodell für seinen öffentlichen Kunden und sich selbst zu entwickeln. Bei der Erstellung der Dienstleistung durch ein privates Unternehmen fällt – anders als beispielsweise bei der Erstellung durch ein Systemhaus der öffentlichen Hand – **Mehrwertsteuer** an. Da der öffentliche Sektor nicht vorsteuerabzugsfähig ist, sind dies Mehrkosten, die durch

---

[109] Auch in den IT-Budgets, die wir nicht zu den IT-Operations zählen, sind natürlich operative Verbesserungen möglich. Beispielsweise ist ein wichtiger Ansatz zur operativen Verbesserung der Neuentwicklung von Software das Capability-Maturity-Modell (CMM). Dies ist eine Methode zur systematischen Erhöhung des Reifegrads der Softwareentwicklung, die vom Software Engineering Institute der Carnegie Mellon University, USA entwickelt wurde.

IT-Management 193

Effizienzgewinne eingespielt werden müssen. Zudem muss der private Anbieter eine Gewinnmarge erwirtschaften. In Summe müssen typischerweise Effizienzsteigerungen von 25 bis 45 Prozent realisiert werden, damit sich ein Outsourcing für den privaten Anbieter und den öffentlichen Auftraggeber rechnet (vgl. Abbildung).

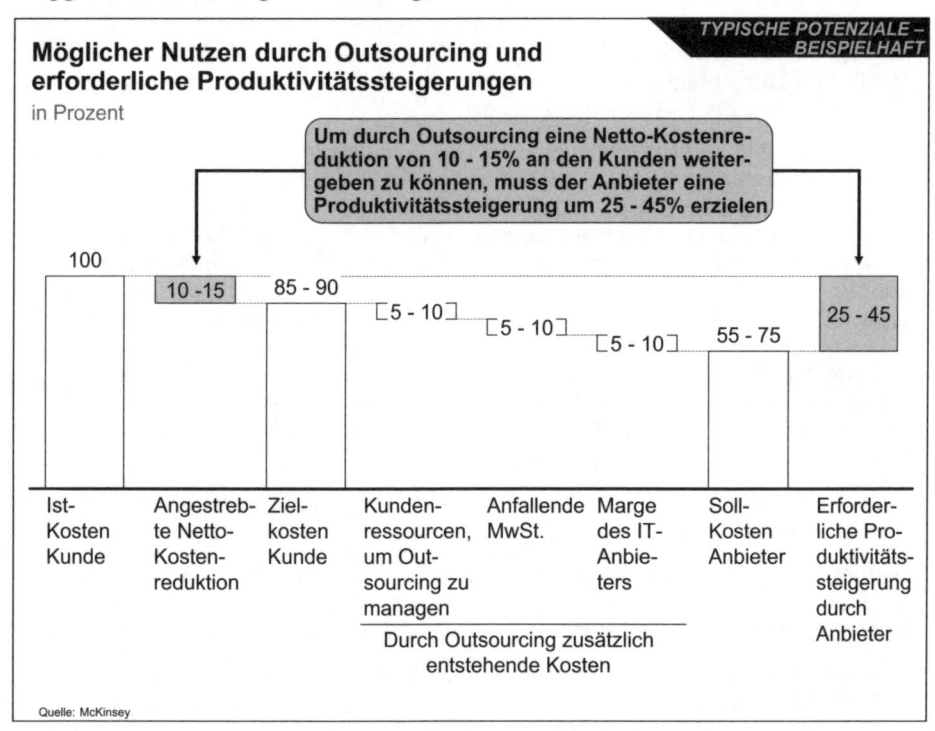

Möglicher Nutzen durch Outsourcing und erforderliche Produktivitätssteigerungen
in Prozent

TYPISCHE POTENZIALE – BEISPIELHAFT

Um durch Outsourcing eine Netto-Kostenreduktion von 10 - 15% an den Kunden weitergeben zu können, muss der Anbieter eine Produktivitätssteigerung um 25 - 45% erzielen

100	10-15	85-90	[5-10]	[5-10]	[5-10]	55-75	25-45
Ist-Kosten Kunde	Angestrebte Netto-Kostenreduktion	Zielkosten Kunde	Kundenressourcen, um Outsourcing zu managen	Anfallende MwSt.	Marge des IT-Anbieters	Soll-Kosten Anbieter	Erforderliche Produktivitätssteigerung durch Anbieter

Durch Outsourcing zusätzlich entstehende Kosten

Quelle: McKinsey

Auch wenn es bisher erst wenige Beispiele für ein dauerhaft erfolgreiches Outsourcing im deutschen öffentlichen Sektor gibt. Die wenigen Beispiele aus der Praxis scheinen von hinreichend großem Erfolg gekrönt, dass sie Mut machen, diese Form der Privatisierung voranzutreiben (vgl. Fallbeispiel Wivertis).

Wivertis – ein Gemeinschaftsunternehmen der Stadt Wiesbaden und der Siemens Business Services (SBS)[110]

Wiesbaden, 5. September 2004. Der Oberbürgermeister und der Personaldezernent unterschreiben eine Geburtsurkunde. Kein ganz normaler Vorgang, denn es geht auch um kein ganz normales Kind. Wivertis ist geboren, ein IT-Gemeinschaftsunternehmen der Stadt Wiesbaden und der Siemens Business Services (SBS). Still zu Grabe getragen wird das Kommunale Gebietsrechenzentrum (KGRZ), das zuletzt mit erheblichen Verlusten für die beteiligten Kommunen sein operatives Geschäft einstellen musste. Zu Ende ist auch die Existenz der IT-Abteilung der Stadt.

Rückblende, 1993. In Wiesbaden entsteht eine politische Initialzündung. Die Idee, die Verantwortung für die Betreuung der gesamten IT der Stadt mit einem IT-Dienstleister zu teilen, wird erstmals diskutiert. Die Stadt verspricht sich Innovations- und Synergieeffekte von einem privaten Partner. Zunächst scheint nicht verhandelbar, dass die Stadt die Mehrheit an solch einer Public-Private Partnership (PPP) bzw. dem zu gründenden Joint Venture behalten muss. Gut zehn Jahre später, im Herbst 2003, beginnt das Vergabeverfahren. Es findet eine Ausschreibung statt, die einzelne Servicelevel für die abzudeckenden Leistungen vorschreibt, jedoch keine konkreten Anforderungen an die Form der Partnerschaft stellt. Das Vergabeverfahren beginnt in einer Zeit, in der Nachbarkommunen sich nach dem Ende des Kommunalen Gebietsrechenzentrums dem Verbund hessischer Gebietsrechenzentren „ekom21" anschließen. Wiesbaden geht einen eigenen Weg.

Diesen Weg zu gehen, war und ist mutig und nicht risikofrei. Sicher hatten viele der Beteiligten eine andere Geschichte noch im Kopf.

Leipzig, Anfang 2001. Mit ähnlichen Zielen und vergleichbar viel Enthusiasmus gingen die Stadt Leipzig und IBM gemeinsam an den Start. Für Datenverarbeitung, Hard- und Softwarebeschaffung, Maintenance und Modernisierung wendet Leipzig jährlich rund

15,3 Millionen Euro auf. Die IT-Betreuung der Stadtverwaltung Leipzig wurde an die Lecos GmbH (Leipziger Computer und Systemhaus GmbH) ausgelagert. Mit gut 100 Mitarbeitern der städtischen IT-Abteilung übernahm die Lecos GmbH diese Aufgaben. Doch bereits 2002 wurde der Vertrag mit IBM aufgelöst. Die Begründungen hierfür waren vielfältig: Die kommunal- und gesellschaftsrechtlichen Rahmenbedingungen seien nicht ausreichend flexibel gewesen; man habe sich einfach zu viel auf einmal vorgenommen – die Behördenstruktur und die eines Großkonzerns passten offenbar doch nicht so gut zusammen. Kostensenkungen durch die Standardisierung von Anwendungen konnten wohl nicht im erwarteten Maße realisiert werden. Lecos ist seitdem eine 100-Prozent-Tochter der Stadt Leipzig.

---

[110] Interview mit Leiter Strategisches Outsourcing SBS; Frankfurter Rundschau, 6. Dezember 2004: „Vertrag"; Wiesbadener Kurier, 4. Dezember 2004: „Stadt Wiesbaden als IT-Dienstleisterin"; Computerwoche, 19. November 2004, „Wiesbaden lagert an SBS aus".

Wiesbaden hat sich durch diese Erfahrungen aber nicht abschrecken lassen. Die Vision für Wivertis ist eine moderne Dienstleistungsfirma, in deren Hand der Betrieb und die tägliche Wartung der 2.500 PCs der Stadtverwaltung liegen und von der alle Server und Telefone betreut werden. Ziel ist es, durch die Konstruktion des PPP die ständige Anpassung an den aktuellen Stand der Technik, **exakt definierte Leistungsqualitäten** sowie **transparente und angemessene Preise** zu erreichen. Für die Verwaltung ist dabei wichtig, dass sie wegen der Vereinbarung fixer Preise **fest definierte Kosten** in den Haushalt einstellen kann und dennoch sichergestellt ist, dass die erforderlichen Arbeiten gemäß den definierten Qualitätsanforderungen erledigt werden.

Ein zentraler Problempunkt ist – wie so häufig im öffentlichen Sektor – das **Personalrecht**. Die Devise „Personaleinsparungen ohne Entlassungen" war schnell ausgegeben. Tatsächlich hat die Wivertis GmbH alle 64 Mitarbeiter der IT-Abteilungen der Stadt übernommen. Jedem von ihnen wurde ein einzelvertragliches Arbeitsverhältnis mit Wivertis angeboten. Für die betroffenen Beamten ruht währenddessen das Beamtenverhältnis. Dies ist – wie die gesamte Konstruktion – zunächst auf zehn Jahre befristet. Durch die Weisungsbefugnis des Dienstherrn werden aber faktisch – unabhängig davon, wie der Einzelne sich entschieden hat – alle Mitarbeiter an Wivertis übergeben – nur eben auf unterschiedlichen rechtlichen Grundlagen.

Eine einseitige Verlagerung des unternehmerischen Risikos auf den privaten Dienstleister gibt es bei Wivertis nicht. Dies mag zwar der Wunschvorstellung des typischen öffentlichen Auftraggebers entsprechen. Unter dieser Prämisse lässt sich aber kaum ein Dienstleister auf ein gemeinsames, insbesondere **partnerschaftliches Unterfangen** ein. Wivertis gehört daher zu 49,9 Prozent der Stadt Wiesbaden und zu 50,1 Prozent SBS. Das partnerschaftliche Verhältnis zwischen der Stadt Wiesbaden und SBS spiegelt sich in der Verteilung der Anteile an Wivertis wider. Tatsächlich übernehmen beide Partner unterschiedliche Risiken: das Risiko der Betriebsführung liegt bei SBS, das der Auslastung bei der Stadt. So ist das Geschäft mit der Stadt Wiesbaden auf die nächsten zehn Jahre mit einem Auftragsvolumen von etwa 82 Millionen Euro angelegt. Läuft die Kooperation gut, will man in Kürze ein eigenes Rechenzentrum aufbauen. Die mittelfristige Vision ist die Etablierung eines Kompetenzzentrums für deutsche Kommunen. Wiesbaden will Modellkommune werden. Später sollen die Services von Wivertis unter Umständen auch anderen Kommunen angeboten werden.

Über den Erfolg oder Misserfolg von Wiesbaden auf seinem Weg zu einer auf Public-Private Partnership basierenden IT kann man noch nicht urteilen. Dafür ist es zu früh. Der Umbauprozess und die rechtliche und organisatorische Konstruktion können aber bereits als Erfolg gewertet werden. Die Zeichen für ein längeres Leben, als es dem Leipziger Modell beschert war, scheinen nicht schlecht zu stehen.

Vorbild Großbritannien: Business Process Outsourcing (BPO)

Beim Outsourcing kann Großbritannien ein Vorbild für Deutschland sein. Die öffentliche Hand in Großbritannien hat einen Weg gefunden, ihre Verwaltung mit Hilfe von Outsourcing zu modernisieren. Sie ist damit der Zwickmühle entkommen, die Verwaltung modernisieren zu müssen, aber eigentlich kein Geld dafür zu haben. Sie sieht nicht den Staat in der traditionellen Rolle als Auftraggeber und die Privatwirtschaft als Auftragnehmer. Vielmehr vergibt sie ganze Verwaltungs- bzw. Geschäftsprozesse („Business Processes") an einen privaten IT-Dienstleister. Grundgedanke ist, dem privaten Anbieter die Verantwortung für den Bereich zu überlassen, den er aufgrund seiner Erfahrungen gut und häufig auch besser einschätzen kann als die öffentliche Hand.[111] **Die Risiken werden partnerschaftlich geteilt.** Das Ganze heißt dann Public Business Process Outsourcing (BPO) oder auch Government Process Outsourcing (GPO) (vgl. auch Kapitel 7 und 11).

Fallstudien belegen, dass das britische BPO-Modell sowohl für die IT-Anbieter als auch ihre öffentlichen Kunden ebenso vielversprechend wie anspruchsvoll ist. Eindrucksvolle Beispiele sind die britische Passport Agency (vgl. Fallbeispiel in diesem Kapitel) und die Straßenmaut in der Londoner Innenstadt (vgl. Fallbeispiel in Kapitel 7).

Anfangs haben die Beteiligten eine Menge Lehrgeld zahlen müssen. Für die, die einen langen Atem hatten, hat sich das gelohnt. Ohne die beeindruckenden Referenzen aus dem Public Sector Outsourcing hätte z. B. die deutsche Firma Siemens Business Services (SBS) vermutlich nicht den Zuschlag für einen Milliarden-Auftrag von der BBC erhalten.

---

[111] BITKOM, Public-Private Partnerships bei E-Government-Projekten – Erfahrungen mit Risikopartnerschaften bei der IT-gestützten Modernisierung der öffentlichen Verwaltung, Version 1.0, BITKOM, Berlin, 2004.

Business Process Outsourcing bei der britischen Passport Agency[112]

Ende der neunziger Jahre sollten in Großbritannien fälschungssichere Pässe eingeführt werden. Gleichzeitig wollte man die Servicequalität in den Amtsstuben verbessern: Das Antragsverfahren sollte sicherer, die Bearbeitungszeiten reduziert und die Kundenorientierung allgemein verbessert werden. Der UK Passport Service (UKPS), der für die Ausstellung von Reisepässen in Großbritannien zuständig ist, hatte entsprechende Vereinbarungen über Leistungsinhalte und -fristen mit dem Innenministerium geschlossen, die es zu erfüllen galt. Allerdings waren die vorhandenen Systeme viel zu alt, um die Ziele zu erreichen, und mussten daher erneuert werden.

Hierfür suchte der UKPS im freien Markt nach Partnern für eine Public-Private Partnership. Die Zielsetzung lautete, die **Kosten zu senken** und die **unternehmerischen Risiken weitgehend auf privatwirtschaftliche Unternehmen zu übertragen**. Der private Partner sollte die Verantwortung für Systemdesign, Implementierung und Wartung sowie für Änderungen aufgrund veränderter Mengenanforderungen oder technischer Entwicklungen tragen.

Die Briten wollten keine gemischtwirtschaftliche Gesellschaft gründen, die von öffentlichen und privaten Partnern gemeinsam geleitet wird, wie das in Deutschland bei PPP typischerweise der Fall ist. Vielmehr ging es um ein BPO, bei dem ein **privater Partner vollständige Geschäftsprozesse übernimmt und verantwortet**. Dabei stellen vertragliche Regelungen z. B. zur Vergütung oder zur Qualität der Leistung den Interessenausgleich und ein Risikomanagement sicher.

Die Aufgaben wurden wie folgt geteilt: Die öffentliche Passport Agency war weiterhin für die Autorisierung, also die Überprüfung von Daten und Anspruchsberechtigung, sowie den Druckauftrag und die Kundenbetreuung zuständig. SBS wurde als privater Partner im Juni 1997 mit der eigentlichen Ausführung der Anträge auf Reisepässe betraut. Zum anderen wurde SBS die Aufgabe übertragen, neue Backend- und Frontend-Systeme wie etwa Internetplattformen oder Callcenter bereitzustellen. Der Auftrag wurde für zehn Jahre vergeben und hatte ein geschätztes Volumen von 120 Millionenbritischen Pfund. Die Vergütung orientiert sich im Wesentlichen an den Transaktionen. Mit dem eigentlichen Drucken der Reisepässe wurde das Stationery Office (seitdem umbenannt in Security Printing and Systems Ltd) beauftragt. Auch dieser Vertrag wurde für zehn Jahre geschlossen.

Heute kann dieses BPO als Erfolg gewertet werden. Innerhalb der ersten drei Jahre wechselten rund 350 Mitarbeiter von der Behörde zum privaten Partner. Bis Ende 2001 wurde das neue System in allen sieben Niederlassungen des UKPS erfolgreich eingeführt. Über 15 Millionen neue digitale und fälschungssichere Reisepässe wurden über das neue System ausgestellt. Laut SBS ist die Bilanz überaus positiv. So wurden die Vor-

---

[112] Ebda.; außerdem: P.V. Jenster et al., Outsourcing - Insourcing – Can Vendors Make Money from the New Relationship Opportunities? The 1999 Crisis at the UK Passport Agency, Wiley, Chichester, 2005.

gaben des Innenministeriums zur Kundenzufriedenheit übererfüllt: 95 Prozent waren vorgegeben, 99,9 Prozent sind es geworden.

Dieser Erfolg war zu Beginn des Projekts keineswegs sicher. Die Testphase verlief nicht nach Plan. Die Niederlassung in Liverpool, bei der das neue System pilotiert wurde, sollte planmäßig Ende November 1998 rund 30.000 Reisepässe abschließend bearbeiten – sie schaffte nur circa 8.000. Auch in der zweiten umgestellten Niederlassung Newport wurden die Ziele nicht erreicht, so dass die Einführung gestoppt wurde. Insbesondere beim Scannen und bei der Abwicklung dringender Anträge traten Probleme auf. Durch die unzureichenden Verarbeitungszahlen entstanden Bearbeitungsstaus.

Diese Staus wurden durch weitere Effekte verstärkt. Seit 1999 müssen auch Babys in Großbritannien einen Reisepass haben. Eine neue Antragswelle rollte heran, die Staus wuchsen entsprechend. Nun waren viele Bürger besorgt, dass sie ihre neuen Reisepässe nicht rechtzeitig erhalten würden. Dadurch stieg die Nachfrage zusätzlich. Das Problem steigerte sich bis zum Juni 1999: Damals waren 565.000 Reisepässe unbearbeitet; dies entsprach einem Rückstau von einem Arbeitsmonat.

Um der Lage Herr zu werden, wurden Notmaßnahmen eingeleitet: Unter anderem konnten Reisepässe bei den Postämtern umsonst um zwei Jahre verlängert werden. Zusammen mit der saisonal nachlassenden Nachfrage reduzierte sich die Bearbeitungszeit so auf das ursprüngliche Ziel von zehn Tagen.

Diese Krise in der Umsetzung des Projekts hatte erhebliche finanzielle Auswirkungen, sowohl für die Passport Agency als auch für SBS. Laut einem Bericht des britischen Rechnungshofs (National Audit Office) betrugen die Kosten für die staatliche Agency rund 12,6 Millionen britische Pfund. Der Betrag resultierte insbesondere aus Zahlungen für zusätzliche Mitarbeiter und Überstunden sowie Zahlungen an die Postämter und Kosten durch den Parallelbetrieb der neuen und alten Systeme. Auch SBS entstanden Mehrkosten, das Unternehmen kam aber unter anderem deshalb noch glimpflich davon, da die Passport Agency die Antragsformulare geändert und so die Probleme beim Scannen verursacht hatte. Außerdem hatte sich die Behörde bei der Prognose der erwarteten Antragszahlen wegen der genannten Sondereffekte völlig verschätzt.

Wie in vielen anderen untersuchten IT-Großprojekten zeigt sich hier, dass der öffentliche Sektor einerseits mit denselben Problemen kämpft wie die Privatwirtschaft (zu ambitionierte Pläne zur Markteinführung, unvorhergesehene technische Komplikationen und so weiter). Zum anderen aber leidet der öffentliche Sektor unter besonderen Unwegsamkeiten, etwa sich ändernden gesetzlichen Rahmenbedingungen oder unvorhersehbaren Reaktionen der Öffentlichkeit auf die Veränderung von Verwaltungsvorgängen. Auch die Passport Agency musste – wenn man so will – erst durch die Krise, um ein Erfolg zu werden. In der Rückschau betrachtet zeigt sich aber ohne Zweifel: **Business Process Outsourcing funktioniert auch im öffentlichen Sektor** – und zwar vermutlich nicht nur in Großbritannien.

Während also Public BPO, die Fremdvergabe ganzer Geschäfts- bzw. Administrationsprozesse, im großen Stil die Produktivität des öffentlichen

Sektors in Großbritannien steigert und ihn teilprivatisiert, muss dieser Ansatz in Deutschland erst noch aufgegriffen werden. Noch fehlen hierzulande die politischen Voraussetzungen dafür. Z. B. bedarf es der Erkenntnis und des Bekenntnisses, dass die Aufgaben, die zum Outsourcing anstehen, nicht unbedingt durch eigenes Personal erfüllt werden müssen.[113]

IT-Organisation: Verantwortung bündeln

Bei der IT-Organisation kann man grundsätzlich die Ablauforganisation (d. h. die Prozesse) und die Aufbauorganisation (d. h. Entscheidungs- und Führungsstrukturen) unterscheiden. Oft wird auch der Begriff „IT-Governance" verwendet. Damit sind Entscheidungsrechte und Koordinationsmechanismen gemeint, die wir als Teil der Aufbauorganisation verstehen.

Der öffentliche Sektor stellt hohe Anforderungen an die IT-Organisation, d. h. an die Organisation, in der die die IT betreffenden Aufgaben wahrgenommen werden. Die IT im öffentlichen Sektor ist nicht nur schwieriger und komplexer zu managen, sondern sie verlangt auch mehr Kommunikation und Interaktion. Dies liegt maßgeblich an der Komplexität der öffentlichen Entscheidungsprozesse und -strukturen, aber sicher auch an der mangelnden Reife des Sektors.

Für die IT-Organisation im öffentlichen Sektor gilt deshalb umso mehr, was auch in der Privatwirtschaft gilt: Die **Verantwortung für wenige, aber zentrale Aufgaben muss klar geregelt sein**. Insbesondere handelt es sich dabei um die Aufgaben IT-Strategie bzw. IT-Portfolio, Architektur, Standards, Controlling samt Berichterstattung sowie IT-Einkauf und Schnittstellenmanagement.

Für die Schlagkraft einer IT-Organisation ist es von zentraler Bedeutung, dass die Gesamtverantwortung für die IT **an hoher Stelle gebündelt** wird. Hier muss die öffentliche Hand noch von der Privatwirtschaft lernen. Bei privatwirtschaftlichen Finanzdienstleistern sitzt der IT-Chef als CIO (Chief

---

[113] Vgl. M. Angrick, Insourcing/Outsourcing in Bundesbehörden, in: W. Gora/ C. Schulz-Wolfgramm (Hrsg.), Informationsmanagement, Handbuch für die Praxis, Springer, Berlin, 2003.

Information Officer), COO (Chief Operations Officer) oder CTO (Chief Technology Officer) meist wie selbstverständlich im Vorstand. Auch bei Telekommunikationsdienstleistern ist er mindestens auf der zweiten Ebene angebunden, teils aber auch auf der Chefetage. Im öffentlichen Sektor, in dem die IT keine geringere Rolle spielt, sollte es genauso sein.

Im öffentlichen Sektor ist eine solche Bündelung der IT-Verantwortung aber vielfach noch nicht gegeben. Wir plädieren nachdrücklich dafür, diesen Missstand abzustellen. **Der Standort Deutschland kann von qualifizierten und einflussreichen CIOs der öffentlichen Hand wesentlich profitieren.** Wer schlagkräftige und schlanke Verwaltungsprozesse möchte, braucht die beste IT. Um das zu erreichen, ist die Verantwortung für die IT je organisatorische Einheit zu bündeln – und die Einheiten sollten nicht zu klein gewählt werden. Das Anforderungsprofil für die zu etablierende Stelle ist anspruchsvoll: Gebraucht werden Durchsetzungskraft und Einfluss, um den Altvorderen in den Verwaltungen bzw. Behörden den Nutzen der Technik mit Nachdruck zu kommunizieren.[114]

Das Land Hessen ist ein Vorreiter bei der Bündelung der IT-Verantwortung. Landesweit soll eine konstruktive und zielorientierte Zusammenarbeit unter einheitlicher Führung und auf der Grundlage gemeinsamer Standards und Vorgehensweisen etabliert werden. Die Verantwortung für die IT wurde daher bei Harald Lemke, CIO und Staatssekretär im Hessischen Ministerium der Finanzen, zusammengeführt. Er ist mit der strategischen Umsetzung der politischen Steuerungsvorgaben und der Entwicklung eines gesamthaften E-Government-Programms beauftragt. Er berichtet sowohl dem Kabinettsausschuss „Verwaltungsreform und Verwaltungsinformatik" als auch dem Kabinett regelmäßig über den Stand der Umsetzung. Ein Architektur-Board stellt sicher, dass gemeinsame Standards geschaffen werden. In Hessen ist somit eine moderne IT-Governance etabliert, die Entscheidungsrechte und Koordinationsmechanismen in der IT zentralisiert (vgl. Abbildung).

---

[114] Vgl. in Analogie auch: M. Broadbent/E.S. Kitzis, The New CIO Leader – Setting the Agenda and Delivering Results, Gartner Inc., HBS Press, Boston, 2005.

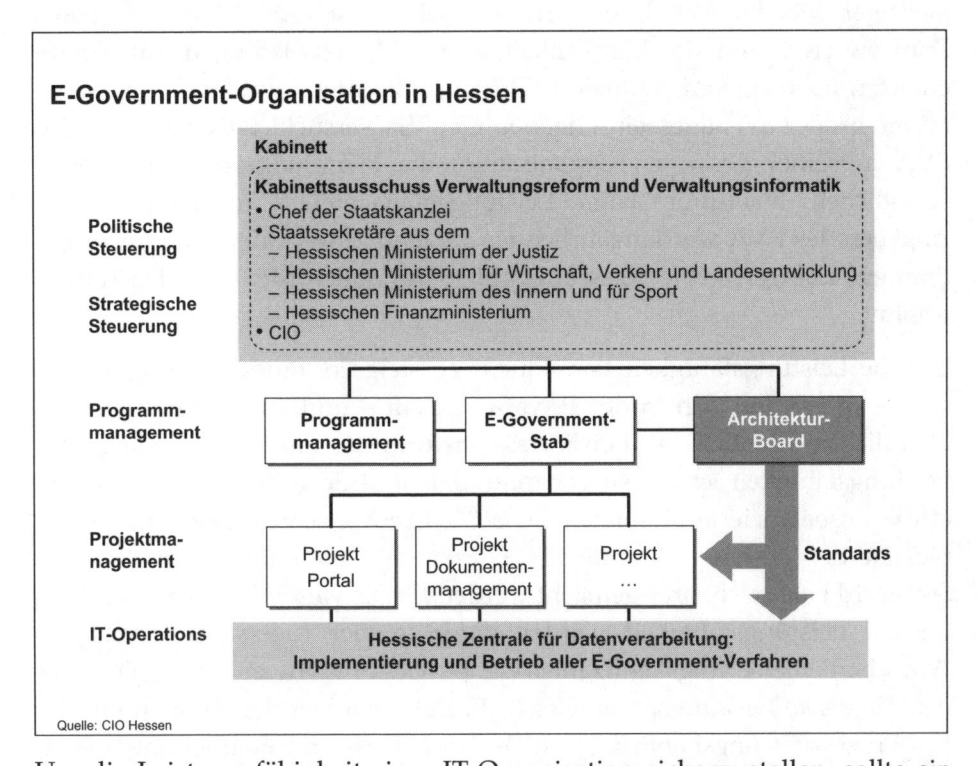

E-Government-Organisation in Hessen

Politische Steuerung

Strategische Steuerung

Kabinett
Kabinettsausschuss Verwaltungsreform und Verwaltungsinformatik
- Chef der Staatskanzlei
- Staatssekretäre aus dem
  - Hessischen Ministerium der Justiz
  - Hessischen Ministerium für Wirtschaft, Verkehr und Landesentwicklung
  - Hessischen Ministerium des Innern und für Sport
  - Hessischen Finanzministerium
- CIO

Programm-management: Programm-management | E-Government-Stab | Architektur-Board

Projektmanagement: Projekt Portal | Projekt Dokumentenmanagement | Projekt ... | Standards

IT-Operations: Hessische Zentrale für Datenverarbeitung: Implementierung und Betrieb aller E-Government-Verfahren

Quelle: CIO Hessen

Um die Leistungsfähigkeit einer IT-Organisation sicherzustellen, sollte ein **konsequentes Leistungsmanagement ("Performance Management")** etabliert werden. Die so genannte Governance Performance, die die Leistungsfähigkeit einer Organisation beschreibt, ist im Allgemeinen bei öffentlichen Einrichtungen statistisch signifikant niedriger als in der Privatwirtschaft.[115] Die Ursachen hierfür liegen auch in den beschränkten Handlungsspielräumen innerhalb des öffentlichen Sektors. Auch wenn sich z. B. das Dortmunder Systemhaus dosys, das Essener Systemhaus ESH oder Dataport in Hamburg und Schleswig-Holstein wie Systemhäuser ähnlich der Privatwirtschaft sehen und aufstellen, so bleiben ihre Möglichkeiten für positive und negative Leistungsanreize begrenzt. Zum einen ist das Gehaltsniveau im Vergleich zu IT-Stellen in der Privatwirtschaft vielfach

---

[115] P.W. Weill/J.W. Ross, IT-Governance: How Top Performers Manage IT Decision Rights for Superior Results, HBS Press, Boston, 2004.

niedriger und der Anteil des variablen Gehalts ist vergleichsweise gering. Zum anderen sind die Möglichkeiten, auf Minderleistungen mit Konsequenzen zu reagieren, reduziert. Oft sind allerdings die Handlungsspielräume größer als allgemein angenommen. So versucht beispielsweise das BVA in seiner gesamten Organisation, die Handlungsspielräume einer öffentlichen Institution beim Leistungsmanagement auszuloten. Nach Angaben des BVA werden jährlich bis zu zehn Prozent der Mitarbeiter mit Prämien, Zulagen sowie „Leistungsstufen" für außerordentliche Leistungen belohnt.

Um die Leistungsfähigkeit konsequent zu steigern, muss sie systematisch gemessen werden. Ein in der Privatwirtschaft – und zunehmend auch im öffentlichen Bereich – bewährtes Instrument zum Controlling der Leistungsfähigkeit ist die so genannte Balanced Scorecard (zu Deutsch in etwa „ausbalanciertes Kennzahlenblatt"). Die Vielschichtigkeit und Komplexität der IT einer öffentlichen Einrichtung kann mit einer Balanced Scorecard beherrschbarer gemacht werden.[116] Die wesentlichen Kennzahlen für die Leistungsfähigkeit werden dafür in vier Kategorien gegliedert: Wirtschaftliche Erfolgskennzahlen (z. B. Gesamtaufwand für IT), kundenorientierte Leistungsparameter (z. B. Zufriedenheit der Kunden mit der IT), Prozessleistungskennzahlen (z. B. Durchlauf- und Bearbeitungszeiten) sowie Kenngrößen zur Mitarbeiterentwicklung (z. B. Qualifikationsniveau der IT-Mitarbeiter).

* * *

---

[116] Vgl. R. Becker/F. Weise, Die spezifische Ausgestaltung des Performance Management für den öffentlichen Bereich, in: P. Horváth (Hrsg.), Performancesteigerung und Kostenoptimierung, Schäffer-Poeschel, Stuttgart, 2003; außerdem: L. Ulschmid, IT-Strategien für die öffentliche Verwaltung, Gabler, Wiesbaden, 2003.

IT-Management im öffentlichen Bereich ist deutlich mehr als nur Projekte zu managen. Vielmehr müssen die Projekte in eine IT-Strategie eingebunden und durch eine einheitliche IT-Architektur sowie eine schlagkräftige IT-Organisation unterstützt werden. Bei vielen dieser Themen haben wir in Deutschland noch Nachholbedarf. Insbesondere die Bündelung der IT-Verantwortung und das Outsourcing von Verwaltungsprozessen müssen in Angriff genommen werden, um den Erfolg der IT im öffentlichen Bereich sicherzustellen.

11. Ausblick: Die Rückkehr zum modernen Staat

Über fast zwei Jahrhunderte hatte die deutsche Verwaltung Modellcharakter. Bis in die Weimarer Republik hinein galt sie zu Recht als Hochleistungsverwaltung. IT kann dazu beitragen, zu einem solchen modernen Staat mit einer entsprechenden Hochleistungsverwaltung zurückzukehren. Ziel ist es nicht, topaktuelle IT um ihrer selbst willen zu installieren, sondern mit ihrer Hilfe zurückzufinden zu einem schlagkräftigen Behördenapparat, der Zeichen setzt im weltweiten Vergleich. Das „Amt aus der Steckdose" sowie die Auslagerung ganzer Prozesse an Shared-Services-Zentren (also gemeinsam betriebene, verwaltungsübergreifende IT-Einheiten) oder private Dienstleister können einen solchen Modernisierungsschub auslösen. Dabei plädieren wir nicht für eine plumpe Privatisierung. Die Hoffnung mancher Entscheider, durch ein radikales Outsourcing das Problem zu lösen, wird den Herausforderungen nicht gerecht. Damit werden lediglich Probleme verlagert, denen man sich nicht stellen will.

Ein modernes Deutschland braucht als Fundament eine moderne Verwaltung. Das Land kann allein wegen seiner Größe zum Gestalter über die eigenen Grenzen hinaus avancieren. Werden die Chancen von einer zukunftsgewandten öffentlichen Hand genutzt, profitiert auch der heimische IT-Sektor davon. Er gewinnt an Markt- und Wettbewerbsfähigkeit und schafft Wachstum und Arbeitsplätze.

Diese Vision werden Behörden und Verwaltungen nicht aus eigener Kraft umsetzen können. Sie brauchen die Unterstützung der Politik, aber auch der IT-Anbieter. Gemeinsam müssen sie Prioritäten erarbeiten, bei welchen Kernprozessen der Verwaltung man ansetzen muss, in welchen Korridoren die Modernisierung beginnen soll.

Visionen

Es klingt zwar reichlich visionär, aber: Muss man ein Phantast sein, um zu prognostizieren,

- Dass Deutschlands Behörden eines Tages nicht nur zu Litauen, Großbritannien oder Abu Dhabi aufschließen, sondern zum Vorbild für einen modernen Staat im Informationszeitalter avancieren?

- Dass in Deutschland tätige IT-Anbieter durch die Nachfrage des öffentlichen Sektors starkes Wachstum verzeichnen und Arbeitsplätze schaffen? Dass sie zum Innovationstreiber werden, auch und gerade jenseits der Grenzen?

- Dass der öffentliche Sektor als Arbeitgeber auch für Toptalente wieder attraktiv wird, da man mit Hilfe der IT die Verwaltung von morgen schon heute baut und auf neue Mitarbeiter setzt, die nicht Risiken meiden, sondern die Entscheidung suchen?

- Dass die Bürger und die Wirtschaft merken: E-Government ist mehr als das „Ins-Netz-Stellen" von Formularen und Öffnungszeiten? Dass es die Verwaltungsdienstleistungen im Sinne der Kunden völlig neu gestaltet, wodurch wieder eine positive Grundeinstellung zu Staat und Verwaltung heranwächst?

Wir meinen: Nein, man muss kein Phantast sein, um an diese Visionen zu glauben. Andere Länder zeigen, dass diese Visionen realisiert werden können. Die Frage ist nur noch, wie wir die Realisierung auch in Deutschland schaffen.

Veränderungen: Unmöglich?

Die Erfahrungen mit Verwaltungsreformen, so erfolgreich sie im Einzelfall auch sein mögen, machen kaum Mut: „Der moderne Staat ist eine evolutionäre Unwahrscheinlichkeit ersten Ranges", sagt Paul Nolte, Professor an der International University Bremen, in freier Variation des Soziologen

Niklas Luhmann.[117] Diesem Satz muss man zustimmen – und ihm zugleich vehement widersprechen:

Ja, die historische Evidenz spricht für diese Analyse: Man mag an einen wahrnehmbaren, spürbaren Sprung des Staates und der Verwaltung in die Moderne nicht glauben. Viele Versuche mit Hilfe großer und kleiner Reformen haben die Arbeitswirklichkeit in den Verwaltungen und deren Wahrnehmung durch die Bürger kaum verändert. Viele evolutionäre Verbesserungen mögen eingetreten sein, doch von einem modernen Staat oder einer modernen Verwaltung kann bis heute niemand ernsthaft sprechen.

Nein, die historische Evidenz spricht gegen die These der Unwahrscheinlichkeit des modernen Staates. Die deutsche Verwaltung, die im Zuge des aufgeklärten Absolutismus entstand, war modern. Der Kameralismus und die Kameralwissenschaften der älteren deutschen Staats- und Verwaltungslehre hatten einst Modellcharakter in der Welt.[118] Die deutsche Verwaltung steuerte über 200 Jahre bis in die Weimarer Republik hinein mustergültig große, komplexe Systeme. Das Management der entstehenden frühindustriellen Großunternehmen wurde sogar nach dem Vorbild der staatlichen Verwaltung geformt, die angestellten Manager als „Privatbeamte" bezeichnet. Der moderne Staat – er war viel länger Realität als sein bürokratischer Nachfolger.

Zurück an die Spitze: Und es geht doch!

Worin könnte die Auflösung der evolutionären Unwahrscheinlichkeit des modernen Staates liegen? In einer Revolution, bei der die Bürger die Amtsstuben stürmen? Wohl kaum. Eher kann revolutionäre Technik für den Bruch sorgen, der die Trägheiten überwindet. Das hat die IT in der Privatwirtschaft bewiesen, deren Geschäftsprozesse sie oftmals völlig neu defi-

---

[117] Vgl. hierzu den Essay von P. Nolte, Staatsweh, in: McK Wissen 13 – Public Sector, 4. Jahrgang, Juni 2005, S. 44 - 49.

[118] Vgl. hierzu die Standardwerke von H. Maier, Die ältere deutsche Staats- und Verwaltungslehre. Ein Beitrag zur Geschichte der politischen Wissenschaft in Deutschland, Luchterhand, Neuwied/Berlin, 1966, und Politische Wissenschaft in Deutschland, Luchterhand, Neuwied/Berlin, 1969.

niert hat. Wir meinen daher: IT kann der Schlüssel zum Durchbruch, zur Wiederkehr des modernen Staates sein. IT kann Luhmann bestätigen und ihn widerlegen.

Die Visionen am Kapitelanfang mögen ambitioniert sein, aber sie werden durch IT machbar. Der moderne Staat, der daraus resultiert, wird sicherlich anders aussehen als jenes historische Vorbild. Er wird schlanker sein und näher am Kunden. Auf jeden Fall wird er auf Basis völlig neu gedachter, IT-basierter Verwaltungsprozesse agieren, viele von ihnen werden von professionellen **Shared-Services-Zentren** (also gemeinsam betriebenen, verwaltungsübergreifenden IT-Einheiten) oder sogar **privaten Dienstleistern** betreut – unbürokratisch im eigentlichen Sinn des Wortes.

Der Druck zur Reform der Verwaltungen wächst durch die technologischen Möglichkeiten und deren Notwendigkeiten. Wer als Erster mitmacht, wird zum Gestalter der neuen Zeitordnung. Wer abwartet, der wird zum Getriebenen und irgendwann von den Schnelleren überholt.

Neue Ansätze: Shared Services, Government Process Outsourcing und schließlich das „Amt aus der Steckdose"[119]

Die Ära-Analyse in Kapitel 1 hat gezeigt: Die IT-Landschaft des öffentlichen Sektors liegt in ihrem Reifegrad zwischen zehn und zwanzig Jahre hinter den Entwicklungen in der Privatwirtschaft zurück. Der Optimierungsprozess in den Ämtern und Verwaltungen hat gerade erst begonnen. Auf dem Weg zur Modernisierung gibt es einige wichtige Meilensteine, die wir im Folgenden vorstellen.

---

[119] Gemeint ist hier die Möglichkeit, die wesentlichen Services einer Kommune standardisiert von einem Anbieter zu beziehen. Gemeint ist nicht das namensähnliche Produkt eines großen internationalen Anbieters.

Shared Services

Ein erster Schritt kann das Nutzen von Shared Services sein, d. h., IT-Dienstleistungen werden für mehrere Kunden durch einen gemeinsamen IT-Dienstleister erbracht. In der Privatwirtschaft sind Shared Services seit langem etabliert; hier waren sie oft ein erster Schritt auf dem Weg zum vollständigen Outsourcing. Wie die weitere Modernisierung der Verwaltung durch die Etablierung von Shared Services aussehen könnte, illustriert die Entwicklung der IT bei den deutschen Sparkassen.

Entwicklung der IT bei den deutschen Sparkassen

Die Etablierung von Shared Services kann am Beispiel der Entwicklung der IT-Systeme bei den Sparkassen illustriert werden. Historisch gewachsen hatten zahlreiche Sparkassen bzw. mindestens jeder regionale Sparkassenverband ein eigenes Rechenzentrum. So gab es mehr als zehn historisch gewachsene Rechenzentren, die im Wesentlichen nach Bundesländern geordnet Dienstleistungen und Anwendungen lieferten. Heute betreuen noch drei Shared-Services-Anbieter sämtliche deutsche Sparkassen:[120]

- Die Finanz-IT in Hannover (723 Millionen Euro Umsatz, 2.643 Mitarbeiter) bedient die angeschlossenen Sparkassen (sowie Landesbanken und Landesbausparkassen) in zehn nord- und ostdeutschen Bundesländern zuzüglich des Saarlandes.
- Die IZB Soft mit Sitz in München (213 Millionen Euro Umsatz, 900 Mitarbeiter) bedient die bayerischen Sparkassen (sowie die Deutsche Kreditbank und österreichische Institute).
- Die Sparkassen Informatik, kurz SI, mit Sitz in Offenbach und Münster (700 Millionen Euro Umsatz, 2.532 Mitarbeiter) bedient Sparkassen in Nordrhein-Westfalen, Baden-Württemberg, Rheinland-Pfalz und Hessen.

Teile ihrer Services (z. B. Desktop Services und Telekommunikationsnetzaktivitäten) haben diese Sparkassen-IT-Services-Gesellschaften bereits an private Anbieter ausgelagert.

Vergleichbare Strukturen finden sich auch bei den Rechenzentralen der Genossenschaftsbanken: Nach der jüngst erfolgten Fusion von Fiducia und RBG verbleiben dort nur noch zwei Shared-Services-Anbieter (Fiducia und GAD).[121]

---

[120] Vgl. I. Ellgering, Sparkassen Informatik: IT-Konzentration im Schongang, in: bank und markt 1/2003; Eigenangaben auf Webseiten der Firmen.
[121] Ebda.

Die Konsolidierung und die damit einhergehende Professionalisierung sollte Vorbild für den Kernbereich der öffentlichen Verwaltung sein. Zwar nutzen viele Verwaltungen auch heute schon gemeinsame Rechenzentren auf kommunaler Ebene bzw. Landes- oder Bundesebene (vgl. Dataport als länderübergreifenden Shared-Services-Anbieter). Aber die Konsolidierungswelle steht hier noch am Anfang.

> **Dataport[122] – Shared Services über Landesgrenzen hinaus**
>
> Die norddeutsche Dataport ist ein Beispiel für die Konsolidierung von Services im öffentlichen Bereich: Dataport arbeitet seit 1. Januar 2004 als bundeslandübergreifender Shared-Services-Anbieter für die Landesverwaltungen von Hamburg und Schleswig-Holstein. Als zentraler Informations- und Kommunikationsdienstleister für diese beiden Bundesländer macht Dataport 186 Millionen Euro Umsatz mit circa 1.200 Mitarbeitern. Ab 2006 sollen Bremen und Mecklenburg-Vorpommern als weitere Bundesländer hinzukommen.
>
> Dataport ist zwar eine Anstalt des öffentlichen Rechts, „tickt" aber wie eine privatwirtschaftliche AG. Dataport meint, als öffentlich-rechtlicher Anbieter besser aufgestellt zu sein als private Shared-Services-Anbieter oder Public-Private Partnerships.
>
> Strategische Zielrichtung ist es, verstärkt überregionale Entwicklungspartnerschaften einzugehen: Lösungen für Dokumentenmanagement, Archivierung, Workflow, das neue kommunale Finanzwesen, geografische Informationssysteme (GIS) und innovative E-Government-Verfahren sollen gemeinsam entwickelt werden.
>
> Dataport agiert auch als Anbieter für Dritte: Zur Weiterentwicklung der E-Government-Infrastrukturen hat Dataport mit dem Landesbetrieb Daten und Informationstechnik (LDI) des Landes Rheinland-Pfalz eine umfassende Kooperation unter Einbeziehung von Microsoft vereinbart. Ziel der Kooperationspartner ist es, in den jeweiligen Bundesländern eine universelle, rechtssichere E-Government-Landschaft aufzubauen bzw. zu vervollständigen. Damit soll ein bequemer und leistungsfähiger Zugang zu Informationen und Fachverfahren rund um die Landesverwaltung und zu den onlinefähigen Dienstleistungen der Landesbehörden und gegebenenfalls der Kommunen sichergestellt werden.

Allein aus Kosten- und Kompetenzgründen dürfte sich der Konsolidierungsprozess beschleunigen.[123] Allerdings sollte er sich aus Wettbewerbs-

---

[122] Vortrag von M. Kammer, VV Dataport, über „Softwareentwicklung im öffentlichen Bereich" auf der sd&m-Konferenz 2005.

[123] Vgl. hierzu auch: H.-T. Hengl, Ämter-IT steht vor Integrationswelle, in: Computerzeitung 19/2005. Darüber hinaus zeigt eine Studie des Kommunalwissenschaftlichen Instituts (KWI) der Universität Potsdam deutlich auf, wie zersplittert

Ausblick

gründen nicht nur auf die oben beschriebenen faktischen Eigenbetriebe wie Dataport beschränken. Auch die Privatwirtschaft sollte teilnehmen. Die privaten IT-Anbieter sind jedoch in diesem Wettbewerb schlechter gestellt: Private Firmen müssen die Mehrwertsteuer in Rechnung stellen. Da der öffentliche Sektor nicht vorsteuerabzugsberechtigt ist, wird die Mehrwertsteuer für den öffentlichen Auftraggeber in voller Höhe zur zusätzlichen Ausgabe (vgl. auch Kapitel 10). Im Schnitt macht dies für ein Gesamtangebot zwischen sechs und acht Prozent Unterschied zu Ungunsten privater Anbieter aus.[124]

Aus Sicht der Behörden und Kommunen (also der Kunden von Shared-Services-Anbietern) ist das Verlagern an Shared-Services-Anbieter bereits eine Form des Outsourcings, auch wenn die Leistungen durch dem Sektor „vorgelagerte" Einheiten in privatrechtlicher Organisationsform (aber mit öffentlichen Eigentümern) als kommunaler Zweckverband oder als Körperschaften des öffentlichen Rechts erbracht werden. Innerhalb dieser Rechtsformlogik funktionieren auch die landesübergreifenden Kooperationen (oder Konsolidierungen).

Business Process Outsourcing

Der nächste Schritt nach dem Outsourcing einzelner Leistungen an Rechenzentren oder Datenzentralen ist ein umfassendes **Auslagern ganzer Prozesse**. In der Privatwirtschaft ist dies in Form von „Business Process Outsourcing" (BPO) heute zumindest für Nicht-Kernprozesse bereits üblich.

---

und heterogen unter anderem die kommunale Datenverarbeitung in Deutschland derzeit ist und welcher Konsolidierungsbedarf hier ansteht; C. Andersen et al., Marktsituation ausgewählter kommunaler Dienstleistungen, in: KWI-Projektberichte 4, Potsdam, 2003.

[124] Der Unterschied zum vollen Mehrwertsteuersatz ergibt sich daraus, dass für einige Leistungen, wie z. B. Hardware oder externe Wartungsleistungen, auch heute schon Mehrwertsteuer anfällt, so dass durchschnittlich zwischen sechs und acht Prozent an zusätzlichen Kosten für ein typisches Outsourcing-Paket entstehen.

Aber auch im öffentlichen Sektor finden wir diese Form des Outsourcings in Ansätzen, insbesondere bei der Einführung neuer Prozesse. Analog zur Privatwirtschaft spricht man von **Government Process Outsourcing** oder auch GPO (vgl. dazu auch Kapitel 7). Das Lkw-Mautsystem Toll Collect in Deutschland oder die Einführung und der Betrieb des „Congestion Charging", also die innerstädtische Maut in London, liefern solche Beispiele. GPO ist nicht nur geeignet, um neue Verwaltungsprozesse effizient aufzubauen und zu betreiben. Es ermöglicht auch ein radikales Redesign bestehender Abläufe und kann deshalb die Verwaltungsreform und Entbürokratisierung antreiben. GPO ist sicher nicht der einzige Weg zum Quantensprung, aber ein signifikanter, weil im Idealfall sehr rasch wirkender.

Analog zur vorhergehenden Argumentation muss GPO **nicht notwendigerweise Privatisierung** bedeuten. Die Leistungen können wie bei den Shared Services auch durch einen öffentlichen IT-Anbieter erbracht werden. So könnten sich die öffentlichen Shared-Services-Anbieter auch zum Träger von GPO entwickeln.

Auf keinen Fall sollte das Outsourcing von Prozessen als ein Allheilmittel gesehen werden, das die IT-Probleme auf einen Schlag löst. Es ist falsch zu hoffen, man könne das Problem auf Dienstleister abwälzen und müsse sich als Entscheider gleichsam nicht mehr damit beschäftigen. Die Fähigkeit zu bestimmen, was man eigentlich braucht und haben will, ist im Falle des Outsourcings viel wichtiger als im Falle der „Eigenfertigung". Ein einfaches „Raus mit der IT" funktioniert nicht – egal ob die Leistungserbringung durch ein privatwirtschaftliches oder ein öffentliches Unternehmen erfolgt.

Wer ein Outsourcing angehen will, der muss auch ganz bewusst eine strategische **Bestellerfunktion einführen**. In anderen Bereichen des öffentlichen Sektors hat man damit schon begonnen und Erfahrungen gesammelt: Wer Konzessionen im öffentlichen Nahverkehr ausschreibt, muss wissen, was er eigentlich ausschreiben möchte. Welcher Verkehrsträger (Bus, U-Bahn, S-Bahn, Straßenbahn) soll eingesetzt werden? Welche Linien sollen in welcher Taktung gefahren werden? Was darf es kosten? Hierfür gibt es in der klassischen Verwaltung meist keine vorgesehene Funktion. Wer also das neue Instrument der Bestellung nutzen will, der muss auch in der Lage sein, die Bestellung aufzugeben und ihre Lieferung zu kontrollieren und zu managen. Eine solche strategische Bestellerfunktion erfüllen inzwischen vielfach regionale Verkehrsverbünde. Wer IT „konzessionieren" will, der muss analog entsprechende strategische Bestellereinheiten etablieren und funktionstüchtig machen.

Das „Amt aus der Steckdose"

Es macht keinen Sinn, dass jeder Bürgermeister aufs Neue das elektronische Rathaus erfindet. Insbesondere für Kommunen mit ihrem vielfältigen Dienstleistungsangebot könnte ein umfangreicheres Outsourcing an private oder öffentliche Dienstleister hier den wirklichen Durchbruch bedeuten. Ein Rathaus als Verwaltungssitz im klassischen Sinne würde nahezu überflüssig.

Eine Kommune könnte alle ihre Leistungen standardisieren und konsolidieren. Das „Amt aus der Steckdose" könnte so Realität werden: Die zwanzig oder vierzig am meisten nachgefragten Services würden von der Kommune sowohl in Bürgerbüros als auch online verfügbar gemacht werden; der Kundenkontakt (das so genannte Frontoffice) wäre klar von der Leistungserbringung (Backoffice) getrennt. Die Verwaltungsvorgänge würden im Backoffice konsolidiert, die Leistungen den Bürgerbüros über Intranet bzw. den Kunden über Internet – gewissermaßen „aus der Steckdose" – zur Verfügung gestellt. Die Leistungserbringung könnte durch eine einzelne Kommune, einen Verbund von Kommunen oder durch einen (öffentlichen oder privaten) IT-Anbieter erfolgen. Die Konsolidierung über verschiedene Kommunen kann insbesondere kleinen und Kleinstkommunen neue Chancen eröffnen: Sie können einer Gebietsreform entgehen, weil die Konsolidierung nicht mehr real stattfinden muss, sondern nur auf Ebene der Verwaltungsprozesse erfolgen kann.

Softwareunternehmen wie Microsoft, Oracle und SAP sind dabei, dieses „Amt aus der Steckdose" zu entwickeln. Auch Unternehmen wie Atos Origin, EDS, IBM, SBS (Siemens Business Services), T-Systems (Deutsche Telekom) oder aber die öffentlichen Shared-Services-Anbieter könnten das virtuelle Rathaus in greifbare Nähe rücken.

Offshoring

In der Privatwirtschaft finden sich bereits Steigerungsformen von BPO, weil inzwischen globale Geschäftsprozesse eine wesentliche Rolle spielen. Ohne IT wären sie nicht möglich. In diesem Zusammenhang ist das so genannte Offshoring zu sehen. Als Schlagwort wird es wegen der ausufernden Presseberichterstattung inzwischen den meisten Lesern bekannt sein. Es steht für die Verlagerung von Geschäftsprozessen ins Ausland, bei der IT wird wohl vor allem Indien damit assoziiert.

Offshoring scheint auf den ersten Blick für IT-Government wenig relevant zu sein. Wenn jedoch z. B. Congestion Charging oder Toll Collect in mehreren Staaten eingesetzt werden sollten, so dürften die international tätigen Dienstleister kaum auf die Kostenvorteile durch staatenübergreifende Rechenzentren verzichten wollen. Und die könnten am Ende in Indien oder Malaysia stehen. In sicherheitsrelevanten Bereichen sind dem Offshoring sicherlich enge Grenzen gesetzt. Dennoch: Im Rahmen grenzübergreifender Interessen, wie etwa der Nato, werden sie wiederum an Bedeutung gewinnen.

Wie aber kommen wir zu dieser Welt von Shared Services, GPO und dem „Amt aus der Steckdose"?

Der Durchbruch: Nur Politik, Verwaltung und Markt gemeinsam werden es schaffen

„Erfolgreiches IT-Management im öffentlichen Sektor: Und es geht doch!" und „IT ist Chefsache", so lauten die Eingangsthesen unseres Buches. Das gilt für jedes Projekt vor Ort ohne Einschränkung. Der angestrebte Durchbruch muss **Chefsache** sein. Bundesweit ist ein echter Schub nur zu erwarten, wenn die Entscheider einerseits in Politik und Verwaltung vereint denken und handeln. Andererseits müssen die Entscheider auf Seiten der IT-Dienstleister stärker die Vordenkerrolle besetzen. Wer den Startschuss zur Innovation am Ende liefert, das scheint das klassische „Henne-Ei-Problem" zu sein: Fangen die IT-Anbieter an oder der öffentliche Sektor?

Die Herausforderung für die IT-Anbieter. Die Anbieter müssen in den Kategorien des geschäftlichen Erfolgs denken. Der öffentliche Sektor mit seinen langen Vorlaufzeiten sowie geringer Zuschlagsneigung scheint ein Investment in die Zukunft kaum zu rechtfertigen. Also begnügt man sich mit den Einnahmen aus der bestehenden Nachfrage. Gleichzeitig weist der öffentliche Sektor neben den Finanzdienstleistern den höchsten IT-Bedarf aller Branchen auf. Ein potenziell gewaltiges Wachstumsfeld für die Anbieter. Und das entwickelt sich nicht von selbst.

Die Herausforderung für den öffentlichen Sektor. Riesiger Modernisierungsbedarf bei IT und IT-Infrastrukturen – gleichzeitig kein Geld. Über Effizienzgewinne durch IT-Investitionen darf eigentlich nicht geredet werden, denn man spricht über das heikle Thema Personal. Gleichzeitig mangelt es überall an Gestaltungskompetenz in Fragen der IT-basierten Reform des öffentlichen Sektors. Ein Modernisierungsstau, der unauflösbar scheint.

Dennoch, auch hier gilt: „Und es geht doch!" Mit Hilfe von „Modernisierungskorridoren", wie wir sie im Folgenden beschreiben, mit Hilfe von Entscheidern, die IT zur Chefsache machen, und mit Hilfe von CIOs, die dies fachlich absichern und managen. Zunächst zu den Modernisierungskorridoren.

Modernisierungskorridore: Quantensprünge erreichen

„Amt aus der Steckdose", „mutige Shared Services", „professionelle Bestellerfunktionen", „Government Process Outsourcing" – das alles wird nicht über Nacht kommen. Es muss aber auch nicht die gesamte Verwaltung auf einen Schlag auf den neuesten Stand, quasi in die fünfte Ära (vgl. Ära-Analyse Kapitel 1) versetzt werden. Andererseits dürfen wir nicht in innovativen Insellösungen, die zu klein und unmerklich sind, stecken bleiben. Deshalb müssen mutige, große Ansätze her, die jeweils mindestens eine Ära überspringen. Aus ihnen kann man lernen für die nächste Expansion. Aber Innovationen dieser Art sind für einen wirklichen Fortschritt unerlässlich. Wenn der öffentliche Sektor bei der IT bis zu zwanzig Jahre hinter der Privatwirtschaft zurückliegt, darf das Schließen dieser Lücke nicht ebenso lange dauern. Doch wo liegt der Schalter für den Turbo? Sicher nicht im üblichen Warten auf den Langsamsten. Auch nicht im Schmieden großer Pläne zur gleichzeitigen und flächendeckenden Einführung, die dann in Bund-Länder-Zukunftskommissionen zerrieben werden.

Eher scheint es opportun zu sein, in wesentlichen Bereichen **Modernisierungskorridore** zu bauen. Was meinen wir damit? Wir meinen, dass in kurzer Zeit wirklich wahrnehmbare Schneisen der Modernisierung geschaffen werden – nicht nur Inseln der Modernisierung. Das geht nur, wenn in großen Kommunen oder in Prozessen von entscheidender Bedeutung ein Quantensprung erfolgt:

Die Verwaltung von morgen. Beginnen könnte z. B. eine Großkommune mit mehr als 500.000 Einwohnern, die innerhalb weniger Jahre (eher zwei als fünf) die Verwaltung von morgen errichtet. Oder mehrere größere Kommunen, die dies gemeinsam tun. Warum sollten nicht von Strukturproblemen besonders belastete Kommunen, wie z. B. im nördlichen Ruhrgebiet oder in den neuen Bundesländern, dies als einen „Befreiungsschlag" gemeinsam wagen? Dies könnte neben einem wirklichen Quantensprung in der Modernisierung der Verwaltung auch ein wichtiger Aktivposten für die regionale bzw. wirtschaftliche Entwicklung insgesamt sein.

Die Modernisierung von Prozessen. Die Initialzündung für die Innovation kann auch dadurch entstehen, dass große, relevante Prozesse im Sinne eines GPO herausgelöst und neu gestaltet werden. Toll Collect hätte – bei sofortigem Gelingen – diese Rolle einnehmen können. Vielleicht gelingt dies nach den inzwischen positiveren Nachrichten sogar noch. Doch die Projekte zur Modernisierung der Prozesse müssen wirklich überzeugend sein, um einen Schneeballeffekt im öffentlichen Sektor auszulösen. Weitere geeignete Modernisierungskorridore solcher Art könnten sein:

- **Ausstellen von Reisepässen und Personalausweisen.** Das muss nicht jede Kommune selbst machen, hierfür könnte ein Shared-Services-Anbieter etabliert werden, quasi als Auftragsverwaltung der Kommunen.

- Eine **Bürgerkarte** für zentrale Dienste auch in Deutschland (nach österreichischem Vorbild). In Österreich können durch die Definition von Standards bestehende Karten für die Inanspruchnahme zentraler Verwaltungsdienste eingesetzt werden: Scheckkarten, Kreditkarten, aber auch die Handy-Signatur können als „Eintrittskarte" in die Online-Verwaltung eingesetzt werden. Auch künftige Neuentwicklungen (wie z. B. erweiterte Blackberries) können damit die Bürgerkartenfunktion erfüllen.

- Eine wirklich funktionsfähige **Gesundheitskarte**, die zu einer völligen Neuordnung der Prozesse innerhalb von und zwischen den Akteuren des Gesundheitswesens führt.

- Die **Abrechnung und Verwaltung von Studiengebühren** – es muss ja nicht jede Hochschule selbst ein entsprechendes Verfahren aufbauen, sollte es doch einmal zu Studiengebühren kommen.

- Der Aufbau einer bundesweiten Agentur für **Führerschein- und Kfz-Verwaltung** nach Vorbild der britischen DVLA (Driver and Vehicle Licensing Agency), damit nicht jedes Landratsamt nach eigenen Lösungen sucht. Dort werden Führerscheine ebenso ausgestellt wie Kfz-Steuern verwaltet oder die An- und Abmeldung zentral gehandhabt.[125] Noch weiter geht der entsprechende Service in Singapur, wo man die Autos nicht nur an- und abmelden, sondern auch kaufen, verkaufen und versichern kann.[126] Warum kann in Deutschland nicht analog zur bekannten Flensburger Verkehrssünderkartei auch zentral die Ausgabe von Führerscheinen, An- und Abmeldung von Kfz, Kfz-Steuer und Ähnliches im Rahmen einer Agentur geregelt werden? Das wird zunächst nur auf freiwilliger Basis gehen. Aber wenn das Angebot funktionsfähig ist, werden sich weitere Gebietskörperschaften anschließen. Eine solche Agentur kann z. B. als Auftragsverwaltung der Landratsämter tätig werden.

Wie soll das alles in der Praxis geschehen? Im Idealfall wird der gesamte Prozess „auf der grünen Wiese" neu errichtet, private Anbieter oder Shared-Services-Einheiten des öffentlichen Sektors liefern die Leistungen

---

[125] Vgl. www.dvla.gov.uk.
[126] Vgl. tt.ecitizen.gov.sg.

für alles, was hinter der Kundenschnittstelle benötigt wird. Gegebenenfalls können sie sich auch um die Kundenschnittstelle, das Frontoffice, selbst kümmern. Bezahlt wird pro Einheit, pro Kunden, pro Einwohner oder nach der jeweils relevanten Bezugsgröße. Die Investitionen nimmt der (private) Anbieter vor und rechnet über die Nutzungsentgelte ab.

IT ist Chefsache: Entscheider und CIOs als Treiber

Zurück zum modernen Staat – das könnte die Chance in sich tragen, wieder über die Grenzen hinaus Reputation zu gewinnen. Hiesige IT-Anbieter könnten ihre Forschungs- und Entwicklungsaktivität hierzulande ansiedeln und ausbauen, um inner- und außerhalb Deutschlands ihren Geschäften nachzugehen. Wer also nicht möchte, dass Deutschland zum rein akademischen Entwicklungszentrum verkümmert, sollte hier tätigen Unternehmen die Möglichkeit zur Mitgestaltung eröffnen. Unser Appell an den öffentlichen Sektor lautet deshalb, **sich privaten IT-Anbietern stärker zu öffnen**, die sich in Deutschland ihre Portfolios erarbeiten. Angesichts der Wichtigkeit des öffentlichen Sektors für deren Geschäfte – auf den Gesamtumsatz berechnet sind es bei erfolgreichen Anbietern jetzt schon jenseits der 20 Prozent – wird eine schleppende Nachfrage nach Innovation ihren Geschäftserfolg und damit ihre internationale Wettbewerbsfähigkeit beeinträchtigen.

Wir brauchen **mehr CIOs** im öffentlichen Sektor. Damit Innovationen nicht zum Desaster werden, muss IT strategisch in der Organisation abgesichert sein. Die Verantwortung muss gebündelt, die verschiedenen Ansätze müssen koordiniert werden (vgl. Kapitel 10).

Und wir brauchen mehr Entscheider auf Landesebene, die die Chancen für ihr Land erkennen und bereit sind, mit einem oder mehreren Anbietern eine Modernisierungspartnerschaft einzugehen (vgl. Kapitel 7). Gemeinsam müssten sie die möglichen Modernisierungskorridore detaillieren. Sie müssten maßgebliche Bürgermeister zum Mitmachen begeistern und sich vornehmen, z. B. in spätestens zwei Jahren vier oder fünf konkrete Modernisierungskorridore errichtet zu haben.

Ausblick

* * *

Erfolgt ein solches Umdenken nicht nur auf kommunaler und Landesebene, sondern auch auf Bundesebene, dann dürfen wir uns bald über hochmoderne IT-Landschaften, wettbewerbsfähige Anbieter, einen zukunftsgewandten Staat mit einer schlagkräftigen Verwaltung freuen, deren Ruf wieder über Deutschland hinaushallt und die als State of the Art gelten. Zurück also zum modernen Staat durch eine professionelle IT: Und es geht doch!

Öffentlicher Sektor: Was ist gemeint?

Ein Teil der stark abweichenden Marktzahlen für den öffentlichen Sektor erklärt sich durch die definitorische Unschärfe. Eine allgemein verbindliche – gar eine gesetzliche – Definition für den öffentlichen Sektor gibt es nicht. Und so kommt es, dass jedes Marktforschungsunternehmen sein eigenes Verständnis von diesem Begriff festlegt. Kriterien gibt es zur Genüge: die öffentlich-rechtliche Organisationsform, die Zugehörigkeit zur „Staatsgewalt", mehrheitlich öffentliche Eigentümerschaft oder die Wahrnehmung hoheitlicher Aufgaben. All diese Kriterien erfordern jedoch Präzisierungen bzw. Ausnahmen. Für ein pragmatisches Vorgehen schlagen wir die folgende Abgrenzung vor: Zum öffentlichen Sektor zählen wir jede rechtliche Person bzw. organisatorische Einheit, die dem Vergaberecht unterliegt – vergaberechtlich gesprochen „öffentliche Auftraggeber"[127].

Wer oder was gehört danach nun zum öffentlichen Sektor? Mit einigen Einschränkungen kann der so bestimmte öffentliche Sektor nach zwei Kriterien gegliedert werden: nach dem **organisatorisch-rechtlichen Kriterium** und dem **thematischen**. Organisatorisch muss der Auftraggeber öffentlich beherrscht sein, d. h. mehrheitlich entweder zu Bund, Land oder Kommune oder einer übergeordneten staatlichen oder öffentlich-rechtlichen Einheit gehören. Thematisch nimmt er entweder Aufgaben der Exekutive, Legislative oder Judikative wahr oder dient den staatlichen Aufträgen der Bildung und Gesundheitspflege.

---

[127] Zur Abgrenzung von öffentlichen Auftraggebern gegenüber dem privaten Sektor findet der so genannte funktionale Auftraggeberbegriff Anwendung, der relativ weit gefasst ist. Neben den „institutionellen" öffentlichen Auftraggebern (Gebietskörperschaften wie Bund, Länder und Kommunen) sind auch privatrechtliche Unternehmen öffentliche Auftraggeber, sofern sie von der öffentlichen Hand beherrscht oder finanziert werden, Aufgaben im Allgemeininteresse wahrnehmen und nicht gewerbliche Tätigkeiten ausführen. Wenn gewerbliche Tätigkeiten durchgeführt werden, handelt es sich auch um einen öffentlichen Auftraggeber, falls noch kein voll entwickelter Wettbewerb vorliegt. In Einzelfällen (z. B. Krankenkassen, Deutsche Post) ist derzeit unter Juristen umstritten, ob es sich um einen öffentlichen Auftraggeber handelt.

Abgedeckt sind hiermit also nicht nur die Bundes- und Landesministerien, die Kommunalverwaltungen und kommunalen Unternehmen, sondern auch Gerichte, Einrichtungen der Arbeitsverwaltung wie die Bundesagentur für Arbeit, aber auch die Bundesversicherungsanstalt für Angestellte und die Landesversicherungsanstalten (künftig „Deutsche Rentenversicherung"). Schließlich fallen auch Institutionen der inneren Sicherheit darunter wie der Bundesgrenzschutz oder die Landespolizeien – als Organ der äußeren Sicherheit auch die Bundeswehr. Darüber hinaus zählen supranationale Einrichtungen wie EU-Organe dazu, sofern sie legislative oder regulatorische Aufgaben erfüllen.

Das Gesundheitssystem gehört ebenfalls zum großen Teil zum öffentlichen Sektor, da es nicht nur zentrale öffentliche Aufgaben wahrnimmt, sondern auch weitgehend öffentlich-rechtlich organisiert ist. Gesetzliche Krankenkassen, öffentliche Krankenhäuser, aber auch staatliche Pflegeeinrichtungen sind Teil des öffentlichen Sektors und IT-Nutzer. Auszuschließen sind hier aber alle Formen von privaten Beteiligten wie die privaten Krankenkassen, die pharmazeutischen Unternehmen, aber auch niedergelassene Ärzte und Privatkliniken.

Vergleichbares gilt für den Bereich Bildung. Der staatliche Bildungsauftrag wird zum großen Teil in öffentlich-rechtlich organisierter Form erfüllt. Angefangen von staatlichen Kindergärten über Grundschulen, Oberschulen, Gymnasien, Berufsschulen bis hin zu Hochschulen, Universitäten und anderen Bildungseinrichtungen des Staates – sie alle sind Teil des öffentlichen Sektors.

… Anhang

Ergänzende Details zum Vergaberecht

Bevorstehende Novellierung des Vergaberechts

Die Bundesregierung hat am 12. Mai 2004 Eckpunkte für eine Verschlankung des Vergaberechts beschlossen. Nach weiter gehenden Ressortabstimmungen hat das Bundesministerium für Wirtschaft und Arbeit (BMWA) nunmehr am 29. März 2005 einen Gesetzentwurf zur Neuregelung des Vergaberechts vorgelegt, der den Ausführungen in diesem Buch zugrunde liegt.

Hierbei handelt es sich um folgende Entwürfe:

- Entwurf eines Gesetzes zur Neuregelung des Vergaberechts (Stand: 29. März 2005)
- Entwurf der Begründung des Gesetzes zur Neuregelung des Vergaberechts (Stand: 29. März 2005)
- Entwurf einer Verordnung über die Vergabe öffentlicher Aufträge (VgV; Stand: 18. März 2005)
- Synopse der Änderungen des GWB (Stand: 18. März 2005).

Kern der Reform, die die Vergaberegeln spürbar vereinfachen und zugleich die neuen europäischen Vorschriften in deutsches Recht umsetzen soll, ist der Entwurf für eine neue Vergabeverordnung. In ihr werden die Regeln zusammengefasst, die öffentliche Auftraggeber bei der Vergabe von öffentlichen Aufträgen oberhalb der EU-Schwellenwerte und – soweit es um den Einkauf von Lieferungen und Dienstleistungen geht – auch unterhalb der EU-Schwellenwerte zu beachten haben. Diese Regeln gewährleisten ein wettbewerbliches, transparentes und diskriminierungsfreies Verfahren. Der Entwurf der neuen Vergabeverordnung zielt darauf ab,

- Die neuen Verfahren der novellierten EU-Vergaberichtlinien zu übernehmen
- Die Vorteile der elektronischen Abwicklung zu nutzen

- Die Anforderungen an öffentliche Auftraggeber bei der Auftragsvergabe zu vereinfachen und zu reduzieren

- Die Transparenz der Vergabeverfahren als „Ausgleich" zur Deregulierung und zur Korruptionsprävention zu erweitern und

- Sektorenauftraggeber nicht mehr unterschiedlich zu behandeln, sondern allen in den Sektoren Tätigen die Freiräume der Sektorenrichtlinie zu gewähren, insbesondere auch die Möglichkeit der gänzlichen Befreiung von der Anwendungsverpflichtung.

Details zu Neuerungen des Vergaberechts ab 2006

Rahmenverträge/Rahmenvereinbarungen

Rahmenverträge/Rahmenvereinbarungen sind bereits unter der geltenden Rechtslage im Sektorenbereich und in Grenzen sowie unter engen Voraussetzungen auch in den übrigen Bereichen des Vergaberechts zulässig bzw. werden von einzelnen Gerichten nicht beanstandet.

Durch die Koordinierungsrichtlinie und die Novellierung des nationalen Vergaberechts wird der Raum für Rahmenverträge/Rahmenvereinbarungen erweitert und damit ein weiteres Instrument der flexibilisierten Beschaffung ausgebaut. Vorteile der Rahmenverträge/Rahmenvereinbarungen sind für die Auftraggeber einerseits die Herabsetzung des Ausschreibungsaufwands sowie andererseits die Sicherung möglicher Preisvorteile.

Gemäß der Definition des Artikels 1 Abs. 5 der Koordinierungsrichtlinie ist eine Rahmenvereinbarung eine Vereinbarung zwischen einem öffentlichen Auftraggeber und einem oder mehreren Wirtschaftsteilnehmern, die zum Ziel hat, die Bedingungen für die Aufträge, die im Laufe eines bestimmten Zeitraums vergeben werden sollen, festzulegen, insbesondere in Bezug auf Preis und gegebenenfalls die in Aussicht genommene Menge. Hinsichtlich der in der Koordinierungsrichtlinie beispielhaft genannten Parameter „Preis" und „Menge" ist darauf hinzuweisen, dass gerade diese Größen zunächst offen gelassen und häufig erst im Rahmen der Einzelaufträge festgelegt werden.

Um die Vorteile des neuen Instruments der Rahmenvereinbarung nutzen zu können, muss als erster Schritt der Abschluss der Rahmenvereinbarung selbst im Wettbewerb gemäß den Verfahrensvorschriften vorgenommen werden. Die wesentlichen Bedingungen für die künftigen Einzelverträge sollten in der Rahmenvereinbarung bereits festgelegt werden. Soweit dies geschehen ist, dürfen in den späteren Einzelverträgen, die ohne erneutes vollständiges Vergabeverfahren abgeschlossen werden, keine substanziellen Änderungen an den Bedingungen der Rahmenvereinbarung vorgenommen werden. Ferner dürfen Einzelverträge auf diese Weise nur mit den Wirtschaftsteilnehmern geschlossen werden, die von Anbeginn an der Rahmenvereinbarung beteiligt sind.

Man unterscheidet insoweit zwei Fälle von Rahmenvereinbarungen:

1. Aufgrund einer Rahmenvereinbarung **mit einem einzigen Wirtschaftsteilnehmer** dürfen Einzelverträge diesem Wirtschaftsteilnehmer nur gemäß den Bedingungen der Rahmenvereinbarung, die substanziell nicht verändert oder ergänzt werden dürfen, erteilt werden. Anderenfalls muss ein neues Vergabeverfahren eröffnet werden.

2. Eine Rahmenvereinbarung **mit mehreren Wirtschaftsteilnehmern** darf grundsätzlich nur geschlossen werden, wenn an der Rahmenvereinbarung drei Wirtschaftsteilnehmer beteiligt sind (Ausnahme: Es finden sich nur zwei geeignete Wirtschaftsteilnehmer). Hier ist wiederum zu unterscheiden zwischen dem Fall, dass die Rahmenvereinbarung bereits alle wesentlichen Bedingungen, die für die Erteilung des Einzelauftrags erforderlich sind, enthält bzw. dass die Rahmenvereinbarung noch nicht alle wesentlichen Bedingungen enthält. Im letzteren Fall ist dann ein erneuter Aufruf der Parteien zum Wettbewerb erforderlich.

Hinsichtlich der Frage, ob eine Rahmenvereinbarung mit einem oder mit mehreren Wirtschaftsteilnehmern geschlossen werden soll, empfiehlt sich eine frühzeitige Entscheidung, um den unterschiedlichen Vorgehens- und Verfahrensweisen gerecht zu werden. Darüber hinaus ist bei diesem Vorgehen auch die erforderliche Transparenz gewährleistet.

Als **Zeitraum für die Laufzeit** von Rahmenvereinbarungen sind im Regelfall **bis zu vier Jahre** vorgesehen. In Ausnahmefällen sind Überschreitungen zulässig, wenn dies der Auftragsgegenstand oder andere besondere Umstände rechtfertigen. Die Art des Vergabeverfahrens (offenes Verfahren, nicht offenes Verfahren, Verhandlungsverfahren, wettbewerblicher Dialog), in dem die Rahmenvereinbarung vergeben wird, ist nach allgemeinen Grundsätzen auszuwählen.

Elektronische Auktionen

Die elektronische Auktion ist ein Verfahren zur elektronischen Ermittlung des preisgünstigsten oder wirtschaftlichsten Angebots und soll bei Leistungen zum Einsatz kommen, die vorab genau beschrieben werden können. Aufgrund der Struktur und Vorgehensweise ist die elektronische Auktion nicht für Bauleistungen und geistig-schöpferische Dienstleistungen geeignet.

Die elektronische Auktion ist kein eigenständiges Vergabeverfahren, sondern eine **elektronische Methode zur Preisbildung**, die im Rahmen der Vergabeverfahren durchgeführt werden kann. Die Preisbildung geschieht in Form einer so genannten inversen Auktion, d. h., innerhalb verschiedener Verfahrensschritte werden durch die Bieter jeweils nach unten korrigierte Preise vorgelegt. Die Angebote werden automatisch neu bewertet und den Bietern wird in den Phasen (Preisrunden) der jeweilige Rang mitgeteilt.

Die Auktion endet,

- Wenn der als Ende bekannt gegebene Termin eingetreten ist oder
- Keine neuen Gebote mehr eingehen und/oder
- Die vorgesehene Anzahl Preisrunden durchgeführt wurde.

Dynamische elektronische Verfahren

Das dynamische elektronische Verfahren ist ein **zeitlich befristetes, ausschließlich elektronisches, offenes Verfahren zur Beschaffung marktüblicher Leistungen**. Es soll bei Leistungen zum Einsatz kommen, die marktüblich sind und deren Leistungsumfang den Anforderungen des Auftraggebers ohne Modifikationen genügt. Ebenso wie die elektronische Auktion ist das dynamische elektronische Verfahren nicht für Bauleistungen und geistig-schöpferische Dienstleistungen geeignet.

Das dynamische elektronische Verfahren ist eine besondere Ausgestaltung des offenen Vergabeverfahrens und darf ausschließlich in elektronischer Form durchgeführt werden. Die Einrichtung des dynamischen elektronischen Verfahrens beginnt damit, dass die Beschaffungsabsicht bekannt gegeben wird. Alle Unternehmen, die die Eignungskriterien erfüllen und ein unverbindliches Angebot abgeben, werden zur Teilnahme zugelassen. Während der Laufzeit des dynamischen elektronischen Verfahrens dürfen jederzeit weitere Unternehmen unverbindliche Angebote unterbreiten, um in den elektronischen Katalog aufgenommen zu werden.

Vor Vergabe eines konkreten Auftrags hat zunächst eine Bekanntmachung zu erfolgen, in der alle Unternehmen – insbesondere diejenigen, die noch nicht in das dynamische elektronische Verfahren aufgenommen wurden – aufzufordern sind, ein unverbindliches Angebot abzugeben, um rechtzeitig vor Vergabe des konkreten Einzelauftrags aufgenommen zu werden. Dabei ist den Bietern eine Mindestfrist für die Abgabe der unverbindlichen Angebote von 15 Tagen ab Absendung der Bekanntmachung zu belassen. Jedem konkreten Einzelauftrag hat ein Aufruf zum Wettbewerb vorauszugehen, nachdem die unverbindlichen Angebote ausgewertet wurden. Im Zuge des Aufrufs zum Wettbewerb werden alle in das dynamische elektronische Verfahren aufgenommenen Unternehmen aufgefordert, jetzt verbindliche Angebote abzugeben. Der Auftrag ist grundsätzlich an dasjenige Unternehmen zu vergeben, das das wirtschaftlichste Angebot abgegeben hat. Die Wirtschaftlichkeit ist dabei anhand der Zuschlagskriterien aus der Einrichtung des dynamischen elektronischen Verfahrens zu messen.

Ergänzung zur Funktionalausschreibung

Die Funktionalausschreibung verlangt ein Leistungsangebot nach Zielvorgabe, wobei das Ziel durch die Funktion der Leistung umschrieben wird. Eine entsprechende Regelung enthält z. B. § 8 Nr. 2 (a) VOL/A (Fassung 2002), der Folgendes bestimmt:

> Soweit die Leistung oder Teile derselben durch verkehrsübliche Bezeichnungen nach Art, Beschaffenheit und Umfang nicht hinreichend beschreibbar sind, können sie
>
> a) sowohl durch eine Darstellung ihres Zwecks, ihrer Funktion sowie der an sie gestellten sonstigen Anforderungen
>
> b) als auch in ihren wesentlichen Merkmalen und konstruktiven Einzelheiten,
>
> gegebenenfalls durch Verbindung der Beschreibungsarten, beschrieben werden.

Diese Regelung wird ausweislich der vorliegenden Gesetzentwürfe zur Novellierung des Vergaberechts in dieser Form nicht bestehen bleiben. Nach dem Entwurf wird es stattdessen die Möglichkeit geben, die technischen Anforderungen an die Leistung in Form von Leistungs- oder Funktionsanforderungen vorzugeben. Der Sache nach entspricht das allerdings der bisherigen funktionalen Leistungsbeschreibung. Im Übrigen können Aufträge oberhalb der Schwellenwerte, bei denen der öffentliche Auftraggeber objektiv nicht in der Lage ist, entweder die technischen Mittel, mit denen seine Bedürfnisse und Ziele erfüllt werden können, oder die rechtlichen oder finanziellen Konditionen des Vorhabens anzugeben, neuerdings im Rahmen des wettbewerblichen Dialogs vergeben werden.

Auch einer Funktionalausschreibung müssen wesentliche Vorgaben des Auftraggebers zugrunde gelegt werden, damit gewährleistet ist, dass die eingehenden Angebote auch vergleichbar sind.

Wesentliche Vorgaben der Leistungsbeschreibung einer Funktionalausschreibung sind beispielsweise:

- Grundlagen (z. B. zeitlicher Ablaufplan, Finanzierung, gesetzliche und genehmigungsrechtliche Vorgaben)

- Planungsziele/Leistungsziele (z. B. Funktionssicherheit, Wirtschaftlichkeit)

- Alle wettbewerbsbeeinflussenden sonstigen Umstände und Faktoren (z. B. lokale Besonderheiten)

- Leistungsdaten und Kenngrößen (z. B. technische Daten, betriebstechnische Anforderungen)

- Bewertungskriterien.

Diese zielgerichteten Angaben sind erforderlich, um Standards zu setzen, die eine Vergleichbarkeit ermöglichen und bei Alternativen und Varianten sinngemäß übertragen werden können. Bei Zulassung von Alternativen und Varianten ist es darüber hinaus erforderlich, Mindestbedingungen vorzugeben, denen die Angebote auf jeden Fall entsprechen müssen.

Neuerungen aufgrund des „PPP-Beschleunigungsgesetzes"

Bundestag und Bundesrat haben im Sommer 2005 das so genannte PPP-Beschleunigungsgesetz verabschiedet, das einzelne Elemente der geplanten umfassenden Vergaberechtsreform vorwegnimmt und weitere Erleichterungen für die Auftragsvergabe bringt. Ziel des Gesetzes ist der Abbau gesetzlicher Hemmnisse für die Umsetzung von so genannten Public-Private Partnerships (PPP). Wesentlicher Punkt ist die Einführung des „wettbewerblichen Dialogs" als neue Verfahrensart. Dieses Verfahren ermöglicht es dem öffentlichen Auftraggeber, im Rahmen eines Dialogs zu ermitteln, wie seine Bedürfnisse am besten erfüllt werden können und welche Funktionsanforderungen zur Erreichung des angestrebten Ziels bzw. Zwecks notwendig sind (vgl. dazu Kapitel 6). Darüber hinaus wurden mit dem Gesetz unter anderem Erleichterungen für Bietergemeinschaften geschaffen und die Vergabe an so genannte Generalübernehmer zugelassen.

Stellungnahme zur Novellierung des Vergaberechts

Das Ziel des Gesetzgebers, das Vergaberecht zu verschlanken und zu vereinfachen, ist grundsätzlich zu begrüßen, da die Vielzahl der Vorschriften und deren Zusammenspiel in der Vergangenheit nicht selten zu Fragen und Unsicherheiten bei der Vergabe öffentlicher Aufträge geführt haben.

Insbesondere die Einführung neuer Vergabeverfahren ist vorteilhaft. Neben dem offenen Verfahren, dem nicht offenen Verfahren und dem Verhandlungsverfahren gibt es nun den wettbewerblichen Dialog als eigenes Vergabeverfahren, der einerseits den Wettbewerb zwischen den Bietern gewährleisten und andererseits dem Erfordernis gerecht werden soll, flexibel genug zu sein, so dass ein Dialog zwischen dem Auftraggeber und den beteiligten Unternehmen geführt werden kann, der alle Aspekte berührt und der besonderen Art und Komplexität des Auftrags entspricht.

Hinsichtlich des wettbewerblichen Dialogs und der Vergütung der Leistungen der Bieter in der Dialogphase ist auch auf Folgendes hinzuweisen: Die Neuregelung sieht vor, dass der staatliche Auftraggeber, wenn er von den am wettbewerblichen Dialog teilnehmenden Unternehmen die Ausarbeitung von Entwürfen, Plänen, Zeichnungen, Berechnungen und/oder andere Unterlagen verlangt, allen Unternehmen, die die geforderte Unterlage rechtzeitig vorgelegt haben, eine einheitliche und angemessene Kostenerstattung gewähren muss.

Diese Regelung ist sinnvoll, da der Grundsatz gilt: **Je besser die Vergütung des Bieters schon in der Dialogphase ist, desto besser sind die Lösungen/Leistungen der Bieter**, da deren Einsatz höher ist. Diese Vorgehensweise wirkt sich damit auch auf die Qualität der Ausschreibung und der späteren Angebote der Bieter aus. Aus Sicht des Auftraggebers empfiehlt es sich daher, für die Leistungen in der Dialogphase eine Vergütung bzw. Kostenerstattung festzusetzen und zu gewähren, um den Bietern die Möglichkeit zu eröffnen, qualifizierte Unterlagen und Ausarbeitungen, deren Erstellung grundsätzlich zeit- und personalintensiv ist, vorzulegen.

Literaturverzeichnis

Christoph Andersen et al., Marktsituation ausgewählter kommunaler Dienstleistungen, in: KWI-Projektberichte 4, Potsdam, 2003.

Michael Angrick, Insourcing/Outsourcing in Bundesbehörden, in: Walter Gora/Cornelius Schulz-Wolfgramm (Hrsg.), Informationsmanagement, Handbuch für die Praxis, Springer, Berlin, 2003.

Katja Apelt, Under Construction, in: McK Wissen 13 – Public Sector, 4. Jahrgang, Juni 2005, S. 104 - 109.

Jörg Becker/Reinhard Schütte, Handelsinformationssysteme, Frankfurt am Main, Redline Wirtschaft, 2004.

Jörg Becker et al., Referenzmodellierung in öffentlichen Verwaltungen am Beispiel des prozessorientierten Reorganisationsprojekts Regio@KomM, in: Otto K. Ferstl et al. (Hrsg.), Wirtschaftsinformatik 2005 – eEconomy, eGovernment, eSociety, Physica-Verlag, Heidelberg, 2005.

Ralph Becker/Frank Weise, Die spezifische Ausgestaltung des Performance Management für den öffentlichen Bereich, in: Péter Horváth (Hrsg.), Performancesteigerung und Kostenoptimierung, Schäffer-Poeschel, Stuttgart, 2003.

BITKOM, Public-Private Partnerships bei E-Government-Projekten – Erfahrungen mit Risikopartnerschaften bei der IT-gestützten Modernisierung der öffentlichen Verwaltung, Version 1.0, BITKOM, Berlin, 2004.

Marianne Broadbent/Ellen S. Kitzis, The New CIO Leader – Setting the Agenda and Delivering Results, Gartner Inc., HBS Press, Boston, 2005.

Frederick P. Brooks Jr., The Mythical Man-Month, 20th Anniversary Edition, Addison-Wesley, Reading, Mass., 1995.

Douglas Brown/Scott Wilson, The Black Book of Outsourcing, Wiley, 2005.

BundOnline 2005, Die E-Government-Initiative der Bundesregierung, in: Erwin Staudt (Hrsg.), Deutschland online, Springer, Berlin, 2002.

Central London Congestion Charging Scheme – Impact Monitoring, Summary Review, Transport for London, 2005.

Tom DeMarco/Timothy Lister, Peopleware, Dorset House, 2. Auflage, New York, 1999.

Olaf Deterding-Meyer, Software-Entwicklungsumgebungen, in: Johannes Siedersleben (Hrsg.), Softwaretechnik – Praxiswissen für Softwareingenieure, Hanser, 2. Auflage, München, 2003.

Peter Eilfeld/Kristine Schaal/André Schekelmann, Konfigurationsmanagement, in: Johannes Siedersleben (Hrsg.), Softwaretechnik – Praxiswissen für Softwareingenieure, Hanser, 2. Auflage, München, 2003.

Dieter Engels, Behörden in der Monopolfalle, in: move (Moderne Verwaltung), Oktober 2004, S. 18 - 20.

Gartner, Global Industries Worldwide, Fall Forecast, 2004.

Gartner, IT Spending and Staffing Survey Results, 1999.

Elisabeth Gründler, Stehen, gehen, laufen, rennen, in: McK Wissen 13 – Public Sector, 4. Jahrgang, Juni 2005, S. 52 - 57.

Detlev J. Hoch, Durch Informationssysteme zu Wettbewerbsvorteilen – Chancen und Risiken, in: Friedhelm Bliemel (Hrsg.), Das Unternehmen im Wettbewerb – Bausteine zu einer erfolgreichen Marktposition, Erich Schmidt Verlag, Berlin, 1990.

Detlev J. Hoch et al., Erfolgreiche Softwareunternehmen, Hanser, München, 2000.

IDC, Western Europe Information Technology Vertical Markets Spending, Forecast 2003 - 2008, 2004.

Interoperability Presentations, E-Government Unit, CabinetOffice; VNUnet Newswire, 9. Mai 2003; Presswire, 11. Oktober 2000; Computer Weekly, 18. Mai 2004.

Per V. Jenster et al., Outsourcing - Insourcing – Can Vendors Make Money from the New Relationship Opportunities? The 1999 Crisis at the UK Passport Agency, Wiley, Chichester, 2005.

Capers Jones, Applied Software Measurement, McGraw-Hill, 2. Auflage, New York, 1996.

Kable, UK Public Sector Outsourcing: The Big Picture to 2006/2007, 2004.

Kammergericht Berlin, Beschluss vom 15. April 2004: 2 Verg 22/2003 – „IT-Hardware", VergabeR 6/2004, S. 762 ff.

Koordinierungs- und Beratungsstelle der Bundesregierung für Informationstechnik in der Bundesverwaltung (KBSt). Entwicklungsstandard für IT-Systeme des Bundes. Vorgehensmodell (V-Modell). Schriftenreihe der KBSt, Band 27/1 und 27/2, Bonn, 1997, sowie Allgemeiner Umdruck 250 - 252.

Helmut Krcmar, Informationsmanagement, Springer, Berlin, 1997.

Burkhardt Krems, Online-Verwaltungslexikon, http://www.olev.de.

Jürgen Laartz/Ernst Sonderegger/Johan Vinckier, The Paris Guide to IT Architecture, in: The McKinsey Quarterly No. 3/2000.

Dean Leffingwell/Don Widrig, Managing Software Requirements, Addison-Wesley Professional, 2. Auflage, Boston, München, 2003.

Hans Maier, Die ältere deutsche Staats- und Verwaltungslehre. Ein Beitrag zur Geschichte der politischen Wissenschaft in Deutschland, Luchterhand, Neuwied/Berlin, 1966.

Hans Maier, Politische Wissenschaft in Deutschland: Aufsätze zur Lehrtradition und Bildungspraxis, Piper, München, 1969.

Steve McConnell, Rapid Development, Microsoft Press, Redmond, 1996.

Jukka Nihtilä/Francis Bidault, Sensitivities of Shared Product Development, in: Donald A. Marchand/Thomas H. Davenport/Tim Dickson (Hrsg.), Mastering Information Management, FT Prentice Hall, 2000.

Paul Nolte, Staatsweh, in: McK Wissen 13 – Public Sector, 4. Jahrgang, Juni 2005, S. 44 - 49.

Walker W. Royce, Managing the Development of Large Software Systems, IEEE Wescon, San Francisco, 1970.

Helmut Schmidpeter, Hat Linux eine Chance auf dem Desktop? – Ein fiktiver Schlagabtausch zwischen Glaubenskriegern, in: sd&m-Magazin („m&IT" 10/2004), S. 12.

TechConsult, E-Government in Deutschland 2003 - 2005, 2003.

The Standish Group, CHAOS: A Recipe for Success, 1999.

Lothar Ulschmid, IT-Strategien für die öffentliche Verwaltung, Gabler, Wiesbaden, 2003.

Peter W. Weill/Jeanne W. Ross, IT-Governance: How Top Performers Manage IT Decision Rights for Superior Results, HBS Press, Boston, 2004.

Christof Zangemeister, Nutzwertanalyse in der Systemtechnik, Gabler, 4. Auflage, München, 1976.

Stichwortverzeichnis

Änderungskontrollausschuss **155**, 157

Änderungsmanagement 147-160

Anforderungsdefinition 37, 43, **46**, 52, 54, 75, **78-79**, 83, 85, 87, 100, 104

Anforderungsmanagement 19, 53, **75**, **81**

Anwendungsberater **79**, 85

Anwendungsfälle **80**, 82, 84, 102

Architektur 13, 26, 37, 43, **45-47**, 54-55, 86, 183, **188-191**, 199-201

Ausschreibung 29, 45, 57, **105-126**, 136, 194, **224, 230**

BundOnline 2005 42, 140, **190**

Business Process Outsourcing (BPO) **142-143**, 184, **196-199**, 211, 214

Capability-Maturity-Modell (CMM) 103, **192**

Change Board 147, **154-156**

Change Management **148**, 154, 156

Change Request Board 155

Change Request Management **148**, 154

Chefsache **21-23**, 36, 96, 145, 161, 214-215, **218**

CIO 7, 12, 15, 108, 149, 155, 158, 184, **199-201**, 215, **218**

Congestion Charging **142-144**, 212, 214

D21 140

Datenmodell **80**, 86

Delivery Cockpit **174**, 182

Delivery Unit 59, **172-173**, 182

Desaster Recovery 159

Deutschland Online 140, **190**

Dienstrecht 43

Doppik 42

Dummy-Masken 80

Dunkelziffer 29, 191

Early Supplier Involvement (ESI, „frühe Lieferanteneinbindung") **131**, 136

e-Envoy 145-146

Effektcontrolling 172

Effektivitätsgewinne **162**, 181

Effizienzgewinne **162**, 173, 189-190, 193, 215

E-Government **27**, 145, 201, 210

E-Government Interoperability Framework (eGIF) 145

Einbindung der Fachseite/Nutzer 97

Erfolgsfaktoren 19-20, **40**, 43, 46, **48-51**, 53, 72, 75, **81**, 107, 136

EU-Richtlinie **111-112**, 124

Externenmanagement 37, 43, **49**

Fähigkeitsprofile 48

Führungskräfteentwicklungsprogramm 93

Funktionalausschreibung 105, **117-122**, 125, **227-228**

Gesetz gegen Wettbewerbsbeschränkungen (GWB) 110, **112-113**, 223

Government Process Outsourcing (GPO) 142, 196, **208**, 212, 215

Government to Business (G2B) **27**, **32-33**, 187

Government to Citizen (G2C) **27**, **32**, 187

Government to Government (G2G) 27

Großprojektmanagement 35
Haushaltsrecht 43, 161, **170**, 175, 192
Hochleistungsverwaltung **31**, 205
IT-Architektur 11, 183, **187**, 190, 203
IT-Ausgaben **28-30**, 33
IT-Beschaffung 54-55, 183
IT-Budgets 30, **184**, 192
IT-Dienstleister 35, **135**, 145, 194, 196, 209, **214**
IT-Governance 55, 183, **199-201**
IT-Kosten **29**, 161
IT-Landschaft 10, 31, **45-47**, 140, 208, 219
IT-Operations 54-55, 183-184, **192-195**, 201
IT-Organisation 54, 183-184, 187, **199-203**
IT-Sourcing 32, 55
IT-Strategie 11-12, 20, 54-55, **183**, 187-188, 199, 202-203
IT-WiBe 44, **68-69**, 164
Kameralistik 12, 35, 42, 95
Kfz-Zulassung 70, **180-182**
Kommunikation 9-10, 27, 33, 41, 48, 57, 59, **71**, 73, **91-93**, 98, 132, **134-135**, 142, 145, 153, 156, 199, 210
Kompetenz, externe 48, 53, 75, 82, **85**, 106, **108**
Kompetenz, fachliche **94**, 99
Kompetenz, methodische **94**, 95, 172
Kompetenz, technische **94**
Konfigurationsmanagement **52**, 99, **148-149**
Kostenreduktion 66, 161, **165**, **169-171**, 182, 186, 193

Leadership **22-23**, 36, 106, 126
Leistungsbeschreibung mit Leistungsprogramm („funktional") 119-120
Leistungsbeschreibung mit Leistungsverzeichnis („konstruktiv") 119
Lieferantenmanagement 19, **127**
Linux 80, 191
Managementtechniken 8, **37-43**, 53
Mehrsprachigkeit 91-93
Mehrwertsteuer **192-193**, 211
Meilensteincontrolling 172-173
Modernisierung von Verwaltungsvorgängen 44
Nutzen, monetärer 34, 45, 57, **68-69**
Nutzen, operativer **66**, 186
Nutzen, politischer 57, **67-68**
Nutzen, qualitativ-strategischer 45, **68-69**
Nutzen, strategischer 45, 186
Nutzeninkasso 54, **162-182**
Nutzenkomponenten 57, **66-70**, 175
Offshoring 214
Open-Source-Software 79
Outsourcing 26, 32, 35, 55, 137, 142, 184, **192-199**, 203, 205, **208-215**
Peopleware 89, **91**, 104
Performance Management 93, **201-202**
Personalüberhangmanagement, Zentrales (ZeP) 166-168
Phasen eines Projekts 19, **53**, 64, 83, 85, 100, 154, **176**
Planung, priorisierte 75, **81**
Priorisierung der Anforderungen 75, **81-84**, 91, 155
Privatisierung 35, 41, **193-195**, 205, **212**

Programm-/Umsetzungsbüro 145, 161, 165, **171-174**

Projektcharta 147, **157**

Projektleiter 40, 48, 51, 53, 62, 72-73, 76, 84, **89-104**, 128, 133, 148, 151, 154-158

Projektleitung 49, 51, 71, **91**, 98, 100, 104

Projektmanagement 41, 48, 50, **89-104**, 147, 149, 153

Projektmitarbeiter 34, **48-49**, 64, 95-96, 178

Projektorganisation 37, 42-43, 48, **96-99**, 147, 152, 166

Projektportfolio 46, 55, **183-187**

Projektteam **48**, 57-58, 71, 84, 89, 100-102, 104, 156, 172, 180

Projektumsetzung 44

Prozesse 8-12, 27, 34, 44, **47-48**, 50, 52, 64, 80, 92, 96, 132, 137, 147, 161-162, 164, 166, 176-179, 192, 199, 205, 211-212, 216-217

Public Business Process Outsourcing 196

Public-Private Partnerships (PPP) 55, 142, 192, **194-197**, 210, 229

Pull (Sog) 178

Push (Druck) 177-178

Qualität, Verbesserung der 66

Qualitätssicherung 40, **52**, 97-99

Rahmenbedingungen **79**, 91, 107, 121-122, 172, 194, 198

Rahmenvereinbarungen 105, 113, 117, **122**, 126, **224-226**

Rahmenvertrag **122-123**, 127, **129**, 131

Rapid Prototyping 116

Regio@KomM 188

Release **51**, **83-84**, 87, 151, 154-155, 182

Releaseplanung 75, 81, **83**

Ressortprinzip 64-65

Risikomanagement **51**, 97, 123, 147, **153-154**, 157, 197

Risikomanager 92-93

RIVAR **99-100**, 156

SAGE 25

Schnittstellen 32, **46-47**, 80, 84, 97, **199**

Servicelevelvereinbarungen (SLV) 137-138

Serviceorientierte Architektur (SoA) 188

Shared Services 205, **208-217**

Sponsor 57, **71-73**, 76, 95, 97, 104

Stakeholder Management 42

Standardsoftware 29, 41, 47, 95, **144**, **188-189**

Standortwettbewerb **31**, 140, 186

Statewide Automated Child Welfare Information System (SACWIS) **90**, 148

Toll Collect 21, 138, 143, 159, 212, 214, 216

Überunterspezifiziert 77

UfAB III **113**, 123

Umfangsbegrenzung **92-93**, 102

Umsetzungsbüro 161, 165, **171-174**

Umsetzungsmanagement 37, 43, **50-52**

Unified Meta Language (UML) 80

Verdingungsordnung für freiberufliche Leistungen (VOF) **110-112**, 116-118

Verdingungsordnung für Leistungen (VOL) 54, **110-112**, **116-122**, 227

Vergabe- und Vertragsordnung für Bauleistungen (VOB) **110**, 112, 119-121

Vergaberecht 19-20, 34-35, 43, 45, 50, 54, 85, 86, **105-126**, 127-129, 146, 192, 220, **223-230**

Vergabeverfahren 95, **105-126**, 194, **223-230**

Vergabeverordnung (VgV) **112-113**, 118, 122, 223

Verwaltungsreform 149, 156, 166, 180, 200-201, 206, **212**

V-Modell 101-102

Vorgehensmodell 40, 89, **100-101**

Wasserfallmodell 100

Werkzeuge 12, 50, 89, **103-104**, 128, 136, 163

Werkzeugkasten **102**, 237

Wettbewerblicher Dialog 86, 106, 113, 121, **124-126**, 131, 223, 226, 228-230

WiBe 4.0 44, **68-69**, 164

Wirtschaftlichkeitsbetrachtung **44**, 65, 68, 163-164, **174-176**, 182

Wissenstransfer 127, **129-130**

Wivertis 193-195

Zeitersparnis 66, 70

Zentrales Personalüberhangmanagement (ZeP) 166-168

Zielkonflikt 59

Zielorientierung 89

Zielsetzung 8, 12, 37, 43-44, 57-58, **61-67**, 69, 90, 104, 105-107, 119, 127-128, 149, **172**, 180, 185, 197

Zusammenarbeit, partnerschaftliche 5, 50, 54, 97, 110, **127-146**, 195

Die Autoren

Detlev J. Hoch ist Director bei McKinsey & Company in Düsseldorf. Nach seinem Studium des Wirtschaftsingenieurwesens an der TU Karlsruhe erwarb er an der Queen's University in Kingston, Kanada, seinen MBA. Er ist in den globalen Leadership-Teams der McKinsey-Sektoren High Tech und TIME (Telecommunications/IT/Media) tätig und leitet seit 1999 den Bereich Software & Services weltweit. Er leitete das globale Forschungsprojekt „Erfolgreiche Softwareunternehmen" (Hanser 2000). Seit 2002 ist er auch Koleiter des weltweiten BPO&O-Bereichs (Business Process Outsourcing and Offshoring).

Dr. Markus Klimmer ist Partner bei McKinsey & Company in Berlin und leitet den Bereich öffentlicher Sektor. Er studierte an der London School of Economics, der University of California, Los Angeles, sowie der Universität Hamburg Politik- und Verwaltungswissenschaft, Volkswirtschaftslehre sowie Öffentliches Recht und promovierte im Bereich der regionalen Strukturpolitik zum Thema Kompetenzzentren. Die Schwerpunkte seiner Beratungstätigkeit sind strategische Fragestellungen im öffentlichen Sektor, wie z. B. Politikfeldanalysen, große Reorganisations- und Sanierungsprojekte, Beteiligungsmanagement, Standortentwicklungsprojekte und vieles mehr. Zu seinen Klienten zählen die Bundesregierung, obere Bundesbehörden, Landesregierungen und Kommunen sowie eine Vielzahl von Regierungen in Europa, Asien und Nordamerika, aber auch IT-Unternehmen.

Dr. Peter Leukert ist Partner im Kompetenzzentrum für Business Technology von McKinsey & Company in Frankfurt. Er studierte Mathematik und Physik an der Universität Bielefeld und promovierte in Finanzmathematik an der Humboldt-Universität zu Berlin. Dr. Leukert arbeitet vorwiegend für Finanzdienstleister und den öffentlichen Sektor. Der Schwerpunkt seiner Beratungstätigkeit liegt im Management der IT und der Operations, z. B. Projektmanagement, IT-Strategie, Risikomanagement, Prozessoptimierung, Externenmanagement, Sourcing, IT-Governance, IT-Organisation und IT-Architektur.